Ergänzung zu „Seuffert-Dittmann, Kraftfahrzeuggesetz, 2. Auflage“.

Verordnung zur Änderung der Haftpflichthöchstsummen im Kraftfahrzeug- und im Luftverkehre.

Vom 6. Februar 1924.

(RGBl. I S. 42).

Auf Grund des Ermächtigungsgesetzes vom 8. Dezember 1923 (Reichsgesetzbl. I S. 1179) verordnet die Reichsregierung nach Anhörung eines Ausschusses des Reichsrats und des Reichstags:

Artikel I.

§ 12 des Gesetzes über den Verkehr mit Kraftfahrzeugen vom 3. Mai 1909 (Reichsgesetzbl. S. 437) in der Fassung des Gesetzes vom 23. Dezember 1922 (Reichsgesetzbl. 1923 I S. 1) und der Verordnung vom 3. Oktober 1923 (Reichsgesetzbl. I S 932) sowie § 23 des Luftverkehrsgesetzes vom 1. August 1922 (Reichsgesetzbl. I S. 681) werden wie folgt geändert:

a) Die Beträge im Abs. 1 werden wie folgt festgesetzt: in Nr. 1 der Kapitalbetrag auf fünfundzwanzigtausend Goldmark, der Rentenbetrag auf eintausendfünfhundert Goldmark;
in Nr. 2 der Kapitalbetrag auf fünfundsiebzigtausend Goldmark, der Rentenbetrag auf viertausendfünfhundert Goldmark;
in Nr. 3 der Betrag auf fünftausend Goldmark.

b) Am Schlusse des Abs. 1 wird folgender Satz hinzugefügt: Die Goldmark wird nach dem vom Reichsminister der Finanzen fortlaufend veröffentlichten Goldumrechnungssatze (§ 2 der Durchführungsbestimmungen zur Aufwertungsverordnung vom 13. Oktober 1923 (Reichsgesetzbl. I S. 951) berechnet.

c) Abs. 3 erhält folgende Fassung:
Bei wesentlicher Änderung der wirtschaftlichen Verhältnisse kann die Reichsregierung mit Zustimmung des Reichsrats die Beträge (Abs. 1) anderweitig festsetzen.

Artikel II.

Die Beträge im Artikel I Abschnitt a Nr. 1 und 2 sind auch dann zugrunde zu legen, wenn das schädigende Ereignis vor Inkrafttreten dieser Verordnung eingetreten ist; in diesem Falle ist der Schaden insoweit zu ersetzen, als die Billigkeit nach den Umständen, insbesondere den Verhältnissen der Beteiligten, eine Schadloshaltung erfordert und dem Ersatzpflichtigen nicht die Mittel entzogen werden, deren er zum standesmäßigen Unterhalt sowie zur Einhaltung seiner gesetzlichen Unterhaltspflichten bedarf. Der Betrag im Artikel I Abschnitt a Nr. 3 ist zugrunde zu legen, wenn das schädigende Ereignis nach Inkrafttreten dieser Verordnung eingetreten ist.

Berlin, den 6. Februar 1924.

Der Reichskanzler
Marx.

Der Reichsverkehrsminister:
Oeser

Verordnung über Kraftfahrzeugverkehr.

Vom 18. April 1924. (RGBl. I S. 413).

Auf Grund der §§ 6 und 27 des Gesetzes über den Verkehr mit Kraftfahrzeugen vom 3. Mai 1909 (Reichsgesetzbl. S. 437) in der Fassung des Gesetzes vom 21. Juli 1923 (Reichsgesetzbl. I S. 743) wird die Verordnung über Kraftfahrzeugverkehr vom 15. März 1923 (Reichsgesetzbl. I S. 175) nach Zustimmung des Reichsrats in folgenden Punkten geändert:

1. Vor „A. Allgemeine Vorschriften" wird als Überschrift eingeschaltet:

   Erster Abschnitt. Kraftfahrzeuge im allgemeinen

2. Im § 2 Abs. 3 fallen im Satze 1 das Wort „Kleinkrafträder," und der Satz 2 fort.
3. Im § 8 wird zwischen Abs. 4 und 5 folgender neuer Abs. 5 eingeschaltet:

Bei Kraftwagen, deren nach der Steuerformel berechnete Nutzleistung drei Pferdestärken nicht übersteigt, und bei Kraftdreirädern können das vordere und hintere Kennzeichen (Abs. 2 und 3) auch mit den im Abs. 4 angegebenen Abmessungen ausgeführt werden mit der Maßgabe, daß die Höhe der Tafel ausschließlich des Randes bei zweizeiligen hinteren Kennzeichen 156 Millimeter betragen soll.

4. § 14 Abs 1 Satz 1 wird hinter einem Strichpunkt wie folgt ergänzt:
dies gilt nicht für ausschließlich im inländischen Verkehre benutzte elektrisch angetriebene Kraftfahrzeuge, deren nach der Steuerformel berechnete Nutzleistung 1 Pferdestärke nicht übersteigt.

5. Im § 14 Abs. 2 wird hinter „Krafträdern" eingefügt: „und elektrisch angetriebenen Kraftfahrzeugen im Sinne des Abs. 1 Satz 1".

6. Als § 33a wird folgende Bestimmung eingefügt:

§ 33 a.

Zugmaschinen ohne Güterladeraum, deren betriebsfertiges Eigengewicht 2,5 Tonnen und deren Höchstgeschwindigkeit auf ebener Strecke 8 Kilometer in der Stunde nicht übersteigen, sind von den Vorschriften über die Gummibereifung (§ 3 Abs. 2), die Huppe (§ 4 Abs. 1 Nr. 4), den Rückwärtsgang (§ 4 Abs. 3) und die Kennzeichen (§§ 7 und 8), die Führer solcher Maschinen von der Vorschrift über den Führerschein (§ 14 Abs. 1) befreit.

Zugmaschinen ohne Güterladeraum, deren betriebsfertiges Eigengewicht mehr als 2,5 Tonnen aber nicht mehr als 5 Tonnen beträgt, und deren Höchstgeschwindigkeit auf ebener Strecke 8 Kilometer in der Stunde nicht übersteigt, sind von den Vorschriften über die Hupe (§ 4 Abs. 1 Nr. 4) und die Kennzeichen (§§ 7 und 8) befreit.

7. § 34 Abs. 10 Satz 1 wird durch folgenden Wortlaut ersetzt:
Als Probefahrten im Sinne vorstehender Vorschriften gelten Fahrten zur Feststellung oder zum Nachweis

der Gebrauchsfähigkeit von Kraftfahrzeugen, von Kraftfahrzeugbestand- oder Kraftfahrzeugzubehörteilen, wenn sie durch die Absicht der Erprobung veranlaßt sind und ihr in der Hauptsache dienen. Eine Probefahrt liegt dann nicht vor, wenn das Fahrzeug einem Kaufliebhaber gegen eine Vergütung für die Benutzung des Fahrzeugs — abgesehen von dem Ersatze der durch die Fahrt verursachten baren Auslagen für Betriebsstoffe — überlassen wird. Als Probefahrten sind ferner solche Fahrten nicht anzusehen, die mit Reklame-, Probe- oder Vorführungswagen veranstaltet werden und darauf abzielen, der Öffentlichkeit allgemein die zum Verkaufe gestellten Fahrzeuge vorzuführen, um erst die Kauflust anzuregen. Überführungsfahrten stehen den Probefahrten gleich.

8. Hinter § 39 wird hinzugefügt:

Zweiter Abschnitt. Kleinkrafträder.

§ 40.

Als Kleinkrafträder im Sinne des § 27 des Gesetzes über den Verkehr mit Kraftfahrzeugen vom $\frac{\text{3. Mai 1909}}{\text{21. Juli 1923}}$ und dieser Vorschriften gelten Krafträder (§ 1), deren nach der Steuerformel berechnete Nutzleistung bei einem Außendurchmesser der Radreifen von mehr als 40 Zentimeter $^3/_4$ Pferdestärke, bei kleinerem Außendurchmesser 1 Pferdestärke nicht übersteigt. Die Berechnung der Nutzleistung erfolgt nach den für die Berechnung der Nutzleistung von Kraftfahrzeugen im allgemeinen geltenden Vorschriften; Überschreitungen der angegebenen Pferdestärkezahlen um 0,03 Pferdestärke bleiben unberücksichtigt. Als Außendurchmesser der Radreifen gilt die Höhe des ganzen Rades einschließlich Bereifung, bei Luftbereifung in aufgepumptem Zustand.

§ 41.

Für Kleinkrafträder, die nur innerhalb des Deutschen Reichs verwendet werden sollen, und ihre Führer gelten sinngemäß die Vorschriften des § 2 Abs. 1 und 2, § 3, § 4 Abs. 1, 2, 4 und 7, §§ 16 bis 24, 26, 28, 35, 37 bis 39 des ersten Abschnitts dieser Verordnung mit folgenden Änderungen und Ergänzungen:

1. An einer sichtbaren Stelle der Antriebsmaschine oder des Fahrgestells muß die Firma, von der die Antriebsmaschine hergestellt ist, ihre Fabriknummer und die Anzahl ihrer Pferdestärken sowie die nach der Steuerformel berechnete Nutzleistung angegeben sein. Die Angabe muß auf ein durch Nieten befestigtes Schild eingeschlagen oder eingeätzt sein; bei Verbrennungsmaschinen muß die Fabriknummer außerdem auf das Kurbelgehäuse eingeschlagen sein.
2. Personen unter 16 Jahren ist das Führen von Kleinkrafträdern nicht gestattet. Die höhere Verwaltungsbehörde kann auf Antrag Ausnahmen genehmigen; sie stellt darüber besondere Ausweise aus.
3. Der Führer eines Kleinkraftrades hat eine Bescheinigung eines amtlich anerkannten Sachverständigen mit sich zu führen, woraus die Fabriknummer der Antriebsmaschine, die Anzahl der Pferdestärken und die nach der Steuerformel berechnete Nutzleistung, bei Verbrennungsmaschinen auch Zahl der Zylinder, Durchmesser der Zylinder, Kolbenhub und Art der Maschine (Viertakt- oder Zweitaktmaschine), ersichtlich sind und worin vermerkt ist, daß es sich hiernach um ein Kleinkraftrad im Sinne dieser Verordnung handelt. Diese Bescheinigung kann ersetzt werden durch die Bescheinigung einer Firma, die von der zuständigen höheren Verwaltungsbehörde ermächtigt worden ist, Bescheinigungen im Sinne des Satzes 1 auszustellen. Die höhere Verwaltungsbehörde kann eine solche Ermächtigung einer zuverlässigen, ins Handelsregister eingetragenen Firma, deren Sitz sich im Bezirke der Behörde befindet, auf schriftlichen Antrag widerruflich erteilen, wenn entweder die Herstellung von Antriebsmaschinen oder der Handel mit Antriebsmaschinen ausländischer Herstellung zum Geschäftsbetriebe der Firma gehört; im letzteren Falle muß die Firma nachweisen, daß sie zum alleinigen Vertriebe von Antriebsmaschinen der betreffenden Gattung im Deutschen Reiche berechtigt ist. Jeder von einer Firma ausgestellten Bescheinigung muß ein Abdruck der von der

höheren Verwaltungsbehörde erteilten Ermächtigung beigefügt sein. Über die ausgestellten Bescheinigungen hat die Firma ein Verzeichnis zu führen und auf Verlangen den zuständigen Beamten vorzulegen. Im Falle des Widerrufs verliert die Ermächtigung ihre Gültigkeit. Die höhere Verwaltungsbehörde hat von jedem Falle der Erteilung oder des Widerrufs einer Ermächtigung der Sammelstelle für Nachrichten über Führer von Kraftfahrzeugen (Polizeipräsidium in Berlin) Kenntnis zu geben. Die Sammelstelle erteilt Behörden Auskunft darüber, ob eine Firma im Besitze der Ermächtigung ist.

4. Für technische Prüfungen von Kleinkrafträdern durch Polizeibehörden (§ 28 Abs. 1) oder amtlich anerkannte Sachverständige gilt die Anweisung über die Prüfung von Kraftfahrzeugen (§ 5 Abs. 4) entsprechend.

§ 42.

Für Kleinkrafträder, die zum internationalen Verkehre zugelassen werden sollen (Abschnitt B der Verordnung über den internationalen Verkehr mit Kraftfahrzeugen vom 21. April 1910 [Reichsgesetzbl. S. 640]) und ihre Führer gelten die Vorschriften des ersten Abschnitts dieser Verordnung mit Ausnahme des § 5 Abs. 3.

Berlin, den 18. April 1924.

Der Reichsverkehrsminister:
Oeser.

E. d. Staatsmin. d. Inn. v. 9. Mai 1924 Nr. 2507 a 56 über den Verkehr mit Kleinkrafträdern.

(StAnz. Nr. 109).

In Ziff. 8 d. V. über Kraftfahrzeugverkehr v. 18. April 1924 (Reichsgesetzbl. I S. 413 f.) hat der ReichsverkMinister Anordnungen über den Verkehr mit Kleinkrafträdern erlassen. Die vorläufige Regelung des Kleinkraftradverkehrs, die in der Vollzugsbek. v. 18. Mai 1923 (MABl. S. 32 ff.)

zu § 2 der Kraftfahrzeugverordnung v. 15. März 1923 unter Ziff. 3 getroffen wurde, ist damit aufgehoben. Die neuen Anordnungen des ReichsverkMinisters halten zwar an der Befreiung der Kleinkrafträder vom Zulassungs- und Kennzeichnungszwange fest, geben aber den Polizeibehörden durch die Einführung von Aufschriften an der Maschine und einer vom Führer mitzuführenden Bescheinigung über die nach der Steuerformel berechnete Nutzleistung eine bessere Unterscheidungsmöglichkeit zwischen dem Klein- und dem Großkraftrad, als dies bisher der Fall war. Die Besitzer von Kleinkrafträdern sind durch öffentl. Bek. aufzufordern, sich bis längstens 1. Juli l. J. die Aufschrift auf der Maschine und die mitzuführende Bescheinigung zu beschaffen. Nach Ablauf dieser Frist ist gegen säumige Kleinkraftradfahrer mit Strafanzeige, veranlaßtenfalls auch mit Ausschluß ihres Kraftrades vom Befahren der öffentlichen Wege und Plätze vorzugehen.

Nach den Anordnungen des ReichsverkMinisters finden auf die Kleinkrafträder die Vorschriften der Kraftfahrzeugverordnung vom 15. März 1923 über Beschaffenheit und Ausrüstung der Kraftfahrzeuge sinngemäße Anwendung. Im Hinblick auf die mit den Kleinkrafträdern gemachten Erfahrungen haben die Polizeibehörden insbes. auf die Einhaltung der Vorschrift in § 3 a. a. O. zu achten, wonach jede vermeidbare Belästigung von Personen oder Gefährdung von Fuhrwerken durch Geräusch, Rauch, Dampf oder üblen Geruch ausgeschlossen sein muß. Veranlaßtenfalls ist nach dem entsprechend anwendbaren § 28 der Kraftfahrzeugverordnung zu verfahren.

Den Kleinkraftradführern gegenüber haben die Polizeibehörden ferner mit allem Nachdruck auf der genauen Einhaltung der Verkehrsvorschriften in § 2 Abs. 1 und 2 sowie in §§ 16—24 der Kraftfahrzeugverordnung zu bestehen, die gleichfalls auf den Kleinkraftradverkehr sinngemäße Anwendung finden.

Bezüglich der Bezeichnung „höhere Verwaltungsbehörde" in den Anordnungen des ReichsverkMinisters wird auf Abschn. I Ziff. 1 der Vollzugsbek. vom 18. Mai 1923 (MA.-Bl. S. 32) verwiesen.

Reichsgesetz

über den

Verkehr mit Kraftfahrzeugen

vom 3. Mai 1909

nebst den

Vollzugsvorschriften des Reiches, von Preußen und Bayern, sowie dem internationalen Abkommen.

Textausgabe mit Anmerkungen

von

Philipp Seuffert,
Rechtsanwalt
Syndikus des Bayerischen Automobilklubs in München.

2. neubearbeitete Auflage

bearbeitet von

Julius Dittmann,
Staatsanwalt am Oberlandesgericht in Nürnberg.

1923.
München, Berlin, Leipzig.
J. Schweitzer Verlag (Arthur Sellier).

Druck von Dr. F. P. Datterer & Cie., Freising-München

Vorwort zur II. Ausgabe.

Seit dem Erscheinen der I. Ausgabe dieses Büchleins ist eine gewaltige Literatur und eine noch größere Rechtsprechung zum KFZGesetz entstanden. Der Neubearbeiter hat sich bemüht, diese zu verarbeiten, soweit das im Rahmen einer Textausgabe möglich ist. Bei der Anführung von Entscheidungen hat er sich jedoch fast durchweg auf die Entsch. des Reichsgerichts und zwar auf die in der amtlichen Sammlung und in der Juristischen Wochenschrift wiedergegebenen beschränkt, die bis zum 1. Oktober 1923 durchgesehen sind. Als der Satz des Buches schon ziemlich weit fortgeschritten war, erschienen die Abänderungsgesetze vom 23. Dezember 1922 uud 21. Juli 1923, ferner wurde die Bundesratsverordnung vom 3. Februar 1910 durch die VO. vom 15. März 1923 und die Bek. des Reichsverkehrsministers vom gleichen Tage einer Umgestaltung unterzogen, welche wiederum Änderungen der preuß. und bayer. AusfBest. nach sich zog. Das Gesetz vom 23. Dezember 1922 konnte noch in den Satz eingearbeitet, jenes vom 21. Juli 1923 nur im Anhang abgedruckt werden. Auch die Änderung der Zitate aus den früheren Vollzugsbekanntmachungen war nicht mehr möglich (siehe kehrseits unter „Berichtigungen“).

Nürnberg, im Oktober 1923.

Der Bearbeiter.

Berichtigungen und Zusätze während des Drucks.

1. Zu Seite 10, 14, 19, 21, 27. Die BRVO. vom 3. Februar 1910, die Bay. MB. vom 17. März 1910 und die Preuß. MV. vom 25. Februar 1910 sind inzwischen ersetzt durch die VO. der Reichsregierung und des Reichsverkehrsministers vom 15. März 1923, die Bay. MB. vom 18. Mai 1923 und die Preuß. MV vom 4. Juni 1923, unten abgedr. Seite 91, 125, 168, 191. Man beachte die Änderung der zugelassenen Höchstgeschwindigkeit.
2. Zu Seite 14, 17. Der Begriff des KFZ ist jetzt neu bestimmt durch Art. I des RG. vom 21. Juli 1923, unten abgedruckt.
3. Zu Seite 24. Über Konzessionspflicht der öffentlichen KFZ. siehe nun Art I des RG. vom 21. Juli 1923.
4. Zu Seite 60. Über Lohnpfändung vgl die VO. vom 5. Juli 1923 und 13. August 1923, RGBl. 554 und 783.
5. Zu Seite 80. Die Strafe des Verweises ist durch das Jugendgerichtsgesetz abgeschafft, wegen der Geldstrafen siehe das neue Geldstrafengesetz vom 27. April 1923, RGBl. S. 254.
6. Zu Seite 157. Nachträglich sind noch Niederländisch-Indien (IN), Finnland (SF), Polen (PL), Tschechoslowakei (CS), Danzig (DA), Norwegen (N), beigetreten, Montenegro ist zufolge Einverleibung in das Serbische R ich weggefallen.
7. Zu Seite 64. Durch VO. vom 3. Oktober 1923 wurden die im § 12 Abs. 1 Nr. 1 bis 3 daselbst enthaltenen Beträge, wie folgt erhöht;

   in Nr. 1 der Kapitalbetrag von fünf Millionen Mark auf einhundert Milliarden Mark, der Rentenbetrag von zweihundertfünfzigtausend Mark auf fünf Milliarden Mark;

   in Nr. 2 der Kapitalbetrag von zwölfeinhalb Millionen Mark auf zweihundertsechzig Milliarden Mark, der Rentenbetrag von einer Million Mark auf zwanzig Milliarden Mark;

   in Nr. 3 der Betrag von einer Million Mark auf zwanzig Milliarden.

   Die Erhöhung der Beträge findet auf die nach dem Inkrafttreten der VO. d. i. 26. Oktober 1923 eingetretenen Schäden Anwendung.

Abkürzungen.

Bayer.MB.	=	Bayerische Bekanntmachung des Staatsministeriums des Innern vom 17. März 1910, den Vollzug der Verordnung über den Verkehr mit Kraftfahrzeugen vom 3. Februar 1910 betr. (Ministerial-Amtsblatt Nr. 12 S. 195)
BV.	=	Bundesratsverordnung über den Verkehr mit Kraftfahrzeugen vom 3. Februar 1910 (RGBl. Seite 389)
BVJ.	=	Bundesratsverordnung über den Internationalen Verkehr mit Kraftfahrzeugen vom 21. April 1910 (RGBl. S. 640)
JA.	=	Internationales Abkommen über den Verkehr mit Kraftfahrzeugen vom 11. Oktober 1909 (RGBl. S. 603)
JW.	=	Juristische Wochenschrift
KFZ.	=	Kraftfahrzeug
mL.	=	mit Literaturangaben
PVV.	=	Verfügung der Preußischen Minister der öffentlichen Arbeiten und des Innern vom 25. Februar 1910 nebst Anweisung betr. den Verkehr mit Kraftfahrzeugen (Ministerialblatt für die preußische innere Verwaltung S. 62)
StBer.	=	Stenographische Berichte d. Deutsch. Reichstags.

Die Ausgaben des KFZG. von Eger, Gordan, Hallbauer, Hoepfel, Isaak, Kirchner, Neukirch u. Rosenmeyer, Geo Schmid, Galli (in Stenglein's Nebengesetzen) sowie die Werke von Bäumler, Leitfaden zur Steuer und Zollbehandlung der KFZ.; Czermak, Gesetze und Vorschriften über den Verkehr mit KFZ. und Oberländer, „Aus dem Automobilrecht" sind nur mit den Namen der Verfasser zitiert.

Über Abänderungen der BV., Bayer.MB. und PVV. siehe unter „Berichtigungen".

Inhaltsübersicht.

Einleitung.

Um die Wende des Jahrhunderts hatte die Technik den Explosions-Motor einerseits, die Gummibereifung andrerseits bis zu einem solchen Grade der Gebrauchsfähigkeit entwickelt, daß das auf der Vereinigung beider beruhende Kraftfahrzeug — das „Automobil" nach allgemeinem Sprachgebrauch — eine erhebliche Verbreitung im Verkehrsleben gewann. Nach einer Mitteilung des Abgeordneten von Maltzahn im Reichstage im Jahre 1904 wurde die Zahl der Kraftfahrzeuge in Deutschland für das Jahr 1902 auf etwa 2000 berechnet. Am 1. Februar 1909 waren 41 727 Kraftfahrzeuge, unter diesen 2252 Lastfahrzeuge im Betriebe. Das neue Fahrzeug rief sofort, sobald es in größerer Anzahl im Verkehre auftrat, lebhaften Widerstand in der Bevölkerung hervor. Man klagte über Belästigung durch Geräusch, üble Gerüche und Staubentwicklung. Der Widerstand steigerte sich zur Feindschaft, als verschiedene durch das Fahrzeug angerichtete schwere Unfälle bekannt wurden. Insbesondere erregten die öffentliche Meinung in der Presse erschienene Mitteilungen, wonach in einigen besonders schweren Fällen der Übeltäter sich seiner Feststellung durch die Flucht entzogen und dadurch dem Geschädigten die Möglichkeit, Schadenersatz zu erlangen, geraubt habe. Außerdem wurden Berichte veröffentlicht, wonach die Gerichte Schadensersatzansprüche Verletzter abgewiesen hätten, da die rechtliche Grundlage nach dem bestehenden Rechte fehle.

Die Tagespresse vertrat demgemäß als Forderungen der öffentlichen Meinung: Einschränkung der Automobile durch eine erhebliche Luxussteuer, polizeiliche Verordnungen zur Regelung der Geschwindigkeit, polizeiliche Untersagung der Benutzung bestimmter Straßen, Abhängigmachung des Betriebes von einer polizeilichen Prüfung des Fahrzeuges und des Fahrers, Möglichkeit polizeilicher Entziehung der Fahrerlaubnis, scharfe Strafbestimmungen gegen fahrlässige Schädigungen durch Automobile und Einführung erheblicher Strafen wegen Zuwiderhandlungen gegen die Polizeiverordnungen, endlich Ausdehnung der zivilrechtlichen Haftung des Automobilbesitzers auf alle Schadensfälle ohne Rücksicht auf Verschulden. Auch in der juristischen Literatur wurde ein rechtliches Bedürfnis der Regelung des Verkehrs mit Kraftfahrzeugen anerkannt und die gesetzgeberische Ausgestaltung besprochen. Der 26. Deutsche Juristentag beschäftigte sich eingehend mit dieser Frage. Die Regelung stieß aber auf Schwierigkeiten. Zur Erlassung von steuerlichen Maßnahmen und zur Ausdehnung der zivilrechtlichen Haftung waren das Reich und die Bundesstaaten zuständig, zur polizeilichen Regelung des Kraftwagenverkehrs dagegen nur die letzteren als Träger der Polizeigewalt. Zunächst ging man zur Erlassung von Polizeivorschriften über, so Bayern durch die Bek. vom 7. Mai 1902 über den Verkehr mit Motorfahrzeugen.

Die zivilrechtliche Haftung auf ohne Verschulden angerichteten Schaden auszudehnen, zögerten die Landesregierungen. Im Gegenteil vertrat die bayerische Regierung im Bundesrat die Anschauung, daß sich nur die Regelung durch Reichsgesetz empfehle.

Im Jahre 1902 wurde die Frage zum erstenmal im Reichstage erörtert. In der Sitzung vom 11. Februar 1902 (StenB. 00/02) Bd. 5) verlangte bei der Etatsberatung der konservative Abgeordnete von Maltzahn ausgiebigeren Schutz des Publikums gegen die Gefahren des Automobilverkehrs und regte die Ausdehnung der Haftpflicht auf den Umfang der Haftung der Eisenbahnen an. Der Staatssekretär des Reichsjustizamts Nieberding betonte in seiner Antwort, daß für die Erlassung allgemeiner Verkehrsbestimmungen noch nicht genügendes Material vorliege, das die Landesregierungen beschaffen müßten. Die Einführung einer höheren Haftpflicht wolle er im Hinblick auf Art. 105 EG z. BGB. der Erwägung der Landesregierungen überlassen. In der Sitzung vom 18. Februar 1903 (StenB. Bd. 9 S. 8017 D) erklärte der freisinnige Abgeordnete Pachnicke die Erlassung einer einheitlichen Verkehrsordnung für Kraftfahrzeuge für wünschenswert unter Hinweis darauf, daß zurzeit etwa 30 verschiedene Verkehrsordnungen im Deutschen Reich bestünden. Der Staatssekretär des Innern Graf von Posadowsky konnte erwidern, daß ein Entwurf für einheitliche Grundzüge gerade der Begutachtung der preußischen Ressorts unterläge. In der Sitzung des Reichstags vom 16. März 1903 kam eine Petition des Verbandes Deutscher Lohnfuhrunternehmer in Frankfurt zur Verhandlung. Sie verlangte den Erlaß eines Reichsgesetzes über Ausdehnung der Haftpflicht der Besitzer von Kraftwagen für Schäden an Personen und Sachen. Die Petitions-Kommission, in der der Regierungsvertreter das Festhalten an der landesgesetzlichen Zuständigkeit in Aussicht gestellt hatte, hatte beschlossen, die Petition dem Reichskanzler als Material zu überweisen (StenB. 00/03 Anl. Bd. 6 S. 529). Das Plenum des Reichstages beschloß jedoch, einem sozialdemokratischen Antrag Meister entsprechend, die Überweisung zur Berücksichtigung (StenB. 00/03 Bd. 10 S. 8679 D). Im folgenden Jahre brachten drei große Parteien des Reichstages, Nationalliberale, Zentrum, Konservative zum Etat des Reichsamts des Innern und des Reichsjustizamts Resolutionen ein, um eine erschöpfende Erörterung aller einschlägigen Fragen herbeizuführen. Prinz zu Schoenaich-Carolath beantragte am 29. Januar 1904 unter Unterstützung der Nationalliberalen, Freikonservativen, Freisinnigen und Deutschen Volkspartei, auf einheitliche landesgesetzliche Bestimmungen hinzuwirken, welche Leben und Eigentum der Reichseingesessenen gegenüber Schädigungen durch Automobile in verstärktem Maße schützen (StenB. 03/04 Anl. Bd. 2 Nr. 203). Ferner verlangte die Resolution die Herstellung einer Automobilunfall-Statistik für das Reich. Die vom Abgeordneten Groeber mit Unterstützung des Zentrums eingebrachte Resolution vom 6. Februar 1904 (StenB. 03/04 Anl. Bd. 2 Nr. 213) forderte von den verbündeten Regierungen die Einbringung eines Gesetzentwurfs, wodurch die Automobilbetriebs-Unternehmer für angerichteten Schaden für haftbar erklärt werden, falls sie nicht beweisen, daß der Unfall durch höhere Gewalt oder eigenes Verschulden des Verletzten verursacht ist. In ähnlicher Weise ersuchte eine weitere Resolution Prinz zu Schoenaich-Carolath-Dr. Bärwinkel (StenB. 03/04 Anl. Bd. 2 Nr. 214) um eine dem Reichs-Haftpflichtgesetze vom 7. Mai 1871 analoge Regelung der Verbindlichkeit zum Schadensersatz für durch die Automobile herbeigeführten Tötungen, Körperverletzungen und Sachbeschädigungen. Endlich verlangte die von den Konservativen unterstützte Resolution von Maltzahn (StenB. 03/04 Anl. Bd. 2 Nr. 227) für den Fall der Annahme der Resolution Groeber die Einbringung eines Gesetzentwurfs, wonach die Betriebsunternehmer der Kraftfahrzeuge zu einer Genossenschaft vereinigt werden und diese Genossenschaft dem Verunglückten für ersatzpflichtig erklärt werde.

Sämtliche Resolutionen kamen in der Sitzung des Reichstages vom 26. Februar 1904 (StenB. 03/04 Bd. 2 S. 1287 D ff.) zur Beratung. Der Ruf nach Beschränkung und Eindämmung des Automobilverkehres überhaupt, wie er in den Automobilsteuerbestimmungen gesetzgeberische Gestalt angenommen hatte, wurde nicht mehr erhoben. Es wurde vielmehr das Automobil als ein für die Volkswirtschaft und die Wehrkraft wertvolles und entwicklungsfähiges Verkehrsmittel anerkannt. Der vielfach insbesondere aus automobilistischen Kreisen erhobene Einwand, durch die geplanten Maßregeln würden die deutsche Industrie und der deutsche Handel geschädigt, wurde als nicht stichhaltig erklärt. Einheitliche polizeiliche Vorschriften für das ganze Reichsgebiet seien im Interesse der Automobilisten erforderlich, da der Verkehr ständig die Landesgrenzen überschritte. Das Hauptaugenmerk sei auf eine sorgfältige Auswahl und gründliche Ausbildung der Führer zu richten. Die Einführung einer Zwangsgenossenschaft als Trägerin der Haftpflicht empfehle sich, da auch viele kleine, nicht kapitalkräftige Betriebsunternehmer beteiligt seien.

Regierungsseitig wurde der Genossenschaftshaftung gegenüber geltend gemacht, daß die statistischen Unterlagen für die Bemessung der Beiträge und die Bildung von Gefahrenklassen noch ermangelten. Der Abgeordnete Müller-Meiningen forderte die Regelung der ganzen Materie des Automobilverkehres, nach der öffentlichrechtlichen, polizeilichen, strafrechtlichen sowie der zivilrechtlichen Seite in einem Reichsgesetz. Sämtliche Resolutionen wurden angenommen. Damit waren der Reichsregierung die einzuschlagenden Wege gewiesen: Erlassung einheitlicher Verkehrsnormen, Einführung erhöhter Strafbestimmungen, Übertragung der Haftpflichtbestimmungen der Eisenbahn auf das Automobil unter Einbeziehung der Sachschäden. Im Jahre 1905 wurden die verbündeten Regierungen von mehreren Seiten im Reichstage an die gefaßten Resolutionen erinnert. Staatssekretär Nieberding konnte demgegenüber darauf hinweisen, daß die Vorbereitungen in vollem Gange seien.

Den Anfang des Vorgehens im Wege der Gesetzgebung bildete die Vorlage zur Ergänzung des Reichsstempelgesetzes durch Einführung einer Stempelpflicht der Erlaubniskarten für Automobilführer. Dadurch wurde gleichzeitig den Einzelstaaten zur Pflicht gemacht, solche Erlaubniskarten polizeilich einzuführen. Die Regelung der Vorbedingungen für die Erlangung ergab sich daraus von selbst. Die Bestimmungen des Entwurfs wurden angenommen. Sie sind enthalten in dem Gesetz betreffend die Ordnung des Reichshaushaltes und die Tilgung der Reichsschuld und Abänderung des Reichsstempelgesetzes vom 3. Juni 1906 (RGBl. S. 620 insb. S. 649 ff.). In der neuen Veröffentlichung des Textes trägt das Reichsstempelgesetz das Datum vom 15. Juli 1909 (RGBl. S. 833). Einschlägig sind die §§ 56—65 und Tarif Nr. 8. Eine sachliche Änderung ist nicht eingetreten. Später wurden diese Bestimmungen ergänzt durch das Gesetz, betreffend die Stempelabgabe von Erlaubniskarten für Kraftfahrzeuge ausländischer Besitzer vom 18. Mai 1908 (RGBl. S. 210). Zu beiden Gesetzen hat der Bundesrat Ausführungsbestimmungen erlassen.

Am 1. März 1906 legte der Reichskanzler dem Reichstag den Entwurf eines Gesetzes über die Haftpflicht für den bei dem Betriebe von Kraftfahrzeugen entstehenden Schaden vor (StenB. Anl. Bd. 4 Nr. 264). Der Entwurf umfaßte nur 8 Paragraphen und wollte lediglich die zivilrechtliche Seite der Frage neu ordnen. Er beabsichtigte die Haftung für Beschädigungen durch Automobile nach denselben Grundsätzen einzuführen wie sie das Reichshaftpflichtgesetz vom 7. Juni 1871 für die Eisenbahnen aufstellt, jedoch unter Ausdehnung auch auf die Sachschäden. Verpflichteter sollte sein der Betriebsunternehmer, das ist derjenige, „für dessen Rechnung und Gefahr" der Betrieb erfolgte. Ansprüche aus diesem Gesetze sollten nicht hergeleitet werden können, erstens für die Personen, die bei dem Betriebe des Fahrzeugs beteiligt waren oder im Fahrzeug befördert wurden, zweitens aus dem Betriebe von Fahrzeugen, die nach amtlicher Marke nicht mehr als 15 km Höchstgeschwindigkeit erreichen.

Am 28. April 1906 kam der Entwurf zur eingehenden Beratung im Plenum (StenB. Bd. 4 S. 2731 D ff.). Der Grundgedanke, die reine Gefährdehaftung, fand fast einstimmige Billigung seitens der Redner aller Parteien. Nur die Abgeordneten von Bockelmann von der Reichspartei und Mommsen von der Freisinnigen Vereinigung äußerten Bedenken. Die allzu strenge Haftung werde der Entwicklung des Verkehrsmittels hinderlich sein. Der Eisenbahnunternehmer sei freier Herr auf seiner in seinem Besitz stehenden Bahn. Eben mildere man die strenge Gefährdehaftung des Tierhalters nach § 833 BGB., da sie zu Härten und Unbilligkeiten geführt habe. Die Mehrheit verlangte dagegen Wegfall der im Entwurf vorgesehenen Haftungsbeschränkungen. Eine Zwangsgenossenschaft, der die Haftung an Stelle der einzelnen überbürdet werden sollte, wurde einerseits zur Sicherstellung der Ansprüche der Verletzten, andrerseits zur Entlastung der kleinen

Betriebsunternehmer gefordert. Die Vorlage wurde an eine Kommission von 14 Mitgliedern verwiesen.

Schon sofort nach Veröffentlichung des Entwurfs hatte eine umfassende Gegenbewegung eingesetzt. Die Automobilindustrie, wie auch die Automobilklubs versuchten durch Gegenschriften und öffentliche Vorträge auf Abgeordnete und Regierung im Sinne einer Milderung der Haftungsbestimmungen einzuwirken. Auf Veranlassung des Kaiserlichen Automobilklubs stellte Rechtsanwalt Isaac in Berlin einen Gegenentwurf mit eingehender Begründung auf. Dieser Entwurf wurde der Regierung und sämtlichen Abgeordneten übersendet. Die Automobilindustrie veranstaltete Fahrten für die Kommissionsmitglieder, damit diese sich selbst durch Augenschein von der Betriebsweise des Fahrzeugs überzeugen könnten. Der Kampf kam nicht zur Entscheidung. Der Reichstag verfiel im Dezember 1906 der Auflösung. Damit wurde der Entwurf gegenstandslos.

Unterdessen hatten die verbündeten Regierungen ihr Versprechen der einheitlichen polizeilichen Regelung des Kraftwagenverkehrs eingelöst. Ein Beschluß des Bundesrats vom 3. Mai 1906, betreffend die Regelung des Verkehrs mit Kraftfahrzeugen sowie des allgemeinen Fahrverkehrs hinsichtlich des Ausweichens der Fuhrwerke, ersuchte die Bundesregierungen, den Verkehr mit Kraftfahrzeugen in ihren Gebieten nach Maßgabe der vorgelegten Grundzüge zu regeln, den Ausführungsvorschriften die beigegebenen Erläuterungen tunlichst auch dem Wortlaute nach zugrunde zu legen und die Kennzeichnung der Kraftfahrzeuge nach einem beigegebenen Plane durchzuführen. Die Grundzüge betreffend den Verkehr mit Kraftfahrzeugen vom 3. Mai 1906 sind im Reichsanzeiger vom 28. Mai 1906 veröffentlicht. Sie erweitern gegenüber den bisherigen landesgesetzlichen Vorschriften die Anordnungen über Beschaffenheit und Ausrüstung der Fahrzeuge, führen polizeiliche einheitliche Erkennungsnummern ein. Sie treffen Bestimmungen über die polizeiliche Kennzeichnung der ausländischen Fahrzeuge. Hinsichtlich der Fahrregeln ändern sie die bestehenden Vorschriften hauptsächlich dahin, daß sie in Ortschaften 15 km Geschwindigkeit gegenüber bisher 12 km zulassen. Auf dem Boden dieser Grundzüge haben sämtliche Bundesregierungen im wesentlichen gleichlautende oberpolizeiliche Vorschriften erlassen.

Im Sommer 1908 wurde das Gesetzgebungswerk wieder aufgenommen, nachdem inzwischen umfassende statistische Aufnahmen über Zahl und Art der Kraftfahrzeuge, Zahl, Art und Ursache der durch sie verursachten schädigenden Ereignisse veranstaltet worden waren. Im Reichsanzeiger vom 19. Juni 1908 wurde der neue Entwurf für den Verkehr mit Kraftfahrzeugen veröffentlicht, wie er dem Bundesrat vorgelegt war. Der Entwurf unterschied sich wesentlich von dem des Jahres 1906. Er umfaßte nicht nur zivilrechtliche sondern auch polizeiliche (Fahrerlaubnis) und strafrechtliche Bestimmungen. Bei der zivilrechtlichen Haftung war der strenge Gefährdungsgedanke des Eisenbahnhaftpflichtgesetzes nahezu aufgegeben. Der Verschuldensgedanke unter Abschwächung durch eine Verschuldensvermutung bildete die Grundlage der neuen Bestimmungen. Im großen und ganzen entsprach der Entwurf hinsichtlich der Haftpflichtbestimmungen dem von Isaac ausgearbeiteten Gegenentwurf des Kartells der Automobilklubs.

Dem Reichstage ging die Vorlage nach einer kleinen Abänderung durch den Bundesrat am 28. Oktober 1908 zu (StenB. I. Session 07/09 Nr. 988 der Drucksachen). Bereits am 5. November 1908 trat der Reichstag in die erste Beratung im Plenum ein, die Staatssekretär Nieberding mit einer eindringlichen Empfehlung des Gesetzes unter Hinweis auf die neueste zum 1. Januar 1908 erstellte Statistik einleitete (StenB. 07/09). Die Meinungen unter den Rednern der Parteien, ob der Gesetzentwurf das richtige treffe, waren geteilt. Die Mehrzahl hielt an der früheren Anschauung fest, daß die Haftpflicht an die Gefährdung geknüpft werden müsse. Die Vorlage wurde schließlich an die 29. Kommission verwiesen.

Die Kommission trat am 6. Dezember 1908 zusammen und behandelte den Entwurf in zwei Lesungen.

In erster Lesung wurde zunächst allerdings mit nur einer Stimme Mehrheit ein Antrag angenommen, der das Gefährdungsprinzip wieder zur Geltung brachte und die Haftung nur bei eigenem Verschulden des Verletzten und bei einem „unabwendbaren äußeren Ereignis" ausschloß. Ebenso strich die Kommission in erster Lesung die Haftpflichtbefreiung der Automobile mit geringer Geschwindigkeit und führte die Haftpflicht für dem Fahrzeuglenker (Chauffeur) widerfahrenen Schaden ein. Angesichts des Widerstandes des Reichsjustizamtes wurde aber in zweiter Lesung der Grundgedanke des Entwurfs, wenn auch in anderer und nicht gerade glücklicher Fassung wieder aufgenommen. Ebenso wurde der Ausschluß der Haftung gegenüber dem Chauffeur wieder hergestellt. Der Ausschluß der Haftung bei Fahrzeugen mit geringer begrenzter Höchstgeschwindigkeit wurde auf Lastautomobile beschränkt. Die Begrenzung der Haftung der Summe nach mit 50000 Mark Kapital bzw. 3000 Mark Rente für den Schaden einer Person und 150000 Mark bzw. 9000 Mark Rente für den Schaden mehrerer Personen (§ 6 der Vorlage, § 12 des Gesetzes) wurde in erster Lesung gestrichen, auf eindringliche Vorstellungen von der Regierungsseite aber in zweiter Lesung wieder hergestellt. Die Regierung verfocht mit Entschiedenheit die Auffassung, daß bei unbegrenzter Haftung die Versicherungsprämien für die meisten Fahrzeughalter unerschwinglich würden und damit die Sicherstellung des Schadens für den Beschädigten tatsächlich in Frage gestellt würde. Die Kommission nahm aber eine aus ihrer Mitte beantragte Resolution an, die verbündeten Regierungen um einen Gesetzentwurf zu ersuchen, der eine Zwangsgenossenschaft der Automobilhalter als Trägerin der Haftpflicht schaffe. Im übrigen ist aus den Kommissionsbeschlüssen hervorzuheben, daß Teil II des Entwurfs, der von der Fahrerlaubnis handelt, als Teil I an die Spitze gestellt wurde. Man ging hiebei von der Erwägung aus, daß dieser Teil die wichtigsten Bestimmungen des Gesetzes, Unfallverhütungsvorschriften, enthalte. Eine allgemeine Bestimmung, daß Kraftfahrzeuge der polizeilichen Zulassung bedürfen und eine Begriffsbestimmung des Wortes Kraftfahrzeug wurde als Einleitung vorausgeschickt. Der von dem Abgeordneten Dr. Bärwinkel erstattete umfangreiche Bericht vom 10. März 1909 ist enthalten in den StenB. 07/09 Drucksachen Nr. 1250.

Die zweite Beratung im Plenum am 26. März 1909 (StenB. 07/09 S. 7751 C ff.) brachte nur unwesentliche redaktionelle Änderungen. Anträge auf Streichung der Haftpflichtausnahmen des § 2 des Entwurfs wurden abgelehnt, ebenso Anträge auf Beseitigung der Schadensbegrenzung. In dritter Lesung am 27. Juli 1909 (StenB. 07/09 S. 7792 B ff.) wurde nach kurzer Besprechung der Gesetzentwurf in der Fassung der Beschlüsse zweiter Lesung einstimmig angenommen. Am 22. April 1909 erteilte der Bundesrat seine Zustimmung zu der vom Reichstag beschlossenen Fassung. Das Gesetz wurde am 3. Mai 1909 vom Kaiser vollzogen und im RGBl. Nr. 26 vom 12. Mai 1909 veröffentlicht.

Gemäß § 26 des Gesetzes traten die Haftpflichtbestimmungen am 1. Juni 1909, die übrigen am 1. April 1910 in Kraft.

Die nach § 6 des Gesetzes vorgesehenen Ausführungsbestimmungen sind vom Bundesrat durch die Bekanntmachung betreffend die Regelung des Verkehrs mit Kraftfahrzeugen vom 3. Februar 1910 erlassen und im RGBl. S. 389, ausgegeben am 10. Februar 1910, veröffentlicht (abgedruckt im Anhang). Die Bundesratsverordnung ist gemäß § 38 am 1. April 1910 in Kraft getreten. Die Bestimmung, welche Behörden unter der Bezeichnung „Polizeibehörden" und „höhere Verwaltungsbehörden" zu verstehen sind, ist nach § 37 den Landeszentralbehörden überlassen. Ebenso ist den einzelstaatlichen Polizeibehörden nach § 23 das Recht vorbehalten, mit Rücksicht auf den Zustand der Wege oder die Eigenart des Verkehrs oder mit Rücksicht auf besondere Verhältnisse innerhalb eines bestimmten Rahmens den Verkehr mit Kraftfahrzeugen zu verbieten oder zu beschränken. Bemerkenswert ist, daß Fahrtbeschränkungen für Durchgangsverkehrsstrecken grundsätzlich nur von den Landeszentralbehörden erlassen werden können.

§ 36 BV. vom 3. Februar 1910, der für die ausländischen Kraftfahrzeuge die bisherigen landesrechtlichen Vorschriften aufrecht erhielt, ist durch die Verordnung über den internationalen Verkehr mit Kraftfahrzeugen vom 21. April 1910, § 15, mit Wirkung ab 1. Mai 1910 aufgehoben worden. Gleichzeitig mit letzterer von ihm auf Grund des Gesetzes erlassenen Verordnung machte der Bundesrat das Internationale Abkommen über den Verkehr mit Kraftfahrzeugen vom 11. Oktober 1909 bekannt. Das Abkommen und die Verordnung sind im RGBl. S. 603, ausgegeben am 23. April 1910, abgedruckt (siehe Anhang).

Gemäß der den Einzelstaaten erteilten Vollmacht hat Bayern eine Vollzugsbekanntmachung des Ministeriums des Innern vom 17. März 1910 (MinAmtsblatt S. 195) erlassen. Darin sind vor allem die Zuständigkeiten geregelt. Außerdem ist die Aufhebung sämtlicher auch ortspolizeilicher Vorschriften über den Kraftwagenverkehr verfügt. Ferner haben die bayerischen Staatsministerien des Innern und der Finanzen in einer Bekanntmachung, den Vollzug der Verordnung über den internationalen Verkehr mit Kraftfahrzeugen betr., vom 28. April 1910 (MinAmtsblatt S. 334) Erläuterungen zu dieser Verordnung gegeben (siehe Anhang).

Die preußischen Minister der öffentlichen Arbeiten und des Innern haben mit Verfügung vom 25. Februar 1910 eine Ausführungsanweisung den Oberpräsidenten übersandt (MinBl. für die preußische innere Verwaltung S. 62) (siehe Anhang).

Mit der Erlassung der BV. über den internationalen Kraftfahrzeugverkehr war die Gesetzgebung zunächst abgeschlossen. Der Weltkrieg brachte zahlreiche Beschränkungen des Kraftfahrzeugverkehrs, die aber nach Friedensschluß allmählich wieder abgebaut wurden. Auch das internationale Abkommen wurde durch den Artikel 282 Nr. 2 des Versailler Friedens RGBl. 1919/1089 wieder hergestellt. Seitdem ergingen am 24. Januar

1919 die Verordnung betr. Kraftfahrzeuglinien, am 1. März 1921 die Verordnung über die Ausbildung von Kraftfahrzeugführern.

Am 3. Februar 1922 Aktenstück 3638 legte die Reichsregierung den Entwurf eines Abänderungsgesetzes vor, der an den wirtschaftlichen Ausschuß verwiesen wurde. Da die Beratung sich in die Länge zog, brachten der Abgeordnete Müller (Franken) und Genossen einen Gesetzesantrag ein, der sich auf Abänderung der Haftpflichtsumme des § 12 beschränkte (Drucksache 5376). Dieser Antrag wurde in der 283. Sitzung (StenB. 9349) ohne Widerspruch angenommen. Das Gesetz ist im RGBl. 1923 S. 1 veröffentlicht und trägt das Datum des 23. Dezember 1922. Die Steuervorschriften des Reichsstempelgesetzes wurden durch das KFZStG. vom 8. April 1922 RGBl. 396 ersetzt.

Gesetz
über den Verkehr mit Kraftfahrzeugen.

Vom 3. Mai 1909.

(RGBl. S. 437.)

Wir **Wilhelm**, von Gottes Gnaden Deutscher Kaiser, König von Preußen usw., verordnen im Namen des Reichs, nach erfolgter Zustimmung des Bundesrats und des Reichstags, was folgt:

I. Verkehrsvorschriften.

Vorbemerkung: Der I. Abschnitt des Gesetzes war der II. Abschnitt des Entwurfs und trug die Überschrift „Fahrerlaubnis". Die Kommission beschloß diesen Abschnitt als wichtigsten an die Spitze zu stellen und ihm die jetzige Überschrift zu geben. Diese reichsgesetzlichen Vorschriften enthalten eine Änderung der Reichsverfassung. Denn in deren Art. 4 ist die gesetzliche Regelung der Verkehrspolizei dem Reiche nicht zugewiesen. Die rechtliche Gültigkeit ist nicht zu bezweifeln. Das in Art. 78 Abs. 1 RV. für eine Verfassungsänderung aufgestellte Erfordernis, daß sich nicht 14 Bundesratsstimmen gegen das Gesetz ausgesprochen haben, ist jedenfalls erfüllt. Sonst würde das Gesetz vom Kaiser nicht vollzogen worden sein.

Die Verkehrsvorschriften sind gemäß § 26 des Gesetzes erst am 1. April 1910 in Kraft getreten.

§ 1.

I Kraftfahrzeuge, die auf öffentlichen Wegen[1] oder Plätzen in Betrieb gesetzt[2] werden sollen, müssen von der zuständigen[3] Behörde zum Verkehr zugelassen[4] sein.

II Als Kraftfahrzeuge[5] im Sinne dieses Gesetzes gelten Wagen[6] oder Fahrräder, welche durch Maschinenkraft[7] bewegt werden, ohne an Bahngeleise gebunden zu sein.

1. **öffentlichen Wegen:** Der Begriff der öffentlichen Wege ist der gleiche, wie nach § 366 Ziff. 10 StGB. Öffentliche Wege in diesem Sinne sind Einrichtungen, die der Staat oder die Gemeinde dem öffentlichen Verkehr darbietet, die dem allgemeinen Gebrauch offenstehen und dienen, weil sie durch einen ausdrücklichen oder stillschweigenden Akt der zuständigen Verwaltungsbehörde hierzu bestimmt, „gewidmet“ worden sind. Bayer. OLG. 10, 229 (bestr. a. A. z. B. Isaac 33, der die rein tatsächliche Öffnung des Weges für den allgemeinen Verkehr des Publikums für entscheidend hält). Keiner polizeilichen Genehmigung bedarf die Erprobung eines Fahrzeugs auf Privatwegen, Fabrikhöfen, Fahrschulen.

2. **„In Betrieb gesetzt“** siehe § 7.

3. **zuständige Behörde:** Die zuständige Behörde wird gemäß § 6 Ziff. 2 durch den Bundesrat oder sofern dieser Bestimmungen nicht erlassen hat, die Landeszentralbehörden (Ministerien) bestimmt. Nach BV. § 5 ist zuständig die höhere Verwaltungsbehörde des Wohnorts des Eigentümers.

In Preußen ist die Zuständigkeit durch die Verfügung vom 25. Februar 1910 nebst Anweisung betr. den Verkehr mit Kraftfahrzeugen des Ministers der öffentlichen Arbeiten und des Ministers des Innern (Ministerialbl. f. d. preußische innere Verwaltung S. 62) geregelt. Nach den Bemerkungen zu § 37 BV. ist „Höhere Verwaltungsbehörde“ im allgemeinen im Sinne der Bundesratsverordnung der Regierungspräsident, für den Landespolizeibezirk Berlin der Polizeipräsident in Berlin.

Gemäß der Bayerischen Bekanntmachung des Ministeriums des Innern vom 17. März 1910, den Vollzug der Verordnung über den Verkehr mit Kraftfahrzeugen vom 3. Februar 1910 betr. Ziff. I, 1 sind die „Höheren Verwaltungsbehörden" regelmäßig die Distriktsverwaltungsbehörden (Bezirksämter, Magistrate der unmittelbaren Städte), in München die Kgl. Polizeidirektion.

Aus der Berechtigung der Polizeibehörden zur Zulassung eines Kraftfahrzeugs folgt ohne weiteres die Berechtigung, die Zulassung wieder zurückzunehmen. Vgl. BV. § 26. Örtlich zuständig ist, wie aus BV. § 5 zu folgern ist, die für den derzeitigen Wohnort des Eigentümers zuständige höhere Verwaltungsbehörde (Preußischer Regierungspräsident usw., Bayerisches Bezirksamt usw.). Für aus dem Ausland in den deutschen Verkehr vorübergehend übertretende Kraftfahrzeuge ist durch BVJ. § 6 lediglich eine Prüfung der ausländischen Ausweispapiere durch das nächste Grenzzollamt vorgeschrieben und für genügend erklärt. Über die Ausschließung ausländischer Fahrzeuge vom Verkehr vgl. Anm. 4.

4. zum Verkehr zugelassen: Die Bedingungen und die Form der Zulassung sind in BV. §§ 3—6 geregelt. Erforderlich ist vor allem die Begutachtung durch einen durch die höheren Verwaltungsbehörden amtlich anerkannten Sachverständigen. Vgl. die Anweisung über die Prüfung von Kraftfahrzeugen BV. Anlage B und Bayer. MB. I Ziff. 2 und 4. Für die Anerkennung der Sachverständigen sind in Bayern die Kreisregierungen, Kammern des Innern, die zuständigen höheren Verwaltungsbehörden (nicht die Bezirksämter usw.). Für Preußen vgl. Anm. 3.

Wegen der Kennzeichnung siehe § 25. Wegen Bedürfnisfrage bei KFZ. mit Verbrennungsmaschine s. Bek. 1. Febr. 1921, RGBl. 1921/150.

Um die Zulassung und Kennzeichnung eines ausländischen Fahrzeugs zum vorübergehenden innerdeutschen Verkehr zu erlangen, muß dem Eingangszollamt entweder nach § 5 BVI. ein internationaler Fahrtausweis im Sinne des Art. 3 des Abkommens vom 11. Oktober 1909 eines der Vertragsstaaten vorgelegt werden. Oder der Kraftwagenbesitzer hat durch eine Bescheinigung der zuständigen Behörde oder einer hiezu behördlich ermächtigten Stelle des Auslandes dem Grenzzollamt nachzuweisen, daß das Fahrzeug den an dem betreffenden Orte gültigen polizeilichen Vorschriften entspricht. Während aber der Internationale Fahrtausweis ohne weiteres genügt, muß die „Bescheinigung" mit dem Anerkennungsvermerk des zuständigen deutschen Konsuls versehen sein. (Näheres siehe a. a. O. im Anhang.) In den in der BVI. § 8 bestimmten Fällen kann die höhere Verwaltungsbehörde (Bayerisches Bezirksamt usw., Preußischer Regierungspräsident usw.) die Anerkennung des internationalen Fahrtausweises versagen, die Zulassung zum Verkehr also verweigern oder die durch das Grenzzollamt erfolgte Zulassung zurücknehmen. Zur Untersagung des Betriebes eines ausländischen Fahrzeuges ist diejenige höhere Verwaltungsbehörde berufen, in deren Bezirk das Bedürfnis nach dieser Maßregel hervortritt. Nach BVI. § 2 haben im Zollgrenzbezirke die Beamten der Grenzzollverwaltung hinsichtlich der Kraftfahrzeuge die gleichen Befugnisse wie die Polizeibeamten. Durch die BayerMB. vom 28. April 1910 (Amtsblatt des Staatsministeriums des Innern S. 334) ist das von den Grenzzollbeamten zu beobachtende Verfahren geregelt. Bei der Zulassung muß gleichzeitig durch Lösung einer Steuerkarte der Steuerpflicht genügt werden; maßgebend hiefür sind Kraftfahrzeugsteuergesetz vom 8. April 1922, RGBl. 396 und AusfBest. hiezu, Verord. des Reichsministers der Finanzen vom 9. Mai 1922, Zentralblatt S. 301. Unabhängig von der Steuerfrage ist die Zollbehandlung. Der für ein nur zu vorübergehendem Aufenthalt eingeführtes KFZ. beim Deutschen Eingangszollamt gezahlte Zoll wird beim Verlassen Deutschlands innerhalb eines Jahres rückvergütet. In der Regel wird dieses umständliche Verfahren durch ein einfacheres ersetzt. Die deutschen und die ausländischen Automobilklubs haben nämlich der Zollbehörde gegenüber die Haftung für den Zoll übernommen, den die Mitglieder der eigenen und befreundeten Klubs zu tragen hätten. Die eingeführten KFZ. erhalten von der Zollbehörde durch Vermittlung des Klubs Passierscheine, sogenannte Triptyques, die aus mehreren Blättern bestehen. Ein Blatt wird bei der Einfuhr übergeben und enthält die Bürgschaft des Klubs für den Zoll, ein zweites wird beim Austritt aus dem Reichsgebiet übergeben und dient zur Feststellung der Wiederausfuhr. Das dritte Blatt, Stammblatt, bleibt vorerst in den Händen des Wagenführers, der es dem Klub zurückgibt. Näheres siehe Czermak 44 ff., 369 ff.; Bäumler 50 ff.

5. **Kraftfahrzeuge**: „Kraftfahrzeug" ist danach der allgemeine Begriff und umfaßt Kraftwagen und Krafträder. Diese Unterscheidung kommt hauptsächlich in steuerrechtlicher Hinsicht in Betracht. Besondere polizeiliche Bestimmungen für Krafträder enthalten VV. § 4 Abs. 2: Krafträder bedürfen keiner Bergstütze, die Huppe muß hochtönend sein, für Kraftzweiräder genügt eine Laterne. Das Befahren von Radfahrwegen und Fußwegen, die für Fahrräder freigegeben sind, mit Kraftzweirädern bedarf besonderer polizeilicher Genehmigung, VV. § 22 (vgl. auch IA. vom 11. Oktober 1909 Art. 6). Wegen Zulassung von Kleinkrafträdern und ihren Führern s. bay. VO. vom 17. Februar 1922 StAnz. 42.

6. **Wagen**: Zu den „Wagen" gehören auch Straßenlokomotiven, Straßenwalzen, Feuerlöschwagen, Straßenfegerwagen u. dgl., nicht aber selbstfahrende Arbeits- und Werkzeugmaschinen z. B. Dampf-, Motorpflüge, Motorsägen, wenn sie nicht die Form von Wagen oder Krafträdern haben (bestr.), ebenso nicht Flugzeuge, selbst wenn sie Anlaufräder besitzen. Nach § 2 Abs. 3 VV. finden jedoch die Verkehrsvorschriften auf Straßenlokomotiven usw. wegen deren geringen Gefährlichkeit keine Anwendung; auch die zivilrechtliche Haftung ist für sie durch § 8 Nr. 2 des Gesetzes eingeschränkt.

7. **Maschinenkraft**: Maschinenkraft ist im Gegensatz erstens zu „elementarer Triebkraft" (so der erste Entwurf), zweitens zu menschlicher oder tierischer Kraft gebraucht. Es fällt also nicht unter das Gesetz z. B. ein Segelschlitten. Maschinenkraft ist die Leistung einer von Menschen unter Benützung chemischer und physikalischer Erfahrungen geschaffenen Kraftquelle. Daß die Maschinenkraft dem Fahrzeug innewohnen muß, ist im Gesetze nicht gesagt. Es unterliegen danach auch Omnibusse, die ihren Antrieb von einer oberirdischen elektrischen Leitung empfangen, dem Gesetze. Aus demselben Grunde ist auch ein von einem Kraftfahrzeug fortbewegter Anhängewagen — § 25 BV. — selbst als Kraftfahrzeug anzusehen. Ein durch das ziehende Kraftfahrzeug angerichteter Unfall fällt regelmäßig beiden Haltern, sowohl dem des ziehenden, als dem des gezogenen Fahrzeugs zur Last (Hoepfel 13).

§ 2.

I Wer auf öffentlichen Wegen[1] oder Plätzen ein Kraftfahrzeug führen[2] will, bedarf der Erlaubnis[3] der zuständigen[4] Behörde. Die Erlaubnis gilt für das ganze Reich; sie ist zu erteilen[5], wenn der Nachsuchende seine Befähigung[6] durch eine Prüfung dargetan hat und nicht Tatsachen vorliegen, die die Annahme rechtfertigen, daß er zum Führen von Kraftfahrzeugen ungeeignet ist.

II Den Nachweis der Erlaubnis hat der Führer durch eine Bescheinigung (Führerschein)[7] zu erbringen.

III Die Befugnis der Ortspolizeibehörde, auf Grund des § 37 der Reichsgewerbeordnung[8] weitergehende Anordnungen zu treffen, bleibt unberührt.

1. auf „öffentlichen Wegen“: siehe § 1 Anm. 1.

2. führen: Begriff des Führers siehe § 18.

3. Erlaubnis: Es genügt danach nicht, daß ein allen Erfordernissen entsprechender Antrag um Genehmigung bei der zuständigen Behörde eingereicht ist. Die Erlaubnis muß bereits erteilt sein.

4. zuständigen: Zuständig ist nach BV. § 14 die höhere Verwaltungsbehörde; vgl. § 1 Anm. 3.

Für die Fahrer ausländischer in den deutschen Verkehr tretenden Kraftfahrzeuge ist nach §§ 6 und 10 Abs. 3 BVJ. das Grenzzollamt die Erlaubnis erteilende Behörde.

5. zu erteilen: das heißt muß erteilt werden, wenn die gesetzlichen Voraussetzungen vorliegen.

6. Befähigung: Die Befähigung besitzt, „wer mit den Einrichtungen und der Bedienung des Kraftfahrzeuges vollständig vertraut ist“. Vgl. BV. § 14 Abs. 4 und Anlage B, ferner VO. vom 1. März 1921 RGBl. 212 und Bayer. Bek. vom 20. April 1921, StA. 94, die Ausbildung von Kraftfahrzeugführern betr. (Fahrlehrer).

Die Prüfung erfolgt durch einen „amtlich anerkannten Sachverständigen“. Vgl. BV. Anlage B und BayerMB. I Ziff. 2, 3 und 4. Zur Anerkennung der Sachverständigen sind in Bayern nur die Kreisregierungen Kammern des Innern (nicht die Bezirksämter usw.) zuständig. Ungeeignet ist trotz Befähigung, wer nicht „die zur Bewältigung der durch einen starken Verkehr verursachten Schwierigkeiten und zur Vermeidung der dadurch entstehenden Gefahren erforderlichen geistigen und moralischen Eigenschaften — Besonnenheit, Umsicht, Geistesgegenwart, sowie ein reges Pflicht- und Verantwortlichkeitsgefühl“ besitzt. (Vgl. Urteil d. RG. vom 15. Juni 08, abgedruckt in Drucksachen des Reichstags 07/09 Nr. 1250.)

Ungeeignet ist auch, wer bei der Führung des Fahrzeugs in Betracht kommende körperliche Fehler hat, z. B. wer taub, kurzsichtig oder epileptisch ist. Vgl. BayerMB. II zu § 14.

Der Minderjährige ist danach an sich nicht ungeeignet. Nach BV. § 14 Abs. 2 ist aber die Erteilung des Führerscheins an Personen unter 18 Jahren nur ausnahmsweise gestattet. Es muß dann die Zustimmung des gesetzlichen Vertreters nachgewiesen werden.

Bei dem Polizeipräsidium in Berlin ist eine Sammelstelle für Nachrichten über Führer von Kraftfahrzeugen eingerichtet, der von allen Behörden des Reiches zu berichten ist, die ihrerseits den Behörden Auskunft gibt. Vgl. BV. Anlage B.

Die mündliche Mitteilung der Behörde an den Führer, daß die Erlaubnis erteilt sei, berechtigt noch nicht zur tatsächlichen Führung des Fahrzeugs.

7. **Führerschein:** Die Form des Führerscheins ist durch BV. Muster 6 vorgeschrieben.

Bei den Führern aus dem Auslande in den deutschen Verkehr eintretender Fahrzeuge ersetzt in jeder Hinsicht der Internationale Fahrtausweis nach BVJ. § 5 Abs. 2, ebenso nach BVJ. § 10c ein entsprechendes ausländisches mit Anerkennungsvermerk eines deutschen Konsuls versehenes Zeugnis den Führerschein.

8. **Reichsgewerbeordnung:** § 37 GewO. **weist** die Regelung des öffentlichen Fuhrwerksbetriebs innerhalb der Orte (Droschken, Omnibusse usw.) den Ortspolizeibehörden zu.

Wer über die Grenzen eines Gemeindebezirkes hinaus die Beförderung von Personen oder Sachen mit Kraftfahrzeugen auf bestimmten Strecken gegen Entgelt betreiben will (Unternehmer von Kraftfahrzeuglinien), bedarf nach der im Anhang abgedruckten V. vom 24. Januar 1919 RGBl. 97 der Genehmigung der von der Landeszentralbehörde bestimmten Behörde. In Bayern ist die Genehmigung des StM. des Innern erforderlich, welches mit dem Reichspostministerium ins Benehmen tritt, VO. vom 28. April 1920 GVBl. S. 269.

§ 3.

I Wer zum Zwecke der Ablegung[1] der Prüfung (§ 2 Abs. 1 Satz 2) sich in der Führung von Kraftfahrzeugen übt, muß dabei auf öffentlichen Wegen oder Plätzen von einer mit dem Führerschein versehenen, durch die zuständige[2] Behörde zur Ausbildung von Führern ermächtigten Person begleitet[3] und beaufsichtigt sein. Das gleiche gilt für die Fahrten, die bei Ablegung der Prüfung vorgenommen werden.

II Bei den Übungs- und Probefahrten, die gemäß der Vorschrift des Abs. 1 stattfinden, gilt im Sinne dieses Gesetzes[4] der Begleiter als Führer des Kraftfahrzeugs.

1. **Ablegung**: Diese Bestimmung wurde von der Reichstagskommission eingefügt, um dem Prüfling die Übung im öffentlichen Verkehr zu ermöglichen, ohne ihn der Bestrafung nach § 24 des Gesetzes auszusetzen.

2. **die zuständige**: Die BB. Anlage B I Ziff. 4 erklärt die höheren Verwaltungsbehörden für zuständig. Vgl. § 1 Anm. 3. Die BayerMB. I Ziff. 3 benennt als zuständige Behörden, die Personen zur Ausbildung von Führern ermächtigen dürfen, hier die Kreisregierungen, Kammern des Innern (nicht die Bezirksämter usw.). Vgl. PBB. zu § 14 Abs. 3. Über die Ausbildung der Fahrlehrer, Fahrlehrerscheine und Erlaubnisscheine zum gewerbsmäßigen Betrieb eines Privatunternehmens siehe Bek. der Reichsregierung vom 1. März 1921 RGBl. 212 u. Bayer. Bek. vom 20. April 1921 StA. 94.

3. **begleitet**: das heißt der prüfende Sachverständige soll bei Fahrprüfungen für Kraftwagen womöglich auf dem Wagen Platz nehmen, näheres siehe die Anlage B zu § 14 BB. im Anhange abgedruckt.

4. **dieses Gesetzes**: Für die strafrechtliche und zivilrechtliche Verantwortlichkeit. Der Prüfling haftet für von ihm bei der Übung oder Probefahrt verursachte Unfälle nur nach den allgemeinen Vorschriften des BGB., nicht nach den Bestimmungen des II. Abschnittes dieses Ge-

setzes. Ebenso richtet sich nach den allgemeinen strafrechtlichen Normen, wer als Täter wegen Schnellfahrens u. dgl. anzusehen sei, JW. 1912/952.

§ 4.

I Werden Tatsachen[1] festgestellt, welche die Annahme rechtfertigen, daß eine Person zum Führen von Kraftfahrzeugen ungeeignet ist, so kann ihr die Fahrerlaubnis dauernd oder für bestimmte Zeit[2] durch die zuständige[3] Verwaltungsbehörde[4] entzogen werden; nach der Entziehung ist der Führerschein der Behörde abzuliefern.[5]

II Die Entziehung der Fahrerlaubnis ist für das ganze Reich[6] wirksam.

1. **Tatsachen**: d. h. solche Tatsachen, die vor der Erteilung der Erlaubnis der Behörde nicht bekannt waren, mochten sie nun bereits damals vorliegen oder erst später eingetreten sein.

2. **bestimmte Zeit**: Weder die Begründung noch die Kommissionsverhandlungen geben über die Tragweite dieser Worte Aufschluß. Entziehung auf Dauer z. B. wird bei Äußerungen gewalttätiger, roher Gesinnung am Platze sein, auf bestimmte Zeit z. B. bei Minderjährigen oder vorübergehend Erkrankten. Auch bei Entziehung auf bestimmte Zeit ist nach dem letzten Satze der Führerschein abzuliefern. Nach Ablauf der Zeit muß der Führer um Wiedergewährung nachsuchen. Diese m u ß aber nicht ohne weitere Prüfung erfolgen. Die Behörde wird vielmehr genau erwägen, ob sie nicht den Schein versagt und die Erlaubnis dauernd verweigert.

Die Behörde kann auch nach BV. § 27 im Falle der Entziehung der Fahrterlaubnis für bestimmte Zeit deren Wiedererteilung von der nochmaligen Ablegung einer Prüfung oder der Erfüllung sonstiger Bedingungen abhängig machen. Andrerseits ist nirgends bestimmt, daß jemand, dem die Fahrerlaubnis dauernd entzogen ist, nicht wieder zugelassen werden darf. Die gegenteilige ausdehnende Auslegung würde dem Begriffe „dauernder Verlust" im RStGB. § 33 widersprechen, auch dem im § 1 GewO. ausgesprochenen Grundsatz der Gewerbefreiheit zuwiderlaufen. Wer als Jüngling gefehlt, kann als gereifter Mann geeignet sein. Im Ergebnisse ist also zwischen beiden Entziehungen kein rechtlicher Unterschied. Die Unterscheidung wäre besser weggeblieben. Das pflichtgemäße Ermessen der Verwaltungsbehörden läßt sich nie ausschalten. (Bestritten, anderer Ansicht Hoepfel 63).

3. **zuständige**: Vgl. § 1 Anm. 3. Örtlich ist nach VV. § 27 die höhere Verwaltungsbehörde des derzeitigen Wohnortes zuständig. Zum Begriff der höheren Verwaltungsbehörde vgl. Anm. 3 zu § 1.

4. **Verwaltungsbehörde**: Nur die Verwaltungsbehörde ist zur Entziehung der Fahrerlaubnis befugt, nicht das Gericht, welches einen Führer zur Strafe verurteilt. Nach jeder Verurteilung eines Kraftwagenführers wird die Verwaltungsbehörde die Einleitung des Entziehungsverfahrens zu erwägen haben.

5. **abzuliefern**: Liefert der Verpflichtete den Führerschein nicht ab, so macht er sich nach § 24 Ziff. 3 strafbar. Das Strafgericht erkennt nach § 40 RStGB. gleichzeitig auf Einziehung des Scheins. Schon vorher kann die zuständige Polizeibehörde (vgl. § 1 Anm. 3) z. B. nach Art. 20 Abs. 2 BayerPStGB. den Führerschein vorläufig wegnehmen.

6. **ganze Reich**: Eine Entziehung der Fahrerlaubnis nur für einen bestimmten Bezirk gibt es nicht. Von jedem Falle der Entziehung hat die höhere Verwaltungsbehörde nach der Anlage B VI zur VV. der Sammelstelle in Berlin umgehend Mitteilung zu machen. Führern ausländischer Fahrzeuge kann nach Art. 3 IA. und § 8 VVI., falls sie internationale Fahrausweise besitzen, deren Anerkennung bei Unzuverlässigkeit, ferner bei gewissen Mängeln des Fahrzeugs, endlich dann versagt werden, wenn der Besitzer oder Führer keinem Vertragsstaate angehört. Führern ausländischer Fahr-

zeuge ohne internationalen Ausweis kann nach § 27 II BV. bei nachgewiesener Unzuverlässigkeit die Führung des Fahrzeugs durch Verfügung der höheren Verwaltungsbehörde mit Wirkung für das ganze Reich untersagt werden. Zuständig ist jede höhere Verwaltungsbehörde, in deren Bezirk das Bedürfnis hervortritt. Wegen der Fahrzeuge der Militär- und Postverwaltung siehe § 6 Abs. 2 des Gesetzes mit § 33 BV. Vgl. auch die deutsch-französische Vereinbarung über gegenseitige Ermittlung der Täter, die den Verkehrsvorschriften zuwiderhandeln, RGBl. 1914 S. 11.

§ 5.

I Gegen die Versagung der Fahrerlaubnis ist, wenn sie aus anderen Gründen als wegen ungenügenden Ergebnisses[1] der Befähigungsprüfung erfolgt, der Rekurs[2] zulässig. Das gleiche gilt von der Entziehung der Fahrerlaubnis; der Rekurs hat keine aufschiebende Wirkung.

II Die Zuständigkeit der Behörden und das Verfahren bestimmen sich nach den Landesgesetzen[3] und, soweit landesgesetzliche Vorschriften nicht vorhanden sind, nach den §§ 20, 21 der Reichsgewerbeordnung.[4]

1. **ungenügenden Ergebnisses**: Also nur, wenn der Nachsuchende als „ungeeignet" erklärt ist.

2. **Rekurs**: Nach § 6 Abs. 3 haben Personen, die der Militär- oder Postverwaltung unterstellt sind, kein Rekursrecht im Sinne dieses Paragraphen. Ihnen bleibt nur die Dienstaufsichtsbeschwerde an die höheren Vorgesetzten.

3. **Landesgesetzen**: In Bayern entscheiden in zweiter Instanz gemäß BayerMB. Ziff. 1 Abs. 2 und §§ 2 u. 53 BayerVollzVO. zur GewO. vom 29. März 1892 die Kreisregierungen, Kammern des Innern, in der Form der Senate. Weitere Beschwerde an den Verwaltungs-

gerichtshof ist nicht zulässig. Nach Art. 8 Ziff. 8 des Bayerischen Gesetzes betreffend die Errichtung eines Verwaltungsgerichtshofes vom 8. August 1878 ist die Beschwerde nur zulässig, wenn die Befugnis zum Gewerbebetrieb auf Grund der Gewerbeordnung streitig ist. Damit scheiden von vorneherein alle Privatchauffeure und Besitzer von Luxusfahrzeugen aus der Betrachtung aus. Aber auch die Lenker der öffentlichen Fuhrwerke, die aus § 37 GewO. ihre Fahrerlaubnis ableiten (vgl. § 2 Abs. 3), haben kein Beschwerderecht. Denn die Entziehung ist ein Akt der Verkehrs-, nicht der Gewerbepolizei. Es ist nur, wie überall, die Anrufung der Oberaufsichtsbehörde, des Ministeriums des Innern, eröffnet.

In Preußen ist gemäß dem Gesetz über die Allgemeine Landesverwaltung vom 30. Juli 1883 §§ 127 ff. nach der Beschwerde an den Oberpräsidenten, binnen 2 Wochen die Klage zum Oberverwaltungsgericht zulässig.

§§ 20 und 21 RGewO. bestimmen als Hauptgrundsätze des Rekursverfahrens: Beschwerde an die nächsthöhere Verwaltungsbehörde binnen 14 Tagen, Entscheidung durch eine kollegiale Behörde mindestens in einer Instanz mit dem Recht der Beweiserhebung durch Augenschein, Zeugen und Sachverständige nach Verhandlung in öffentlicher Sitzung.

4. **Reichsgewerbeordnung**: Gegen die nach BV. § 27 gegen einen Führer eines ausländischen Kraftwagens verfügte Untersagung der Führung oder gegen die Nichtanerkennung eines internationalen Fahrausweises, siehe § 4 A. 6, findet ein verwaltungsrechtliches Streitverfahren auch in den unteren Instanzen mangels ausdrücklicher gesetzlicher Vorschrift in Bayern nicht statt. Dem Führer ist lediglich der Weg der Aufsichtsbeschwerde an die nächsthöhere Verwaltungsbehörde offen.

§ 6.

Der Bundesrat[1] erläßt:

1. die zur Ausführung der §§ 1—5 erforderlichen Anordnungen sowie die Bestimmungen für

die Zulassung der Führer ausländischer Kraftfahrzeuge;[2]

2. die sonstigen zur Erhaltung der Ordnung und Sicherheit auf den öffentlichen Wegen oder Plätzen erforderlichen Anordnungen über den Verkehr mit Kraftfahrzeugen, insbesondere über die Prüfung und Kennzeichnung der Fahrzeuge und über das Verhalten der Führer.[3]

II Soweit auf Grund der Anordnungen des Bundesrats die Militär-[4] und Postverwaltung Personen, die sie als Führer von Kraftfahrzeugen verwenden, die Fahrerlaubnis versagt oder entzogen haben, finden die Vorschriften des § 5 keine Anwendung.[5]

III Soweit der Bundesrat Anordnungen gemäß Abs. 1 nicht erlassen hat, können solche durch die Landeszentralbehörden erlassen werden.[6]

IV Die Anordnungen des Bundesrats sind durch das Reichsgesetzblatt zu veröffentlichen. Sie kommen in Bayern nach näherer Bestimmung des Bündnisvertrags vom 23. November 1870 (Bundesgesetzblatt 1871 S. 9) unter III §§ 4, 5,[7] in Württemberg nach näherer Bestimmung des Bündnisvertrags vom 25. November 1870 (Bundesgesetzblatt 1870 S. 654) unter Artikel 2 Nr. 4 zur Anwendung.

1. **Bundesrat:** Nach Art. 77 der neuen Reichsverfassung vom 11. August 1919 erläßt nunmehr, soweit die Gesetze nichts anderes bestimmen, die Reichsregierung die zur Ausführung der Reichsgesetze erforderlichen allgemeinen Verwaltungsvorschriften. Sie bedarf dazu der Zustimmung des Reichsrats, wenn die Ausführung der Reichsgesetze den Landesbehörden zusteht.

2. Die Ausführungsanordnungen des Bundesrats sind in der mehrfach genannten BV. vom 3. Februar 1910 enthalten. Hinsichtlich der Führer ausländischer Kraftfahrzeuge galten gemäß BV. § 36 bis 1. Mai 1910 die bisherigen landesrechtlichen Vorschriften. Ab 1. Mai 1910 ist § 36 BV. durch BVJ. § 15 aufgehoben. Die Vorschriften dieser Verordnung sind an die Stelle der einzelstaatlichen getreten.

3. BV. vom 3. Februar 1910 §§ 15ff.

§ 23 BV. regelt die Zuständigkeit der einzelstaatlichen Polizeibehörden zur Erlassung von Vorschriften über die Erhaltung der Ordnung und Sicherheit auf den öffentlichen Wegen. Alle Polizeibehörden sind grundsätzlich zuständig.

Als Ausnahmen kommen folgende in Betracht:

a) Für Wegestrecken, die dem Durchgangsverkehr dienen, sind die Landeszentralbehörden (Ministerien) zuständig. Diese können die höheren Verwaltungsbehörden (nicht Gemeindebehörden) mit Erlassung der Vorschriften betrauen. Nach der BayerMB. II zu § 23 Ziff. 5 sind in Bayern nur die Kreisregierungen, Kammern des Innern, nicht die Distriktsverwaltungsbehörden (Bezirksämter usw.) berufen.

b) Eine Anordnung einer Höchstgeschwindigkeit von unter 15 km in der Stunde ist nur für Fahrzeuge von mehr als 5,5 Tonnen Gesamtgewicht zulässig. Zuständig sind nur die höheren Verwaltungsbehörden (nicht die Gemeindebehörden). Vgl. § 1 Anm. 3.

c) Die höheren Verwaltungsbehörden sind allein zuständig zur Anordnung von Verkehrsbeschränkungen, die ihren Grund nicht in dem Zustand der Wege oder der Eigenart des Verkehres, sondern in „anderen besonderen Verhältnissen" (z. B. Nähe von Kirchen, Schulen, Behörden, im Interesse der Ruhe) haben.

Diese Vorbehalte zugunsten der höheren Verwaltungsbehörden sollen den Verkehr vor unnötigen Erschwerungen schützen. Dem gleichen Gedanken entspringt die Anordnung der zum Vollzuge der BV. erlassenen

MB. in Bayern, daß die höheren Verwaltungsbehörden vor Erlassung der Vorschriften die Vertretung der Automobilinteressenten, insbesondere den Bayerischen Automobilklub zu hören haben.

Hervorzuheben ist, daß nach BV. § 18 Abs. 2 innerhalb geschlossener Ortsteile die Fahrgeschwindigkeit von 15 km in der Stunde nicht überschritten werden darf. Die höhere Verwaltungsbehörde (vgl. § 1 Anm. 3) kann höhere Fahrgeschwindigkeiten zulassen. Im Landespolizeibezirk Berlin sind z. B. nach Bekanntmachung des Polizeipräsidenten vom 31. März 1910 Nr. 4 25 km in der Stunde zugelassen.

Die PVK. zu § 23 und die BayerMB. zu § 23 Nr. 7 ordnen die Kenntlichmachung der gesperrten oder im Verkehr beschränkten Wegestrecken durch am Anfang und Ende aufzustellende Tafeln an. Ist eine solche Kennzeichnung unterblieben, so wird der Automobilführer sich unter Umständen hierauf zu seiner Entlastung berufen können. Er macht nicht Rechtsirrtum, Unkenntnis einer bestehenden Vorschrift, geltend, sondern entschuldbaren Irrtum über die Grenzen der Strecke, für die die Polizeivorschrift erlassen ist.

4. Die Erteilung der Fahrerlaubnis an Militärpersonen richtet sich nach BV. Anlage B Ziff. 8.

5. Kein Rekurs. Die Versagung und Entziehung beruht auf der Kommando- und Dienstgewalt.

6. Den Landeszentralbehörden ist dadurch das Recht gewahrt, die Zuständigkeit in ihrem Gebiet unter Einhaltung der durch den Bundesrat aufgestellten Grundsätze und Beschränkungen (vgl. Ziff. 3) anders zu regeln, insbesondere höhere Instanzen mit der Erlassung von Vorschriften zu betrauen. In Bayern sind durch MB. vom 20. März 1910 II zu § 23 Ziff. 9 mit Rücksicht auf die neue rechtliche Grundlage auf Grund des Art. 13 BayerPolStGB. alle bisher erlassenen, ober-, distrikts- und ortspolizeilichen Vorschriften, wonach die Benützung von Wegen, Plätzen und Brücken für Kraftfahrzeuge verboten oder beschränkt ist, vom 1. Mai 1910 ab außer Kraft gesetzt. Wollen die Polizeibehörden die

Vorschriften materiell aufrecht erhalten, so müssen sie sie von neuem erlassen.

Für Preußen ist die Aufhebung durch die PVK. vom 25. Februar 1910 mit Wirkung für 1. April 1910 verfügt, soweit die bisherigen Vorschriften der BV. entgegenstehen.

7. Durch die Reichsverfassung von 1919 sind die bayerischen und württembergischen Reservatrechte aufgehoben, der zweite Satz des A. 4 sonach gegenstandslos.

II. Haftpflicht.

Vorbemerkung: Die Vorschriften dieses Gesetzes über die Haftpflicht des Automobilhalters und Automobillenkers sind nicht die einzigen gesetzlichen Vorschriften, aus denen Ansprüche aus einem durch ein Automobil verursachten Unfall hergeleitet werden können. Wie in der Begründung und in den Verhandlungen wiederholt hervorgehoben wurde, bezweckt dieses Gesetz und bezwecken seine Haftpflichtbestimmungen lediglich einen kräftigeren Schutz des Publikums gegen die Automobilfahrer.

Das Gesetz will mit Rücksicht auf die Gefährlichkeit des Kraftwagenbetriebs eine Mindesthaftung auch für solche Fälle sichern, in denen eine Haftung für Schadensersatz nach allgemeinen Grundsätzen nicht oder nur mit Schwierigkeiten durchzuführen wäre. Dagegen liegt es nicht im Sinne des Gesetzes, die Anwendung von Bestimmungen auszuschließen, die insbesondere beim Nachweise eines Verschuldens eine weitergehende Haftung des Fahrzeughalters oder des Führers oder eine Haftung anderer Personen begründen. § 16 KFZG., der nach § 18 Abs. 2 bei Haftung des Fahrzeugführers entsprechend anzuwenden ist, bestimmt denn auch ausdrücklich, daß die reichsgesetzlichen Vorschriften unberührt bleiben sollen, nach denen der Fahrzeughalter für den durch das Fahrzeug verursachten Schaden in weiterem Umfange als nach den Vorschriften dieses Gesetzes haftet oder nach denen ein anderer für den

Schaden verantwortlich ist. Aufrecht bleiben also die einschlägigen Vorschriften des BGB. und der Spezialgesetze z. B. RG. vom 22. Mai 1910, betr. Haftung des Reiches für seine Beamten (so bei Militärautomobilen JW. 1919/46 = R. 94/103). Vom BGB. kommen insbesondere in Betracht die Vorschriften über unerlaubte Handlungen §§ 823, 827—832, 840—847, ferner bei Beförderung von Personen oder Sachen auf Grund Vertrags die Grundsätze des Vertragsrechts: Dienstvertrag, Werkvertrag, Miete, Leihe usw., endlich die Grundsätze über positives Verschulden.

Die Bedeutung der Vorschriften des KFZG. beruht in der Günstigerstellung des Verletzten in der Beweislast. Zur Begründung der Ansprüche aus dem Gesetz braucht ein Verletzter nur den ursächlichen Zusammenhang seiner Verletzung und seines Schadens mit einem Automobilunfall zu behaupten und zu beweisen. Sache des Beklagten ist, die vom Gesetze zugelassenen Entlastungsbehauptungen aufzustellen und zu beweisen. Der Verletzte wird sich danach dann auf die Vorschriften des allgemeinen Bürgerlichen Rechts stützen, wenn sie ihm in irgend einer Hinsicht günstiger sind und er den zu ihrer Anwendung erforderlichen Tatbestand beweisen kann. Das Herrschaftsgebiet des KFZG. ist beschränkt

1. hinsichtlich der verletzten Personen: Im Fahrzeug beförderte und bei dem Betriebe des Fahrzeugs tätige Personen können nicht auf das Gesetz sich stützen,
2. hinsichtlich der verpflichteten Personen: Nur der Automobilhalter und Führer, nicht ein dritter Verursacher, z. B. ein Fahrgast, kann auf Grund des KFZG. in Anspruch genommen werden,
3. hinsichtlich der Kraftfahrzeuge: Bei dem Betriebe von Lastkraftfahrzeugen mit nicht mehr als 20 km Höchstgeschwindigkeit in der Stunde findet das Gesetz keine Anwendung,
4. hinsichtlich der Höhe des Schadensersatz-Anspruches: Der die Sätze des § 12 übersteigende Schadensbetrag kann auf Grund des KFZG. nicht gefordert werden,

5. hinsichtlich des Umfangs des Schadensersatzanspruches:
   a) es kann unter Berufung auf das KFZG. kein Schmerzensgeld, Ersatz des Schadens, der nicht Vermögensschaden ist, verlangt werden, wie nach § 847, siehe Anm. 2 zu § 10.
   b) es kann nicht der Vermögensschaden verlangt werden, der abgesehen von der Beschränkung der Erwerbsunfähigkeit und der Vermehrung der Bedürfnisse, für das Fortkommen entstanden ist, z. B. durch Verkürzung der Aussicht zu heiraten für eine weibliche Person. Der § 11 des KFZG. ist enger als § 842 BGB.,
   c) es kann nicht der Dienstberechtigte, wie nach § 845, wegen Entgang der Dienste des Verletzten Schadensersatz fordern.

Im einzelnen grenzen §§ 7, 8 und 9 den Tatbestand des haftpflichtbegründenden schädigenden Ereignisses ab.

§ 9 insbesondere anerkennt durch gesetzliche Vorschrift die Anwendbarkeit des § 254 BGB. über das mitwirkende Verschulden des Verletzten, das die Praxis auch bisher schon gegenüber der Gefährde-Haftung eingeführt hat. Die §§ 10—13 regeln den Umfang der zu leistenden Entschädigung. §§ 14 und 15 entscheiden die Verjährungsfrage. In § 16 ist, wie erwähnt, der Fortbestand der bestehenden Gesetze ausgesprochen. § 17 behandelt das Zusammentreffen mehrerer Gefährdehaftungen, nämlich von Kraftfahrzeug mit Kraftfahrzeug, Tier oder Eisenbahn. § 18 bestimmt über die Mithaftung des Führers. Die §§ 19 und 20 enthalten zivilprozessuale Vorschriften.

§ 7.

I Wird bei dem Betrieb[1] eines Kraftfahrzeugs[2] ein Mensch getötet, der Körper oder die Gesundheit[3] eines Menschen verletzt oder eine Sache[4] beschädigt, so ist der Halter[5] des Fahrzeugs verpflichtet, dem Verletzten[6] den daraus entstehenden Schaden[7] zu ersetzen.

II Die Ersatzpflicht ist ausgeschlossen[8], wenn der Unfall[9] durch ein unabwendbares Ereignis[10] verursacht wird, das weder auf einem Fehler in der Beschaffenheit des Fahrzeugs[11] noch auf einem Versagen seiner Vorrichtungen beruht. Als unabwendbar gilt ein Ereignis insbesondere dann, wenn es auf das Verhalten des Verletzten[12] oder eines nicht bei dem Betriebe beschäftigten Dritten[13] oder eines Tieres zurückzuführen ist[14] und sowohl der Halter als der Führer des Fahrzeugs jede nach den Umständen des Falles[15] gebotene Sorgfalt beobachtet hat.

III Wird das Fahrzeug ohne Wissen und Willen des Fahrzeughalters von einem anderen in Betrieb gesetzt[16], so ist dieser an Stelle des Halters zum Ersatze des Schadens verpflichtet.

1. bei dem Betrieb: Das Kraftfahrzeug ist, wie die Begründung S. 12 sagt, „im Betrieb“ nicht nur dann, „wenn es durch die Kraft des Motors getrieben wird, sondern auch, wenn es — z. B. auf geneigter Fläche — unter Ausschaltung des Motors mit Hilfe des durch ihn gewonnenen Antriebs sich weiterbewegt, oder wenn es — z. B. bei Fahrtunterbrechungen — ohne völlige Abstellung des Motors zur Fahrt bereitsteht“. An Stelle der Worte „bei dem Betrieb“ eines Kraftfahrzeuges stand im Entwurf „durch ein im Betrieb befindliches Kraftfahrzeug“. Die jetzige Fassung soll nach der unwidersprochenen Erklärung des Antragstellers zum Ausdruck bringen, daß sowohl unmittelbarer, als auch mittelbarer Schaden zu ersetzen sei. Man dachte aber bei dieser Änderung nicht sowohl an den Unterschied zwischen mittelbarer und unmittelbarer Verursachung, sondern an den Gegensatz von körperlicher Berührung und Einwirkung ohne diese. Mit der Änderung des Textes wurde nichts gewonnen, denn die Rechtsprechung hatte bereits zum Reichshaftpflichtgesetz festgestellt, daß nicht gerade eine Berührung des Verletzten mit dem rollenden Material stattgehabt, sondern daß das Betriebsereignis, wenn auch durch Vermittlung von Zwischengliedern, z. B. Scheuen von Pferden vor Lokomotiven den Verletzten betroffen haben müsse. Entscheidend ist vielmehr nach der Rechtsprechung des Reichsgerichts 81/359, 95/249 für die Vertretbarkeit eines Unfalls auch nach dem KFZG., daß ein nicht bloß zufälliger, sondern adäquater Zusammenhang zwischen dem Betriebe des Kraftfahrzeugs und dem Unfalle vorliegen müsse, durch welchen nach den Regeln der Wissenschaft und der Lebenserfahrung die Entstehung des Unfalls herbeigeführt oder doch begünstigt wurde. Es genügt hienach nicht, das angeblich schadenstiftende Ereignis im Verhältnis zum Unfall als eine conditio sine qua non im Sinne des natürlichen Kausalzusammenhangs zu unterstellen. Ein ursächlicher Zusammenhang ist rechtlich dann nicht als gegeben zu erachten, wenn der Schade nur unter Mitwirkung eines zweiten Ereignisses zustande gekommen ist, das mit dem ersten keinen Zusammenhang hat, so daß vom Standpunkt eines alle dem Menschen zu Gebote stehenden Erfahrungen und Kenntnisse beherrschenden Beurteilers zur Zeit der die Verantwortung begründenden Handlung eine derartige schadenstiftende Verkettung von Umständen ebenso wahrscheinlich erscheinen mußte, wenn jene Handlung unterblieb, als wenn sie erfolgte. Keineswegs aber setzt Adäquatheit der Folge auf seiten des Täters deren subjektive Vorhersehbarkeit voraus, ebensowenig auch, daß der verhängnisvolle Erfolg objektiv der Regel nach zu erwarten war. Es genügt, daß die Sachlage für einen sie nach menschlichem Maßstabe, soweit denkbar, übersehenden Beurteiler infolge der Handlung in Richtung auf den demnächst eintretenden Schaden gefährlicher erscheinen mußte. Unrichtig ist es zu sagen, daß gerade die dem Automobilbetrieb „eigentümliche“

Gefährlichkeit den Unfall verursacht haben müsse, wie das bei der Haftung der Eisenbahn der Fall ist; in der großen Mehrzahl der Fälle wird jenes Moment allerdings gegeben sein.

2. **Kraftfahrzeug**: Begriff siehe § 1; Ausnahme für Lastfahrzeuge § 8 Abs. 2. über Beschädigung durch mehrere Kraftfahrzeuge siehe § 17.

3. **Die Nebeneinanderstellung. „Körper oder Gesundheit"** ist aus dem Wortlaut des BGB., und von diesem aus dem Strafgesetzbuch § 223 übernommen. Mit Planck wird unter der Verletzung des Körpers eine Zerstörung eines Teiles des Körpers in seiner äußeren Erscheinung, unter Verletzung der Gesundheit eine Störung der Funktionen des Körpers zu verstehen sein. Selbstverständlich fallen auch Störungen der psychischen Gesundheit darunter; soweit adäquater Kausalzusammenhang vorliegt. JW. 1912/650, 1915/28, 1917/44. Erschrecken über den Unfall eines Angehörigen genügt nicht. JW. 1911/333 = RG. 75/284.

4. **„Sache"**: Nur körperliche Gegenstände, bewegliche z. B. Tiere oder unbewegliche, BGB. § 90; nicht durch das KFZG. geregelt sind die sogenannten Immissionen, d. h. Zuführungen von Gasen, Geräusch, Erschütterungen gegenüber Grundstücken, siehe BGB. §§ 906, 1004; wohl aber kann die Bespritzung von Kleidern der Straßenpassanten, soweit sie das beim Straßenverkehr übliche Maß übersteigt, unter § 7 fallen.

5. **„Halter"**: Für den Begriff des H. entscheiden die wirtschaftlichen, nicht die rechtlichen Verhältnisse. Als H. ist anzusehen, wer das KFZ. auf eigene Rechnung in Gebrauch hat und die Verfügungsgewalt darüber besitzt, die ein solcher Gebrauch voraussetzt, also insbesondere den Führer anstellt, die Betriebsmittel beschafft, die Reparaturen vornehmen läßt, mag er nun Eigentümer des Fahrzeugs sein oder es nur als Nießbraucher, Mieter, Entleiher usw. verwenden. Das Eigentum am Wagen ist also an und für sich grundsätzlich nicht entscheidend, wenn auch regelmäßig nicht ohne

wesentliche Bedeutung. RG. 91/270. Für „eigene" Rechnung bedeutet, daß man die Lasten und Nutzen vom Fahrzeug hat. Nicht als H. des KFZ. hat derjenige zu gelten, dem lediglich dessen Benützung, sei es entgeltlich, sei es unentgeltlich überlassen wird, während der Überlassende nach wie vor die Kosten trägt, die durch die Aufbewahrung, Unterhaltung und Benützung des Fahrzeugs verursacht werden. Der Arzt z. B., der für seine Praxis ein Automobil mit Chauffeur für tägliche Fahrten mietet, ist nicht H. des KFZ. RG. 78/180, JW. 1912/89 = RG. 77/349, JW. 1912/406, 1912/808 = RG. 79/312, JW. 1913/337, 1915/1017, JW. 1918/566 = RG. 93/222, JW. 1920/395. Deshalb haftet für Unfälle während der Probefahrt, die ein Werkstätteninhaber nach Reparatur des beschädigten Wagens vornimmt, nicht der Werkstätteninhaber, sondern der bisherige H., der jenen mit der Ausbesserung des Wagens betraut hat. RG. 91/304.

6. „**Verletzter**": Regelmäßig nur der unmittelbar Verletzte, Ausnahmen jedoch in § 10 Abs. 1 Satz 2 und Abs. 2.

7. „**Schaden**": über den Umfang der Haftung für Personenschaden enthalten die §§ 10, 11; über die Höhe des Ersatzes § 12 besondere Vorschriften. Anspruch auf Ersatz von Sachschaden hat nur der Eigentümer oder dinglich Berechtigte (Nutznießer, Pfandgläubiger), ferner der Eigenbesitzer nach § 872 BGB. Es verbleibt aber bei der Anwendbarkeit des § 851 BGB., wonach die Schadensersatzzahlung an den augenblicklichen Besitzer befreit, wenn der Zahlende hinsichtlich der Berechtigung in gutem Glauben ist. Innerhalb der Grenze des § 12 ist der Sachschaden nach Maßgabe der auch hier (RG. 51/275) anwendbaren §§ 249 ff. BGB. zu liquidieren. Hiezu ist auf die Kommentare zum BGB. zu verweisen; im allgemeinen ist zu bemerken: a) wenn der Gläubiger Naturalherstellung § 249 S. 1 fordert, so genügt es, wenn die beschädigte Sache durch Ausbesserungsarbeiten hinsichtlich der wirtschaftlichen Brauchbarkeit und Nutzbarkeit im allgemeinen wieder wie früher gestellt wird.

Es wird also nicht die Herstellung eines Zustandes erfordert, der mit demjenigen in jeder Beziehung übereinstimmt, der ohne Eintritt des zum Ersatz verpflichtenden Umstandes vorhanden sein würde, sondern es genügt die Herstellung eines im wesentlichen gleichen d. h. eines wirtschaftlich gleichwertigen Zustandes. RG. 76/146, 91/104, 96/121. b) Ist die Wiederherstellung nur mit unverhältnismäßigen Aufwendungen möglich, § 251 II, so kann der Verletzte sofort den Minderwert in Geld fordern, falls er niedriger ist, als die Aufwendungen, RG. 76/146. c) Zu ersetzen ist nur Vermögensschaden, nicht „moralischer Schaden", auch nicht das Affektionsinteresse, wohl aber innerhalb der Grenzen des § 12 die nach den Umständen gebotenen Aufwendungen zur Minderung des Schadens, § 254 Abs. 2, z. B. Reparaturkosten, Kurkosten für beschädigte Tiere, Leihkosten für Ersatzstücke oder Ersatztiere während der Zeit der Herstellung der beschädigten, ferner der entgangene Gewinn oder Verdienstentgang, § 252 und Zinsen aus den aufgewendeten Beträgen, § 256. d) Die Stellung einer zu kurzen Nachfrist, § 250 BGB., setzt eine angemessene Nachfrist in Lauf, innerhalb deren der Schuldner noch leisten kann und nach deren Ablauf die Erklärung des Gläubigers über die Ablehnung der Leistung in Kraft tritt, RG. 62/66. e) Die Ansprüche aus Sachschaden und, abgesehen von der Ausnahme in § 13 II, auch jene aus Personenschaden, sind übertragbar und pfändbar. Sie gehen im Falle des § 67 RG. über den Versicherungsvertrag vom 30. Mai 1908 auf den Versicherer, im Falle des § 1542 RVersO. auf die Träger der Versicherung, im Falle des § 12 III Beamt.-UFürsG. vom 18. Juni 1901 auf das Reich, im Falle des § 62 UWG. auf den unterstützenden Armenverband über, JW. 1921/507. § 255 BGB. wird daher nur selten zur Anwendung kommen.

8. **„ausgeschlossen"**: Durch die Fassung „ist verpflichtet zu ersetzen" und Verweisung der Ausnahmen in einen besonderen Absatz wird die Regelung der Beweislast zum Ausdruck gebracht. Der Verletzte braucht nur zu

beweisen: die Verletzung, den ursächlichen Zusammenhang mit dem Betrieb eines KFZ. und das Vorhandensein eines Schadens infolge der Verletzung. Sache des beklagten Halters oder Führers ist es, die Tatsache zu behaupten und beweisen, auf Grund deren nach Abs. 2 die Haftung ausgeschlossen ist.

9. „Unfall": Es muß sich um ein mit dem Betriebe im ursächlichen Zusammenhang stehendes, bestimmtes, zeitlich feststellbares, den regelmäßigen Betrieb in außergewöhnlicher Weise unterbrechendes und mit körperschädigender Wirkung verbundenes Ereignis handeln, RG. 21/77, 29/42, 44/257, 55/231.

10. „Unabwendbares Ereignis": Der Begriff des U. E. ist nicht identisch mit jenem der „höheren Gewalt". Unter höherer Gewalt versteht die Rechtsprechung ein von außen kommendes, mit einer gewissen Regelmäßigkeit oder Häufigkeit wiederkehrendes Ereignis, das auch durch die besten Vorkehrungen oder die äußerste Sorgfalt des Unternehmers nicht abgewendet werden kann, RG. 44/27, 54/404, jedoch auch 409. Der Begriff des U. E. stellt dagegen eine Erweiterung des Begriffs der höheren Gewalt dar. Für das U. E. ist die regelmäßige Wiederkehr ähnlicher Ereignisse ohne Bedeutung. Ist der Unfall ursächlich nicht auf einen Fehler in der Beschaffenheit des KFZ., noch auf ein Versagen seiner Verrichtungen, ist er insbesondere auf ein Verhalten Dritter oder eines Tieres oder des Verletzten selbst zurückzuführen, mag dieses letztere ein schuldhaftes oder unverschuldetes sein, so gilt er als U. E., wenn er auch bei der äußersten Sorgfalt des Halters oder des Führers nicht abgewendet werden konnte, JW. 1913/218, 1921/396, 1919/104. Z. B. ist das Hineinlaufen von Kindern ins rollende Fahrzeug, das als höhere Gewalt nicht angesehen wird, RG. 44/27, als U. E. anzusehen, sofern nur der Halter wie der Führer des KFZ. frei von jedem Verschulden bei der Herbeiführung des Unfalls sind.

11. Fehler in der Beschaffenheit des Fahrzeugs: Unter Beschaffenheitsfehlern sind Fehler in der Konstruktion,

Mängel im Material zu verstehen, unter Versagen der Verrichtungen: Ordnungswidrigkeiten, die bei dem Zusammenwirken der Bestandteile des Fahrzeugs infolge des Betriebs eintreten. Die beiden Begriffe werden sich nicht scharf scheiden lassen. Es fallen darunter z. B. Versagen der Steuerung, Bruch oder Versagen der Bremse, Bruch von anderen Maschinenteilen, überhaupt Versagen einer der in BV. § 4 und Bayer. MB. zu § 4 Nr. 3 genannten Vorrichtungen, Gleiten und Schleudern des Fahrzeugs infolge Nässe, Platzen der Luftreifen, Explosion, Selbstentzündung, Beschaffenheitsfehler und Versagen der Verrichtungen bilden zusammen die „innere" Betriebsgefahr; dieser gegenüber ist jeder Entlastungsbeweis versagt; auch wenn Halter oder Führer den Fehler nicht erkennen, die Betriebsstörung nicht abwenden konnten.

12. Verhalten des Verletzten: Dieses bedeutet hier nicht ein Verschulden, es ist rein gegenständlich gemeint und umfaßt eine unverschuldete, wie eine schuldhafte Handlungsweise, RG. 92/38, siehe jedoch JW. 1919/104. Als entlastend kommen also auch unverständige Handlungen von Kindern und Geisteskranken in Betracht.

13. Dritten: Bei dem Betriebe beschäftigt ist auch ein zu Hilfeleistungen mitfahrender Monteur, der das Fahrzeug nicht selbst lenkt.

14. zurückzuführen ist: Während der erste Satz des Abs. II den Begriff des unabwendbaren und nicht zu vertretenden äußeren Ereignisses negativ bestimmt, erörtert der zweite Satz mehrere der wichtigsten Einzelfälle. Indessen ist eine Verursachung oder Mitverursachung des Unfalls durch das Verhalten des Verletzten oder eines nicht beim Betrieb beschäftigten Dritten oder durch ein Tier nicht an sich schon ein unabwendbares Ereignis. Es genügt nicht zur Entlastung, daß der Automobilhalter den Beweis dieser Verursachung führt. Er muß vielmehr außerdem noch beweisen, daß er jede nach den Umständen des Falles gebotene Sorgfalt beobachtet hat. Man kann danach die Regelung der Haftpflicht im Gesetze dahin umschreiben:

Der Halter haftet auf Grund der Rechtsvermutung, daß der Unfall auf einem Betriebsfehler oder einer Betriebsstörung oder einem Verschulden des Lenkers oder des Halters beruhe. Er kann sich nur befreien, wenn er den Beweis führt, daß keine der vier Vermutungen zutrifft. Doch kann sich der Halter, falls ihm der Entlastungsbeweis nach § 7 Abs. 2 mißlingt, immer noch gemäß § 9 KFZG. auf ein mitwirkendes eigenes Verschulden des Verletzten berufen, das ihn je nach Umständen zum Teil oder ganz von der Haftung zu befreien vermag. RG. 92/38. Zu beachten ist übrigens, daß nicht bloß das Verhalten des Führers, sondern auch jenes des Halters gerechtfertigt werden muß. Der Halter haftet zunächst für Sorgfalt bei der Auswahl des Führers und sonstigen Personals — diligentia in eligendo —. Für die Kraftwagenführer wird in der Rechtsprechung wegen der Gefährlichkeit des Betriebs der Kraftwagen und der möglichen Schnelligkeit ihrer Bewegung ein besonderes großes Maß von Umsicht, Besonnenheit und Achtung vor der öffentlichen Ordnung und deshalb von den Geschäftsherren bei der Prüfung, Anstellung und Beaufsichtigung eine besondere Berücksichtigung dieser persönlichen Eigenschaften verlangt. Der Führer muß nicht nur die nötigen körperlichen (z. B. Sehschärfe) und geistigen Fähigkeiten, sondern auch die entsprechenden moralischen Eigenschaften (Nüchternheit) besitzen und die allgemein oder im betreffenden Bezirk geltenden Polizeivorschriften kennen. RG. 84/423 u. angef. In der Großstadt werden diese Anforderungen zu steigern sein. Der Halter haftet weiter für die entsprechende fortdauernde Kontrolle und Beaufsichtigung des Führers — diligentia in custodiendo —. RG. 87/1, JW. 1920/492. Er muß ihn entlassen, wenn dieser nachträglich die ursprünglich vorhandenen körperlichen, geistigen oder sittlichen Fähigkeiten zum Führerberuf einbüßt, z. B. augenleidend wird, in Trunksucht verfällt, sich erhebliche oder doch häufig wiederholte Bestrafungen wegen Zuwiderhandlungen gegen die Führerpflichten zuzieht. Ist der Halter, als der Unfall sich ereignete, selbst mitgefahren, so frägt es sich, ob er unmittelbar eingreifen mußte. Hatte der

Halter einen tüchtigen Mann zum Führer bestellt, so wird er dieser Verpflichtung regelmäßig enthoben sein. Immerhin muß er nach der Rechtsprechung auf den Führer wenigstens dann einwirken, wenn er die Gefahr und ein unbedachtsames Handeln des Führers bemerkt hat und in der Lage war einzugreifen. JW. 1910/105 und 148, 1911/41, 1914/192, 1915/89 und 1921/627. Wegen strafrechtlicher Mithaftung des Halters siehe Vorbemerkung vor § 21.

15. Jede nach den Umständen des Falles gebotene Sorgfalt: im Sinne des § 7 KFZG. ist strenger als § 276 BGB., da Geistesgegenwart, rascher sicherer Entschluß und tatkräftiges Eingreifen bei unvorhergesehener Gefahr nicht von jedermann erwartet werden kann und ein unrichtiges und sachwidriges Handeln, insbesondere in einer plötzlichen Gefahrlage nicht immer ein Verschulden nach § 276 BGB., wohl aber nach § 7 ergibt. Umgekehrt ist es aber auch kein Widerspruch, wenn das Gericht bei einem unüberlegten sachwidrigen Handeln im ersten Augenblick der erkannten Gefahr zwar den Entlastungsbeweis des § 7 Abs. II nicht als geführt ansieht, aber ein Verschulden des Kraftwagenführers nach § 276 BGB. nicht als gegeben ansieht. JW. 1915/405 = RG. 86/149, JW. 1915/587, 1919/104, RG. 92/38, 96/131. Näheres § 18.

Die Sorgfalt verlangt insbesondere die Beobachtung sowohl a) der besonderen Polizeivorschriften über Kraftwagenverkehr, als b) der allgemeinen polizeilichen Verkehrsvorschriften überhaupt. Jede Übertretung dieser Vorschriften (der Schutzgesetze im Sinne des § 823 BGB.), der darin enthaltenen Gebote und Verbote enthält zugleich eine Verletzung der gebotenen Sorgfalt. Zu den Vorschriften unter a) gehört die vom Bundesrat auf Grund des § 6 erlassene Verordnung vom 3. Februar 1910 (BV.), ferner alle von den Landesregierungen, Provinzial- oder Kreisregierungen, Bezirksämtern, Landräten, Amtsvorstehern, Gemeinden erlassenen Vorschriften für Kraftfahrzeuge. Vgl. die Anmerkungen zu § 6. Zu den Vorschriften unter b sind zu rechnen die Polizeivorschriften über den allgemeinen Fuhrwerksverkehr, z. B. über Rechtsfahren, Vorfahren, Sperrung von Straßen u. dgl. Auf diese allgemeinen Vorschriften ist in BV. § 2 Abs. 1 besonders hingewiesen. Ferner aber gehören auch hieher die bahnpolizeilichen Vorschriften, die Vorschriften über den Trambahnverkehr in den Städten, die Verkehrsvorschriften für besondere Gelegenheiten, ferner über die zulässige Höchstgeschwindigkeit. Zu beachten ist aber, daß die Einhaltung der Polizeivorschriften noch nicht ein Verschulden des Führers ausschließt, da dessen weitere Maßnahmen ganz von den Umständen des Falles abhängen und letztere häufig eine Steigerung der anzuwendenden Sorgfalt über die in den Polizeivorschriften aufgestellten Mindestanforderungen hinaus bedingen. Solche Umstände des Falles sind z. B. Enge, Schlüpfrigkeit des Weges, Dunkelheit, Nebel, frühe Morgenstunde, Blendung durch den Stand der Sonne, starker Verkehr, ungeordneter Verkehr, allgemein angeordnete Schnelligkeit der Trambahnen, Ungewandtheit der Bevölkerung in abgelegenen Dörfern. Der Führer muß also unter Umständen nicht bloß die Fahrt verlangsamen, sondern selbst bei einem Fußgänger ausweichen oder gar halten. JW. 1914/353, 1914/98.

16. in Betrieb gesetzt: Dieser Unberufene kann auch der von dem Fahrzeughalter angestellte Kraftwagenführer selbst sein, wenn er ohne das Wissen und ohne den ausdrücklich oder stillschweigend erkennbar gemachten Willen des Halters das Fahrzeug für sich in Gebrauch genommen und in Betriebstätigkeit gesetzt hatte. Dagegen stellt eine dem Wissen und Willen des Halters nicht entsprechende Ausdehnung der Fahrt nach der mit seinem Wissen und Willen geschehenen Intätigkeitsetzung des Fahrzeugs oder eine Fortsetzung derselben Fahrt und Betriebstätigkeit nach einer von jenem nicht gewollten vorübergehenden Unterbrechung eine neue Inbetriebsetzung nicht dar; Abs. 3 gilt also nicht, wenn der Führer auftragswidrig in einer Wirtschaft einkehrt, einen Privatbesuch macht und so die Fahrt unterbricht oder ändert, es sei denn, daß die Unterbrechung eine vollständige Inruhesetzung des Fahrzeugs, eine Beendigung der Reise bedeuten würde. Ob letzteres zutrifft, entscheidet sich nach den Umständen des Falls. JW. 1912/89 = RG. 77/348, JW. 1919/506 = RG. 95/185.

§ 8.

I Die Vorschriften des § 7 finden keine Anwendung:

1. wenn zur Zeit des Unfalls der Verletzte oder die beschädigte Sache durch das Fahrzeug befördert[1] wurde oder der Verletzte bei dem Betriebe des Fahrzeugs tätig[2] war;

II 2. wenn der Unfall durch ein Fahrzeug verursacht wurde, das nur zur Beförderung von Lasten dient und auf ebener Bahn eine auf 20 Kilometer begrenzte Geschwindigkeit in der Stunde nicht übersteigen kann.[3]

1. befördert: Die Beförderung beginnt mit dem Einsteigen des Fahrgastes oder dem Aufladen der Sache und der Inbetriebsetzung des KFZ., sie endet mit dem Aussteigen des Fahrgastes oder dem Ausladen der Sache nach beendeter Reise. Unfälle, die sich ereignen, während der Fahrgast vor beendeter Reise vorübergehend ausgestiegen oder die Sache vorübergehend ausgeladen war, sind ersatzpflichtig, es sei denn, daß sie in keinem adäquaten Kausalzusammenhang mit der Beförderung stehen und ebensogut einem Dritten, nicht durch das KFZ. Beförderten hätten zustoßen können (bestritten). Gleichgültig ist, ob es sich um eine gewerbsmäßige oder gelegentliche, um entgeltliche oder unentgeltliche Beförderung handelt. Es bleiben also nur die etwaigen Ansprüche nach dem BGB. oder nach Spezialgesetzen, siehe § 16. Gegebenenfalls kann der Fahrgast a) gegen den Halter aus § 823 BGB. klagen, dann muß er aber dem Halter in dessen Person oder in der seines Vertreters — Begriffsbestimmung JW. 1912/37 — ein Verschulden nachweisen. §§ 823, 276, 30, 31 (culpa in eligendo sive custodiendo. Anm. 14 zu § 7) oder b) der Verletzte stützt die Klage auf § 831 BGB.; in diesem Falle muß er aber den Entlastungsnachweis des Halters gewärtigen, daß die „bestellten Personen", also die Betriebsbeamten, auf deren Handlungsweise der Unfall zurückzuführen war, mit gehöriger Sorgfalt ausgewählt seien. c) Daneben besteht dem Fahrgast gegenüber die Haftung des Halters aus dem Beförderungsvertrage, aber auch sie ist an die Voraussetzungen eines Verschuldens der Erfüllungsgehilfen, also des Betriebspersonals, § 278 BGB., in der Weise geknüpft, daß sich der Halter durch den Nachweis, daß ein solches Verschulden nicht vorliegt, befreien kann, RG. 92/150. Die sogenannte Gefälligkeitsfahrt, das ist die Gestattung des kostenfreien Mitfahrens, erzeugt keine vertragliche Haftung, sondern nur Haftung für positive Vertragsverletzung, RG. 65/17 oder Deliktshaftung. Ein Verzicht des Eingeladenen auf Haftung des Einladenden wegen solcher Unfälle, die durch Verschulden des letzteren herbeigeführt wurden, ist rechtlich nicht zu vermuten. Regelmäßig wird aber bei dem Erkennen von Umständen, welche die Fahrt als nicht ungefährlich erscheinen lassen, die Teilnahme als ein Verschulden erscheinen, das bei der Entstehung des Schadens mitgewirkt hat, JW. 1910/234, 1915/275. Keine wahre Ausnahme vom Grundsatz des § 8 Abs. 1 ist der Anspruch, den der Fahrgast gegen den Führer oder Halter eines anderen KFZ. erheben kann, das mit dem von ihm benützten zusammenstößt. Näheres hiezu siehe § 17. Für Ansprüche der Fahrgäste der Postautomobile gilt § 11 des Postgesetzes.

2. bei dem Betriebe des Fahrzeugs tätig: Es genügt nicht, daß der Verletzte bei dem KFZUnternehmer überhaupt tätig ist, sondern er muß bei dem Betriebe des schadenstiftenden KFZ. selbst tätig sein. Dagegen fallen unter § 8 Abs. 1 auch jene Personen, die nur eine vorübergehende oder eine einmalige oder eine unentgeltliche Tätigkeit beim Betriebe des KFZ. ausführen, z. B. der Dorfschmied, der eine Reparatur ausführt, der Passant, der hiebei auf Bitte des Führers freiwillig mithilft. Die Ansprüche, die dem Betriebsbeamten nach

§§ 611, 618 BGB. zustünden, werden durch § 16 KFZG. aufrechterhalten, sind aber regelmäßig durch den § 898 RVersO. ausgeschlossen, wornach der Unternehmer eines versicherungspflichtigen Betriebs nur für vorsätzliche Herbeiführung von Unfällen haftet.

3. nicht übersteigen kann: Die Behauptung, daß es sich um ein Fahrzeug im Sinne des Abs. 2 handle, ist eine Einredebehauptung des beklagten Halters, dem die Beweislast hiefür obliegt, JW. 1921/397. Der Beweis kann durch jedes Beweismittel, nicht nur durch eine amtliche Marke geführt werden, wie im Entwurf vorgesehen war. Nicht unter Abs. II fallen Wägen, die nach ihrer Bauweise mehr als 20 km zurücklegen oder diese Geschwindigkeit überschreiten können, wenn man den Gestängebolzen herausnimmt und den Regulator ausschaltet oder eine Bleiversiegelung abreißt, JW. 1915/198, 1915/199. Keine Lastfahrzeuge sind Krankentransportwägen, Feuerwehrautomobile, die zugleich zur Beförderung von Feuerwehrleuten dienen u. dgl.

§ 9.

Hat bei der Entstehung des Schadens ein Verschulden [1] des Verletzten mitgewirkt, so finden die Vorschriften des § 254 des Bürgerlichen Gesetzbuchs mit der Maßgabe Anwendung, daß im Falle der Beschädigung einer Sache das Verschulden desjenigen, welcher die tatsächliche Gewalt über die Sache ausübt [2], dem Verschulden des Verletzten gleichsteht.

§ 254 BGB. lautet: Hat bei Entstehung des Schadens ein Verschulden des Beschädigten mitgewirkt, so hängt die Verpflichtung zum Ersatze sowie der Umfang des zu leistenden Ersatzes von den Umständen, insbesondere davon ab, inwieweit der Schaden vorwiegend von dem einen oder dem anderen Teile verursacht worden ist.

Dies gilt auch dann, wenn sich das Verschulden des Beschädigten darauf beschränkt, daß er unterlassen hat, den Schuldner auf die Gefahr eines ungewöhnlich hohen Schadens aufmerksam zu machen, die der Schuldner weder kannte noch kennen mußte, oder daß er unterlassen hat, den Schaden abzuwenden oder zu mindern. Die Vorschrift des § 278 findet entsprechende Anwendung.

1. Verschulden des Verletzten: § 9 und § 254 BGB. setzen im Gegensatz zu dem rein objektiv gedachten Verhalten des Verletzten im Sinne des § 7 — siehe dort Anm. 11 — ein mitwirkendes Verschulden, genauer eine schuldvolle Handlung des Beschädigten, das ist nach § 276 eine vorsätzliche oder fahrlässige Verletzung der im Verkehr erforderlichen Sorgfalt voraus. RG. 54/411. Die Sorgfalt des § 276 ist ein allgemeines Normalmaß der von einem ordentlichen Menschen in dem konkreten Verhältnis des Verkehrs anzuwendenden Sorgfalt; sie gestattet zwar die Berücksichtigung der Verschiedenheit gewisser Gruppen von Menschen bei der Feststellung der jeweilig anzuwendenden Sorgfalt, nicht aber die der Individualität des einzelnen Menschen. RG. 68/423. Verschulden erfordert Zurechnungsfähigkeit und entfällt daher bei Kindern unter 7 Jahren, § 828 I, während bei Jugendlichen von 7—18 Jahren und Taubstummen die Einsichtsfähigkeit entscheidet, § 828/II, RG. 59/221, 68/423, 76/187; doch ist die Individualität der Einzelperson, also bei jugendlichen Personen auch das individuelle Verhältnis der kindlichen Einsicht, Erfahrung und Entwicklung bei der Abwägung des Maßes des mitwirkenden Verschuldens in Rechnung zu stellen. JW. 1910/37, 1911/446, 1912/856. Als mitwirkendes Verschulden erscheint auch selbstverschuldete Trunkenheit und deren Folgen, z. B. überhören von Hupensignalen. JW. 1905/229, 1910/105. Liegt Verschulden des Beschädigten vor, so ist in erster Linie das objektive Verhältnis der verschiedenen Kausalitäten, die Ursächlichkeit des beiderseitigen Verhaltens gegeneinander abzuwägen. RG. 53/394, 54/13, 67/121, in zweiter Linie sollen auch die Umstände des Falles und insbesondere die Frage, welchem Teile bei der Verursachung des Unfalls das schwerere Verschulden zur Last fällt, in Erwägung gezogen werden. RG. 68/422, 69/57, 75/257, JW. 1912/138. Soweit der

Verpflichtete nur aus § 7, also ohne Rücksicht auf Verschulden ex lege in Anspruch genommen wird, kann eine Aufrechnung beiderseitigen Verschuldens nicht in Frage kommen. Gegenüber dem schuldvollen Verhalten des Beschädigten muß dann die objektive Betriebsgefahr abgewogen werden, so wie sie nach den Umständen des Einzelfalls in ihrer ursächlichen Bedeutung für den Unfall sich darstellt. JW. 1912/71. Bei Anwendung des § 254 kann im einzelnen Falle entweder das schuldhafte Verhalten des Beschädigten oder des Verletzers bzw. die objektive Betriebsgefahr des KFZ. von so überwiegender Bedeutung sein, daß es als alleinige Ursache erscheint. Je nach dem kann nach Umständen von einer Schadensverteilung abgesehen und der Anspruch des Verletzten ganz zugesprochen oder ganz abgewiesen werden. JW. 1906/54, 1912/190. Der Beschuldigte muß die zur Herstellung der Gesundheit erforderlichen Maßnahmen ergreifen, also in der Regel einen Arzt zuziehen oder sich in eine Anstalt begeben. RG. 60/147, 72/219. Er muß sich selbst einer Operation unterziehen, wenn sie gefahrlos, nicht mit nennenswerten Schmerzen verbunden und ohne Chloroformnarkose ausführbar ist und wenn der Verletzer die Kosten vorschießt. Der Beschädigte haftet nicht für Kunstfehler eines geprüften Arztes, JW. 1911/754, RG. 72/219. Der durch eine unerlaubte Handlung — dazu gehört auch eine nur objektiv fehlerhafte Handlung des Führers oder Halters nach § 7, RG. 50/67 — Beschädigte hat für ein mitwirkendes Verschulden seines gesetzlichen Vertreters oder der für ihn handelnden Hilfspersonen hinsichtlich der Verursachung des Schadens nicht nach § 278 einzustehen, weil § 278 ein vertragliches oder zum mindesten vertragsähnliches Schuldverhältnis voraussetzt, haftet vielmehr für jene nur nach Maßgabe des § 831. RG. 62/346. JW. 1911/211 = RG. 75/257, JW. 1911/806 = RG. 77/211, JW. 1911/944, 1912/138, 1912/808 = RG. 79/312. Gegenüber Kindern wird der Schädiger daher den Einwand aus § 254 Abs. I häufig nicht mit Erfolg bringen können. Wohl aber ist § 278 hinsichtlich der Abwendung oder Minderung des Schadens, § 254/II, auch bei Schädigung durch unerlaubte Handlung anzuwenden. RG. 62/350.

2. **ausübt:** siehe § 854 BGB., z. B. Kutscher, Tierhüter usw.

3. **Prozessuales:** Der Einwand des mitwirkenden Verschuldens ist nicht von Amts wegen zu beachten, sondern durch Einrede geltend zu machen und vom Beklagten zu beweisen. Handelt es sich um die Frage, ob bei der Entstehung des Anspruchs, § 254/I, ein für die Verpflichtung zum Ersatze des Schadens oder für den Umfang des Schadens ursächliches Verschulden des Klägers mitgewirkt habe, so muß die Entscheidung hierüber nach der älteren Rechtsprechung im Zwischenurteil nach § 304 ZPO. und zwar nach Quoten des Klageantrags getroffen und soweit die Einrede durchdringt, der Kläger mit der betreffenden Quote abgewiesen werden. JW. 1904/448, 1905/645, RG. 81/272. Etwas abweichend gestattet die neuere Rechtsprechung des Reichsgerichts die Frage des mitwirkenden Verschuldens dann dem Nachverfahren vorzubehalten, wenn sie zugleich den Betrag des Schadens berührt, JW. 1911/445 und RG. 82/196. In diesem Fall muß aber ein entsprechender Vorbehalt entweder ausdrücklich in die Urteilsformel der Zwischenentscheidung aufgenommen oder wenigstens in den Entscheidungsgründen ausgesprochen werden, JW. 1915/486. Die Entscheidung ist revisibel. Über Anwendung des § 254 auf die Ansprüche der Unterhaltsberechtigten siehe Anm. 14 zu § 10.

§ 10.[1]

I Im Falle der Tötung ist der Schadensersatz[2] durch Ersatz der Kosten einer versuchten Heilung[3] sowie des Vermögensnachteils[4] zu leisten, den der Getötete dadurch erlitten hat, daß während der Krankheit seine Erwerbsfähigkeit aufgehoben oder gemindert oder eine Vermehrung seiner Bedürfnisse[5] eingetreten war. Der

Ersatzpflichtige hat außerdem die Kosten der Beerdigung[6] demjenigen zu ersetzen, dem die Verpflichtung obliegt, diese Kosten zu tragen.

II [7]Stand der Getötete zur Zeit der Verletzung[8] zu einem Dritten[9] in einem Verhältnisse, vermöge dessen er diesem gegenüber kraft Gesetzes[10] unterhaltspflichtig[11] war oder unterhaltspflichtig werden konnte und ist dem Dritten infolge der Tötung das Recht auf Unterhalt[12] entzogen, so hat der Ersatzpflichtige dem Dritten insoweit Schadensersatz zu leisten, als der Getötete während der mutmaßlichen Dauer[13] seines Lebens zur Gewährung des Unterhalts verpflichtet gewesen sein würde. Die Ersatzpflicht tritt auch dann ein, wenn der Dritte zur Zeit der Verletzung erzeugt, aber noch nicht geboren war.[14,15]

1. Vorbemerkung zu §§ 10 und 11. Der Umfang der Haftung für Personenschäden ist in den §§ 10 und 11, die unverändert nach dem Entwurfe angenommen wurden, ebenso wie im Reichshaftpflichtgesetze vom 7. Juni 1871 bestimmt. Die §§ 3 und 3a dieses Gesetzes sind in der Fassung des Art. 42 EGzBGB. nur mit einer kleinen redaktionellen Änderung als §§ 10 und 11 übernommen. Der jetzige § 3 des Reichshaftpflichtgesetzes ist seinerseits dem § 844 BGB. fast wörtlich nachgebildet. Die Auslegung dieses Gesetzes ist also für das gegenwärtige Gesetz verwertbar. Im Reichshaftpflichtgesetz ist noch in § 4 eine besondere Vorschrift erlassen, wonach die Leistungen, die der Verletzte infolge des Unfalls von einer Versicherungsanstalt, Knappschafts-, Unterstützungs-, Kranken- und ähnlichen Kasse bezieht, auf die ihm zu gewährenden Entschädigungen anzurechnen sind. Wie die Begründung darlegt, kommt der Zweck dieser Vorschrift, die Arbeitgeber zur Versicherung ihrer Arbeiter zu veranlassen, in diesem Gesetze, das den Schutz des Publikums beabsichtigt, nicht in Betracht, außerdem ist in § 1542 der RVersO. und den weiteren in Anm. 7 zu § 7 erwähnten Gesetzen der Übergang des Anspruchs des Verletzten auf die zahlende Kasse nach Maßgabe der Zahlung kraft Gesetzes vorgesehen. Mangels einer Sonderbestimmung verbleibt es bei den allgemeinen Grundsätzen des BGB. über die Vorteilsausgleichung, siehe jedoch auch § 13 Abs. 2 KFZG. mit § 843/IV BGB. Im allgemeinen sind Versicherungssummen auf Grund privater Versicherung dem Verletzten nicht anzurechnen, JW. 1908/554, RG. 65/313, wohl aber Beamtenpensionen, JW. 1907/23, soweit nicht § 12 RBeamtenunfallges. vom 18. Juli 1901, Art. 101 Bayer. Beamtenges. und ähnliche Vorschriften entgegenstehen. Der Rentenanspruch der Witwe erlischt nicht ohne weiteres durch Wiederverheiratung JW. 1918/147, jedoch 1905/144. Zu beachten ist, daß ein dem Grunde nach den Anspruch feststellendes Urteil ausdrücklich erklären muß, daß die aus öffentlichen Versicherungskassen geleisteten Zahlungen an dem zu leistenden Schadensersatz in Abzug kommen. Sonst wäre der Ersatzpflichtige der Gefahr der Doppelzahlung ausgesetzt.

2. **Schadensersatz:** Es handelt sich um reine Schadensersatzansprüche, nicht um Alimente, RG. 55/30. Die für Unterhaltsansprüche geltenden Vorschriften sind daher nur anwendbar, soweit das Gesetz dies ausdrücklich, § 13, vorschreibt. Daher kann, wenn eine Ehefrau verletzt ist, für Entgang der Dienste der Frau, § 1356 Abs. II, nur bei Vorliegen der Voraussetzungen des § 823 Ersatz gefordert werden, JW. 1914/45. Der Anspruch aus § 845 steht alsdann bei gesetzlichem Güterstand grundsätzlich nur dem Ehemanne zu, doch ist ein Anspruch der Ehefrau insoweit anerkannt, als die Vermehrung der Ausgaben für den Haushalt und das Geschäft auf das Maß des von dem Ehemann der Ehefrau zu gewährenden Unterhaltes eine Rückwirkung ausübt, JW. 1911/811. Dagegen gehört dieser Anspruch bei der allgemeinen Gütergemeinschaft oder Fahrnisgemeinschaft zum Gesamtgut und die Frau kann ihn, wenigstens bei

Zustimmung des Mannes, einklagen. JW. 1910/652 und 818, 1914/45. Ansprüche wegen Erwerbsausfalles der Frau gehören, wenn es sich um den selbständigen Betrieb eines Erwerbsgeschäftes handelt, zum Vorbehaltsgut der Frau, solche wegen Einstellung von Hilfskräften zum Vermögen des Mannes, solche auf Schmerzensgeld, das aber auch nur nach § 823, nicht KFZG. gefordert werden kann, JW. 1913/924, zum eingebrachten Gut, JW. 1921/393, RG. 90/68. Wegen der hieraus ersichtlichen Verwicklungen empfiehlt sich in der Regel gemeinsame Klage beider Gatten.

3. einer versuchten Heilung: umfaßt alle nach Sachlage angemessenen Heilungsversuche, insbesondere Kosten für Arzt, Heilmittel, einschließlich schmerzlindernder Mittel, künstliche Gliedmaßen, Unterstützungsmaschinen, besondere Nahrung, Transport zum Krankenhaus, Pflege, nicht aber Kosten für Kurpfuscher. Erweisen Ansprüche, die als zeitweilige zu den Heilungskosten gehören, sich als dauernd und regelmäßig nötig, so sind sie als Vermehrung der Bedürfnisse anzusehen und in Rentenform, § 13, zu gewähren, JW. 1907/373, 1914, 409.

4. Vermögensnachteils: Der Verdienstentgang ist zu ersetzen. Es muß nicht nur die Aufhebung oder Minderung der Erwerbsfähigkeit, sondern auch der dadurch entstandene tatsächliche Vermögensnachteil erwiesen sein. Freilich wird letzterer mit der ersteren meistens gegeben sein, so daß Beklagter das Gegenteil zu erweisen hat, JW. 1911/584. Kann der Verunglückte den bisherigen Beruf nicht mehr ausüben, so muß der Haftpflichtige, der die Möglichkeit eines Berufswechsels einwendet, dies beweisen, er muß dann auch die Kosten des Berufswechsels oder die Gründung einer neuen Lebensstellung seitens des Verletzten tragen, JW. 1914/757. Der Schaden umfaßt auch den Entgang an Provisionen oder Gewinnanteil, RG. 92/55. Über Verlust der Anwartschaft aus der Angestelltenversicherung durch vorzeitigen Tod siehe JW. 1916/193. Wer trotz Verlustes der allgemeinen Erwerbsfähigkeit keinen Schaden erleidet, weil er sich bisher nicht durch körperliche oder geistige Arbeit ernährt hat (Rentner, Ehefrau, Hauskind), kann nicht Leistungsklage, sondern nur Feststellungsklage erheben, um gesichert zu sein, falls er künftig selbst für seinen Erwerb sorgen muß. JW. 1905/341, 1908/273, 1910/19. RG. 47/88, 63/195.

5. **Bedürfnisse**: Z. B. durch besondere ständige Pflege, dauernde kräftige Nahrung siehe auch oben Anm. 3.

6. **Beerdigung**: Die Kosten der standesmäßigen Beerdigung, auch Feuerbestattung fallen nach § 1968 BGB. dem Erben und, wenn sie von ihm nicht zu erlangen sind, nach § 1615 Abs. 2 den unterhaltspflichtigen Verwandten, nach § 1715 dem außerehelichen Vater, nach §§ 1360 III, 1580 III dem überlebenden Ehegatten, nach § 528 dem Beschenkten zur Last. Wegen der Erstattungsansprüche der Armenverbände siehe § 62 des Unterstützungswohnsitzgesetzes. RGBl. 1908/381; JW. 1911/63.

7. Abs. 2 entspricht nahezu wörtlich dem § 844 BGB.

8. **Verletzung**: Im Zeitpunkt der Verletzung, also des Unfalles, nicht im Zeitpunkt des Todes muß das familienrechtliche Verhältnis vorgelegen haben, das nach dem BGB. die Unterhaltspflicht des Getöteten begründet. Eine Ehefrau z. B., die sich mit dem infolge eines Unfalles Verstorbenen noch während des Krankenlagers hat trauen lassen, kann keine Ansprüche erheben.

9. **Dritten**: Es kommen als Berechtigte insbesondere die im III. Titel des 2. Abschnittes des 4. Buches des BGB. genannten Personen in Betracht: Verwandte in gerader Linie, Eltern, Großeltern, Abkömmlinge und der Ehegatte. Die einschlägigen Gesetzesstellen sind: §§ 1345, 1351, 1360, 1578 ff., 1601 ff., 1708, 1715, 1736 ff., 1739, 1757, 1762 ff., 1766 BGB.

10. **kraft Gesetzes**: Wer aus Vertrag oder einer unerlaubten Handlung gegen den Getöteten einen Unterhaltsanspruch ableitet, hat gegen den nach diesem Gesetze Pflichtigen keine Ansprüche; anders bei vergleichsweiser Regelung gesetzlicher Unterhaltsansprüche.

11. **unterhaltspflichtig**: Das familienrechtliche Verhältnis, das die Unterhaltspflicht begründen kann, muß,

wie oben erwähnt, im Zeitpunkt der Verletzung bestanden haben, nicht aber bereits eine Unterhaltspflicht. Diese kann noch nicht gegeben gewesen sein:

1. aus persönlichen Gründen, weil z. B. früher Verpflichtete nach dem erwähnten Titel vorhanden waren,
2. aus sachlichen Gründen, weil der Berechtigte nicht unterhaltsbedürftig war.

In dem Zeitpunkt, in dem die noch fehlenden Bedingungen der Unterhaltspflicht eintreten, entsteht für den Unterhaltsberechtigten der Anspruch nach dem Automobilgesetz. Von diesem Zeitpunkt laufen für den Berechtigten die Fristen der §§ 14 und 15.

12. Recht auf Unterhalt: Das Recht auf Unterhalt ist entzogen, auch wenn an Stelle des Getöteten andere Personen gesetzlich zur Unterhaltsleistung verpflichtet sind, z. B. der Großvater statt des getöteten Vaters (vgl. § 13 des Gesetzes in Verbindung mit § 843 Abs. 4 BGB., näheres siehe Marcuse JW. 1915/264.

13. mutmaßlichen Dauer: Es sind alle Umstände in Rechnung zu setzen, die auf Beginn, Beendigung, Minderung, Erhöhung der Unterhaltspflicht nach Maßgabe der allgemeinen Bestimmungen des BGB. von Einfluß sind, nicht nur die nach Erlebenstabellen ermittelte mutmaßliche Lebensdauer des Getöteten, RG. 63, 195, JW. 1910/65 und 812, JW. 1911/325.

14. § 254 BGB. (s. § 9 Anm. 1) findet auf den Anspruch des dritten Ersatzberechtigten in dem Sinne Anwendung, daß sowohl mitwirkendes Verschulden des Getöteten, als des Unterhaltsberechtigten in Betracht gezogen werden kann, BGB. § 846, RG. 55/24, 65/313.

15. Prozessuales: Die Bestimmung darüber, für welche Zeit eine Rente gefordert werden kann, gehört ins Gebiet der Entscheidung über den Grund des Anspruchs. Steht aber fest, daß jedenfalls für einen Teil des im Klagsantrag bezeichneten Zeitraums eine Rente beansprucht werden kann, so darf die zeitliche Begrenzung dem Verfahren über den Betrag vorbehalten werden, RG. 64/33, JW. 1908/554, 1909/225, 1911/488. Eine

Lebensrente darf nicht auf die Lebensdauer des Unterhaltsberechtigten, sondern nur auf die nach § 287 ZPO. zu ermittelnde mutmaßliche Lebensdauer des getöteten Unterhaltspflichtigen zuerkannt werden. Bei Veränderung der Verhältnisse nach dem Urteil oder Vergleich kann Abänderung nach § 323 ZPO. in der Fassung des Ges. vom 3. August 1919 RGBl. 1448 beantragt werden. Dies gilt sowohl bei Veränderung der für die Rentenhöhe wie der für die Rentendauer maßgebenden Verhältnisse, RG. 83/65, 86/377 = JW. 1915/700. Wegen Anwendung bei Geldentwertung siehe JW. 1921/1081, 1086, 1101, 1230; 1922/37, 426, 571, 717, 723, 1213, 1303, 1503; bay. Zeitschr. 1921/81, 1922/151 (Oberst. LG.), 1922/155, LZ. 1922/964 (sehr strittig, noch im Flusse). Wegen der Privatvergleiche s. Gotthardt in der Deutschen Richterzeitung 1922/78, vgl. jedoch wegen Kapitalabfindung Anm. 2 zu § 13. Gemäß § 13 Abs. 2 in Verbindung mit § 850 Abs. 1 Nr. 2 ZPO. ist die dem ersatzberechtigten Dritten zustehende Rente nicht pfändbar.

§ 11.[1]

Im Falle der Verletzung des Körpers oder der Gesundheit[2] ist der Schadensersatz durch Ersatz der Kosten der Heilung[3] sowie des Vermögensnachteils[4] zu leisten, den der Verletzte dadurch erleidet, daß infolge der Verletzung zeitweise oder dauernd seine Erwerbsfähigkeit aufgehoben oder gemindert oder eine Vermehrung seiner Bedürfnisse[5] eingetreten ist.

1. Vgl. Anm. 1 zu § 10.

2. Vgl. Anm. 3 zu § 7.

3. Vgl. Anm. 3 zu § 10.

4. Vgl. Anm. 4 zu § 10.

5. Vgl. Anm. 5 zu § 10.

§ 12.[1]

I Der Ersatzpflichtige haftet:

1. im Falle der Tötung oder Verletzung eines Menschen[2] nur bis zu einem Kapitalbetrage von fünf Millionen Mark oder bis zu einem Rentenbetrage von 250000 Mark;

2. im Falle der Tötung oder Verletzung mehrerer Menschen[3] durch dasselbe Ereignis unbeschadet der in Nr. 1 bestimmten Grenze, nur bis zu einem Kapitalertrage von insgesamt zwölfundeinhalb Millionen Mark oder bis zu einem Rentenbetrage von insgesamt einer Mill.on Mark;

3. im Falle der Sachbeschädigung[4], auch wenn durch dasselbe Ereignis mehrere Sachen beschädigt werden, nur bis zum Betrage von einer Million Mark.

II Übersteigen die Entschädigungen, die mehreren auf Grund desselben Ereignisses nach Abs. 1 Nr. 1, 3 zu leisten sind, insgesamt die in Nr. 2, 3 bezeichneten Höchstbeträge, so verringern sich die einzelnen Entschädigungen in dem Verhältnis[5], in welchem ihr Gesamtbetrag zu dem Höchstbetrage steht.

1. Vorbemerkung. Durch die Novelle vom 23. Dezember 1922 wurden die in den Nummern 1 bis 3 enthaltenen Beträge auf die jetzige Höhe gebracht; die früheren Sätze waren in Nr. 1 50000 Mk. Kapital oder 3000 Mk. Rente, in Nr. 2 150000 Mk. Kapital oder 9000 Mk. Rente, in Nr. 3 10000 Mk. Außerdem wurde die Reichsregierung ermächtigt, mit Zustimmung des Reichsrats die in Abs. 1 Nr. 1—3 genannten Summen entsprechen zu ändern, falls eine wesentliche Änderung des Geldwertes eintritt. Die Erhöhung der Beträge findet auf die Schadensfälle Anwendung, in denen das schädigende Ereignis nach Inkrafttreten der Novelle, d. i. 19. Januar 1923 eingetreten ist. (Novelle, Art. VI.)

2. eines Menschen: Sind Heilungs- und Beerdigungskosten zu ersetzen, so sind diese zunächst von der Höchstsumme von fünf Millionen Mark abzuziehen. Der Restbetrag ist für die Kapitalsabfindung verfügbar. Nach § 13 Abs. 2 in Verbindung mit § 843 Abs. 3 BGB. kann statt der Rente eine Abfindung in Kapital verlangt werden, wenn ein wichtiger Grund vorliegt (vgl. § 13 Anm. 2). Zu deren Berechnung ist Betrag und Dauer der Rente festzustellen und dann deren Kapitalswert zum gesetzlichen Zinsfuß von 4% (§ 246 BGB.) zu ermitteln. Der Richter kann aber auch auf anderer Grundlage die Kapitalsabfindung bestimmen. Das Gesetz spricht nicht von einem Kapitalwert der Rente.

3. mehrerer Menschen: Der einzelne Ersatzberechtigte kann nie mehr als fünf Millionen Kapital oder 250 000 Mk. Rente zugesprochen erhalten, auch wenn die Ansprüche der anderen zusammen 7½ Millionen Kapitalabfindung oder 750 000 Mk. Rente nicht erreichen. **Der Verletzte oder Getötete und die Unterhaltsberechtigten, die aus seiner Verletzung ihre Ansprüche ableiten, sind hinsichtlich der Höchstbeträge als eine und dieselbe Person anzusehen.**

4. Sachbeschädigung: Sind Personen und Sachen beschädigt, so werden die Höchstsummen für Personen und Sachen zusammengerechnet. Im Falle der Ziffer 1 und 3 geht also die Haftung bis zu sechs Millionen Mk., im Falle der Ziff. 2 und 3 bis zu 13½ Millionen Mk.

5. Verhältnis: Beispiel: Die Schäden von A, B, C, D und E sind auf 250 000 + 250 000 + 250 000 + 200 000 + 150 000 Mk. = 1 100 000 Mk. jährliche Rente festgestellt. Da 1 000 000 Mk. der Höchstbetrag ist, sind sie um je $^1/_{11}$ zu mindern. Wären die Schäden auf 350 000 + 350 000 + 350 000 + 200 000 Mk. + 150 000 Mk. = 1 400 000 Mk. festgestellt, so sind zunächst die Ansprüche des A, B, C gemäß § 13 II „die mehreren ...... nach

Abs. 1 Nr. 1, 3 zu leisten sind" auf je 250000 Mk. zu ermäßigen; sodann sind sämtliche Ansprüche um je $^1/_{11}$ abzumindern, so daß A, B, C trotz 350000 Mk. Schaden nicht mehr erhalten, als beim vorigen Beispiele. Die gegenteilige Ansicht von Gordan und Hoepfel, kraft welcher die Verletzten sich nach dem Verhältnis ihrer Schäden in die Höchstbeträge teilen sollen, entspricht der Gerechtigkeit, aber nicht dem klaren Wortlaut des Gesetzes. Auch ein Bereicherungsanspruch des A, B, C gegen D und E dürfte nicht gegeben sein. Fällt dem Verletzten, dessen Schaden die Höchstsumme übersteigt, ein mitwirkendes Verschulden an dem Unfalle zur Last, so ist der Schaden nicht zuerst auf die Höchstsumme zu mindern und nochmals innerhalb dieser nach § 254 zu quotisieren, sondern der Schaden ist zunächst unter Berücksichtigung des mitwirkenden Verschuldens festzustellen, und dann auf die Höchstsumme herabzusetzen oder in voller Höhe zuzusprechen, falls er jene nun nicht mehr übersteigt. RG. 87/402 = JW. 1916/591. Hat der Haftpflichtige an Entschädigungsberechtigte bereits Schadensersatz in Höhe der Höchstsumme geleistet oder sich hiezu verpflichtet und treten neue Ersatzberechtigte auf — § 15 S. II —, so muß der Haftpflichtige auch diese nach Maßgabe des § 12 entschädigen und von den schon befriedigten Gläubigern das zu viel Geleistete oder Versprochene zurückfordern, event. bei Renten im Wege des § 323 ZPO., bei Kapitalszahlungen nach § 767 ZPO. gegen sie vorgehen. Ist der Haftpflichtige nachträglich zahlungsunfähig geworden, so wird man dem nachträglich auftretenden Beschädigten die Bereicherungsklage gegen die schon befriedigten Gläubiger einräumen müssen. Anderer Ansicht Hoepfel, der dem neuen Gl. stets nur die Bereicherungsklage gegen die schon befriedigten Gläubiger einräumen will, weil der Haftpflichtige durch Zahlung des Höchstbetrags nach § 12 befreit und gegen weitere Ansprüche geschützt sei.

§ 13.

I Der Schadensersatz wegen Aufhebung oder Minderung der Erwerbsfähigkeit und wegen Vermehrung der Bedürfnisse des Verletzten sowie der nach § 10 Abs. 2 einem Dritten zu gewährende Schadensersatz ist für die Zukunft durch Entrichtung einer Geldrente[1] zu leisten.

II Die Vorschriften des § 843 Abs. 2 bis 4 des Bürgerlichen Gesetzbuchs[2] und des § 708 Nr. 6 der Zivilprozeßordnung[3] finden entsprechende Anwendung. Das gleiche gilt für die dem Verletzten zu entrichtende Geldrente von der Vorschrift des § 850 Abs. 3[4] und für die dem Dritten zu entrichtende Geldrente von der Vorschrift des § 850 Abs. 1 Nr. 2 der Zivilprozeßordnung.[5]

III Ist bei der Verurteilung des Verpflichteten zur Entrichtung einer Geldrente nicht auf Sicherheitsleistung erkannt worden, so kann der Berechtigte gleichwohl Sicherheitsleistung verlangen, wenn die Vermögensverhältnisse des Verpflichteten sich erheblich verschlechtert haben; unter der gleichen Voraussetzung kann er eine Erhöhung der in dem Urteil bestimmten Sicherheit verlangen.[6],[7]

1. **Geldrente**: Der Schadensersatz einerseits wegen Aufhebung oder Minderung der Erwerbsfähigkeit, andrerseits wegen Vermehrung der Bedürfnisse des Verletzten ist ein einheitlicher Anspruch, JW. 1906/236 und 359, RG. 47/405, 69/296, 74/131. Es handelt sich nicht um zwei selbständige Quoten des Gesamtschadens und daher zwei selbständige Renten, sondern nur um einzelne Posten des Schadens, daher keine Änderung nach § 323 ZPO., wenn der Erwerb des Verletzten sich erhöht, aber auch seine Bedürfnisse sich entsprechend vermehrt haben. Dagegen bildet der nichtwirtschaftliche Schaden nach § 847 BGB., dessen Ersatz übrigens nicht nach dem KFZG.,

sondern nur bei Vorliegen des § 823 gefordert werden kann, einen besonderen mit dem wirtschaftlichen Schaden nach §§ 842, 843 nicht zu einer Einheit zusammengefaßten Anspruch, unterliegt daher gesonderter Verjährung, JW. 1921/1230. Der Ersatz wegen Vermehrung der Bedürfnisse ist in Rentenform auszusprechen, wenn sie dauernd und regelmäßig sich vermehrt haben. JW. 1906/438, 1907/373, 1914/408. Mehreren Beklagten gegenüber muß einheitlich auf Rente oder Kapitälentschädigung erkannt werden. RG. 68/429.

2. § 843 Abs. 2—4 BGB. lauten:

„Auf die Rente finden die Vorschriften des § 760 Anwendung. Ob, in welcher Art und für welchen Betrag der Ersatzpflichtige Sicherheit zu leisten hat, bestimmt sich nach den Umständen.

Statt der Rente kann der Verletzte eine Abfindung in Kapital verlangen, wenn ein wichtiger Grund vorliegt.

Der Anspruch wird nicht dadurch ausgeschlossen, daß ein anderer dem Verletzten Unterhalt zu gewähren hat."

§ 760 BGB. lautet unter Weglassung des 2. Satzes des 2. Absatzes, da er sich nicht auf Geldrenten bezieht:

„Die Leibrente ist im voraus zu entrichten. Eine Geldrente ist für drei Monate voraus zu bezahlen.

Hat der Gläubiger den Beginn des Zeitabschnittes erlebt, für den die Rente im voraus zu entrichten ist, so gebührt ihm der volle auf den Zeitabschnitt entfallende Betrag."

a) Sicherheitsleistung. Umstände, auf Grund deren Sicherheitsleistung auferlegt werden kann, sind solche in der Person des Schuldners vorhandene, nach denen zu besorgen ist, daß der Berechtigte die Rente bei Fälligkeit nicht oder nicht rechtzeitig oder nur nach großen Schwierigkeiten erlangen wird. Dies ist z. B. angenommen worden, wenn der Schuldner seinen Wohnsitz ins Ausland verlegt hat, wenn er einen gefahrvollen Beruf hat, wenn er sein Vermögen in gewagten Unternehmungen angelegt hat, bei schikanöser Prozeßführung. Das Maß und die Art der Sicherheit bestimmt der Richter nach freiem Ermessen, jedoch innerhalb der Grenzen der gesetzlichen Sicherheitsarten der §§ 232 bis 240 BGB., JW. 1906/438.

b) Kapitalabfindung. Ein wichtiger Grund liegt z. B. vor, wenn der Schuldner im Ausland wohnt oder seinen Wohnsitz oft wechselt, wenn der Schuldner keinerlei Sicherheit für die Zahlung der Rente zu leisten vermag, oder wenn nach ärztlichem Gutachten eine einmalige Abfindung von günstigem Einflusse auf den Zustand des Verletzten sein würde. RG. 73/418, JW. 1909/137. Die Entscheidung, ob Rente oder Abfindung zu gewähren sei, gehört zum Grunde des Anspruchs JW. 1906/359 und 686, 1907/388, 1911/185, sie darf jedoch unter Umständen dem Nachverfahren vorbehalten werden, JW. 1911/185. Gegenüber einem Urteil auf Abfindung kann Änderung nach § 323 ZPO. nicht beantragt werden, RG. 73/418 und JW. 1921/1230, siehe jedoch Anm. 15 zu § 10. „Unterhalt" im Sinne des § 843 Abs. IV umfaßt auch Heilungskosten. Der Verletzte hat die Wahl zwischen dem Deliktsanspruch aus § 843 Ziff. 4 und den Ansprüchen gegen den Unterhaltspflichtigen; im Verhältnisse zwischen den Pflichtigen ist aber der Schädiger in erster Linie verpflichtet und dem Unterhaltspflichtigen, soweit dieser leistet, zum Ersatze verbunden. JW. 1909/496, 1910/390, 1911/774, 1913/1147, 1914/81, siehe jedoch Marcuse JW. 1915/264.

3. § 708 Ziff. 6 ZPO. lautet:

„Auch ohne Antrag sind für vorläufig vollstreckbar zu erklären:

6. Urteile, welche die Verpflichtung zur Entrichtung von Alimenten oder zur Entrichtung einer nach §§ 843, 844 BGB. geschuldeten Geldrente aussprechen, soweit die Entrichtung für die Zeit nach der Erhebung der Klage und für das der Erhebung der Klage vorausgehende letzte Vierteljahr zu erfolgen hat."

4. § 850 Abs. 3 ZPO. lautete ursprünglich:

„Die nach § 843 BGB. wegen einer Verletzung des Körpers oder der Gesundheit zu entrichtende Geldrente ist nur soweit der Pfändung unterworfen, als der Gesamtbetrag die Summe von fünfzehnhundert Mark für das Jahr übersteigt." Der Text unterliegt häufiger Änderung. (RG. vom 26. Oktober 1922; VO. über Lohnpfändung vom 25. Juni 1919, 23. Dezember 1921, 26. Oktober 1922, 23. Februar 1923.)

Die auf Grund einer vertraglichen Haftung zu zahlenden Geldrenten fallen nicht unter § 850 Abs. III. JW. 1921/108.

5. § 850 Abs. 1 Nr. 2 ZPO. lautet:

„Der Pfändung sind nicht unterworfen die auf gesetzlicher Vorschrift beruhenden Alimentenforderungen und die nach § 844 BGB. wegen der Entziehung einer solchen Forderung zu entrichtende Geldrente."

6. Absatz 3 entspricht dem § 324 ZPO. Warum hier nicht gleichfalls die entsprechende Anwendung dieser Gesetzesstelle verfügt, sondern der Wortlaut wiederholt wurde, ist nicht ersichtlich.

7. Streitwert: § 10 II GKG. vom 21. Dezember 1922.

§ 14.

I Die in den §§ 7 bis 13 bestimmten Ansprüche[1] auf Schadensersatz verjähren in zwei Jahren von dem Zeitpunkt[2] an, in welchem der Ersatzberechtigte von dem Schaden[3] und von der Person des Ersatzpflichtigen[4] Kenntnis erlangt, ohne Rücksicht auf diese Kenntnis in dreißig Jahren von dem Unfall an.

II Schweben zwischen dem Ersatzpflichtigen und dem Ersatzberechtigten Verhandlungen über den zu leistenden Schadensersatz, so ist die Verjährung gehemmt[5], bis der eine oder der andere Teil die Fortsetzung der Verhandlungen verweigert.[6]

III Im übrigen finden die Vorschriften des Bürgerlichen Gesetzbuchs über die Verjährung Anwendung.[7]

1. Ansprüche: Der Verjährungsfrist des § 14 unterliegen nicht die konkurrierenden Ersatzansprüche aus unerlaubter Handlung nach dem BGB. (Verjährung 3 Jahre, § 852), ferner nicht schlechthin die Ausgleichungsansprüche nach § 17 KFZG., siehe Anm. 8 zu § 17.

2. Zeitpunkt: Der Beginn der Frist ist entsprechend dem § 852 BGB. bestimmt, während nach dem Reichshaftpflichtgesetz der Zeitpunkt des Unfalls maßgebend ist.

3. Kenntnis von dem Schaden: Es genügt nicht die bloße Vermutung, daß ein scheinbar harmloser Unfall Schadenwirkungen nach sich ziehen könne, auch das Kennenmüssen — Unkenntnis des Schadens aus Fahrlässigkeit — steht der Kenntnis nicht gleich. Vielmehr wird eine hinlänglich vollständige und genügend sichere Kenntnis, daß der Schaden tatsächlich eingetreten ist, erfordert. Diese Kenntnis braucht aber, um die Frist in Lauf zu setzen, nur die allgemeinen Umrisse, nicht die Einzelheiten des Unfalls, noch weniger den Umfang und die Höhe des Schadens zu umfassen. Dabei ist der gesamte Schaden als einheitlicher Schaden, nicht als eine Summe einzelner selbständiger Schäden anzusehen. JW. 1909/725, 1912/751, 1914/355, 1915/93 = RG. 85/424, JW. 1915/410 = RG. 86/181, 1921/1230. Nicht jede neueintretende Folge der ursprünglichen Schadensursache kann daher als neuer Schaden und die Zeit ihres Eintritts als Anfangstermin für eine neue Verjährung angesehen werden, vielmehr kann dies nur in besonderen Ausnahmefällen z. B. dann geschehen, wenn die neuen Folgen nicht voraussehbar gewesen sind. Alle Folgezustände, die in dem Zeitpunkt der Erlangung der Kenntnis vom Schaden überhaupt auch nur als möglich vorauszusehen waren, gelten mithin durch die allgemeine Kenntnis vom Schaden als dem Verletzten bekannt geworden. Anders, wenn außer den sofort sich zeigenden schädlichen Folgen späterhin noch andere Wirkungen hervortreten, die infolge nachträglich dazwischen kommender Umstände oder etwa einer unvorhergesehenen und zum voraus gar nicht in Rechnung zu nehmenden Entwicklung eines Leidens dem Verletzten weitere Nachteile bereiten; oder wenn dieser von solcher weiteren oder andersartigen Schädigung als einer Wirkung der unerlaubten Handlung erst späterhin Kenntnis erlangt hat. Bei Beamten, deren Diensteinkommen trotz des Unfalls vorerst fortläuft, beginnt, die Kenntnis vom Schaden und daher der Lauf der Verjährung mit dem Zeitpunkte, in dem sie Kenntnis von der Unausbleiblichkeit ihrer Ruhestandsversetzung erlangen. JW. 1915/93 = RG. 85/424. Die Verjährung kann bei einer Mehrheit von Ersatzberechtigten für jeden gesondert beginnen und gesondert unterbrochen werden. Für mittelbar Geschädigte, z. B. Erben, die Beerdigungskosten vorschießen oder Unterhaltsberechtigte — § 10 — beginnt die Verjährung erst nach dem Tode des Verletzten, eventuell erst später mit dem Eintritte der Dürftigkeit zu laufen.

4. **Ersatzpflichtigen:** Die Kenntnis von der Person des Ersatzpflichtigen muß zu der Kenntnis vom Schaden hinzutreten, um die Frist in Lauf zu setzen. Diese Kenntnis muß soweit reichen, daß der Beschädigte auf Grund des ihm bekannten Materials eine Klage gegen eine bestimmte Person zu begründen in der Lage ist. JW. 1920/147, 1920/395 (Oberlandesgericht Köln). Dahin ist an erster Stelle zu zählen die Kenntnis von einem schuldhaften Verhalten, das den Schaden verursacht haben kann. RG. 76/63 = JW. 1911/453. Diese Kenntnis ist aber erst dann als gegeben anzusehen, wenn dem Beschädigten Umstände bekannt geworden sind, die ihm den zuverlässigen Schluß ermöglichen, daß er die Klage gegen den anderen mit Aussicht auf Erfolg zu begründen vermag. Die Unkenntnis von Rechtssätzen, die den Verletzten hindert, von der Person des Ersatzpflichtigen Kenntnis zu erlangen, schadet jenem selbst dann nicht, wenn sie auf Fahrlässigkeit beruht. RG. 76/63 u. JW. 1913/687. Je nach Erlangung der Kenntnis in dem vorbezeichneten Sinne kann die Verjährung gegen verschiedene Haftpflichtige zu verschiedenen Zeitpunkten zu laufen beginnen.

5. **gehemmt:** Hier wird ein neuer Fall den Hemmungstatbeständen der §§ 202 und 203 BGB. hinzugefügt.

Die Zeit der Vergleichsunterhandlungen wird in die Verjährungszeit nicht eingerechnet. Nach Beendigung der Unterhandlungen läuft die vorher begonnene Verjährungsfrist weiter. Die Hemmung tritt nur unter jenen Parteien ein, zwischen denen verhandelt worden ist, z. B. nur gegenüber dem Halter und nicht dem Führer und umgekehrt.

6. verweigert: Die Verweigerung kann auch durch stillschweigende Erklärung erfolgen, z. B. Nichtbeantwortung eines Briefes binnen angemessener Frist.

7. Anwendung: Siehe BGB. (erstes Buch, Abschnitt V). Zu beachten ist insbesondere a) Unterbrechung durch Anerkennung § 208 BGB. Zur Annahme eines die Verjährung unterbrechenden Anerkenntnisses genügt ein Verhalten des Schuldners dem Gläubiger gegenüber, aus dem sich das Bewußtsein des Schuldners von der Existenz der Schuld klar und unzweideutig ergibt; ein Anerkenntnis vertrag wird nicht erfordert. RG. 73/131 = JW. 1910/280. Geht aber der Anspruch auf künftige im einzelnen noch unbestimmte Leistungen, so muß in der Handlung des Schuldners eine Anerkennung dieses so gearteten Anspruchs zu finden sein. Der Bezahlung einzelner Rechnungen von Arzt und Apotheker kann diese Bedeutung für sich allein noch nicht eingeräumt werden. Zusicherungen durch allgemeine Redensarten, besonders von versicherten Schadenspflichtigen, wie z. B. „ich komme für den Schaden auf", sind in der Regel nicht als unbedingt, sondern als unter dem Vorbehalt gegeben anzusehen, daß die Versprechenden schadensersatzpflichtig und durch die Versicherung gedeckt seien, begründen daher kein Anerkenntnis. JW. 1914/34. b) Unterbrechung durch Klage und ähnliche Handlungen, § 209 BGB. Die Unterbrechung tritt zunächst ein durch Erhebung der Leistungsklage, jedoch nur insoweit, als der Klagsanspruch rechtshängig wird, also bei Teilklage nur bezüglich des eingeklagten Anspruchsteils und zwar auch dann, wenn Klagstellung auf den Rest ausdrücklich vorbehalten oder vom Gegner Feststellungswiderklage erhoben wird. RG. 75/302 = JW. 1911/403. Selbst bei

Erweiterung des ursprünglichen Klagsantrags tritt die Unterbrechung der Verjährung erst mit der Rechtshängigkeit des Erweiterungsanspruchs ein, § 281 ZPO. An diesen Grundsätzen wird auch dadurch nichts geändert, daß der Kläger schon in der Klagebegründung den Klageanspruch seinem ganzen Umfange nach darlegt, oder daß die nur wegen eines Teiles eines Anspruchs erhobene Klage nach ihrer Natur und ihrem Inhalte die Feststellung des ganzen Anspruchs erforderlich macht. JW. 1908/10, 1911/805 = RG. 77/216. Die Unterbrechung kann statt durch Leistungsklage auch durch Feststellungsklage herbeigeführt werden und der Klagsantrag kann ganz allgemein dahin lauten, daß der Beklagte dem Kläger den Schaden zu ersetzen hat, der ihm in Zukunft aus dem strittigen Unfall erwachsen wird, JW. 1906/92. Wird der Klagsantrag so allgemein gefaßt, so ist die Verjährung hinsichtlich des ganzen Anspruchs unterbrochen; das rechtskräftige Urteil hat nach § 218 Abs. 1 zur Folge, daß der festgestellte Anspruch erst in 30 Jahren verjährt. Wird dagegen der Feststellungsantrag auf bestimmte künftige Leistungen, z. B. Heilungskosten eingeschränkt, so läuft die Verjährung wegen des übrigen noch nicht bezifferten Schadens weiter, es müßte denn sein, daß es sich um nicht vorhersehbare Folgen in dem zu Anm. 3 erörterten Sinne handelt, wegen deren die Verjährung erst vom Zeitpunkt der Kenntnis an zu laufen beginnt. c) Umfang der Unterbrechung. Die wirtschaftlichen Ansprüche aus §§ 842, 843 BGB. bilden unter sich eine Einheit, die einzelnen Rechnungsposten können erhöht werden, soferne der Gesamtbetrag der ursprünglichen Forderung nicht überschritten wird. Bis zu diesem Betrage ist also die Verjährung für alle Ansprüche aus §§ 842, 843 unterbrochen. Dies gilt aber nicht für den Anspruch auf den nichtwirtschaftlichen Schaden aus § 847, der einen gesonderten Anspruch darstellt. Die Verjährungsfrist für den Anspruch auf die durch Klage nach § 323 ZPO. verfolgten Erhöhungen und Erweiterungen des im Urteile festgesetzten Schadens beginnt mit dem Zeitpunkte, mit dem die wesentliche Veränderung der Verhältnisse des Verletzten eingetreten ist und der Verletzte davon Kenntnis erhalten hat. RG. 86/181 = JW. 1915/410, RG. 86/384 = JW. 1915/700, JW. 1921/1230. Tritt die wesentliche Änderung der Verhältnisse nach Erlaß eines Zwischenurteils, aber vor Erlaß des Endurteils ein, so ist sie zur Unterbrechung der Verjährung im Verfahren des Hauptprozesses über den Betrag geltend zu machen, LZ. 1921/22.

§ 15.[1]

Der Ersatzberechtigte verliert[2] die ihm auf Grund der Vorschriften dieses Gesetzes[3] zustehenden Rechte, wenn er nicht spätestens innerhalb zweier Monate[4], nachdem er von dem Schaden und[5] der Person des Ersatzpflichtigen Kenntnis[6] erhalten hat, dem Ersatzpflichtigen den Unfall[7] anzeigt.[8] Der Rechtsverlust tritt nicht ein, wenn die Anzeige infolge eines von dem Ersatzberechtigten nicht zu vertretenden Umstandes[9] unterblieben ist oder der Ersatzpflichtige innerhalb der bezeichneten Frist auf andere Weise von dem Schaden[10] Kenntnis erhalten hat.

1. Der Paragraph ist im Interesse des Ersatzpflichtigen eingeführt. Er hat — nach der Begründung — „ein berechtigtes Interesse an der schleunigen Feststellung des Sachverhalts, da ihm die Beweispflicht in bezug auf die Ursachen des Unfalls obliegt. Er darf deshalb verlangen, daß er so rasch als möglich von dem Schaden, für den er verantwortlich gemacht werden soll, Kenntnis erhält." Dieser Grundgedanke ist für die Auslegung maßgebend. Das österreichische Gesetz vom 9. August 1908 enthält in seinem § 6 Abs. 2 eine entsprechende Bestimmung: „Der Schadensersatzanspruch erlischt auch vor Ablauf der Verjährungsfrist, wenn der Ersatzberechtigte aus Verschulden unterlassen hat, innerhalb vier Wochen nach dem Tage, an dem er von der Person des Ersatzpflichtigen Kenntnis erhalten hat, ihm von dem Unfalle Mitteilung zu machen, es wäre denn, daß er beweisen kann, daß der Ersatzpflichtige innerhalb jener Frist von vier Wochen auf anderem Wege von dem Unfall Kenntnis erlangt habe."

2. verliert: Die Frist ist eine Ausschlußfrist, ihre Nichteinhaltung bewirkt vorbehaltlich der Ausnahmen nach Satz 2 den völligen Verlust des Rechtes auf Schadensersatz. Ein Verzicht auf die Frist oder eine Verlängerung durch Parteiabrede ist nicht zugelassen.

3. Gesetzes: Die Bestimmung gilt nur für die Ansprüche aus diesem Gesetze. Für die daneben noch auf Grund des BGB. bestehenden Ansprüche ist eine Anzeige nicht notwendig.

4. Monate: Die Frist ist nach § 187 Abs. 1 und 188, 193 BGB. zu berechnen. Der Tag der Erlangung der Kenntnis wird nicht mitgerechnet. Die Frist endigt mit dem Ablauf desjenigen Tages des zweiten Monats, welcher durch seine Zahl dem Tage der Erlangung der Kenntnis entspricht. Fehlt der der Zahl nach entsprechende Tag im zweiten Monat, so endigt die Frist mit Ablauf des letzten Tages dieses Monats. Ist der letzte Tag der Frist ein Sonntag oder staatlich anerkannter allgemeiner Feiertag, so endigt die Frist mit Ablauf des nächstfolgenden Werktages.

Konnte der Berechtigte die Anzeige beim Vorliegen der Voraussetzungen des § 15 Satz 2 nicht binnen zwei Monaten erstatten, z. B. weil er während eines Teiles der Frist krank war, oder weil die Erben des Ersatzpflichtigen die Erbschaft noch nicht angenommen hatten, so beginnt nicht eine neue Frist zu laufen, sondern die Zeit der Verhinderung wird auf die Frist nicht angerechnet.

5. und: Fällt die Kenntnisnahme von der Person des Ersatzpflichtigen und des Schadens auf verschiedene Tage, so ist die spätere für den Beginn der Frist entscheidend. Auch hier muß die Kenntnis von der Person des Ersatzpflichtigen zu der Kenntnis vom Schaden hinzutreten, um die Frist in Lauf zu setzen. Der Beginn der Anzeigepflicht des § 15 beginnt also gleichzeitig mit der Verjährungsfrist des § 14 und es gilt auch für erstere alles, was in Anm. 4 zu § 14 dargelegt ist.

6. Kenntnis: Auf die Kenntnis von dem Unfall, z. B. dem Zusammenstoß kommt es nicht an (vgl. dagegen Anm. 7), sondern auf die Kenntnis von dem durch den Unfall verursachten Schaden. Es kann sich der Schaden erst später zeigen. Darauf, daß er noch nicht den vollen Umfang des Schadens gekannt hat, kann sich der Ersatzberechtigte nicht berufen. Dagegen wird auch die Kenntnis von einem geringfügigen Schaden, für den der Ersatzberechtigte Ersatz nicht verlangen will, nicht die Frist in Lauf setzen, wenn er später von einem erheblichen Schaden Kenntnis erhält. Kenntnis der Person liegt dann vor, wenn sie so gekennzeichnet werden kann, daß eine Nachricht mit den üblichen Verkehrsmitteln sie erreichen kann. Eine sichere, auf tatsächliche Anhaltspunkte gestützte Vermutung steht der Kenntnis gleich. Vgl. § 14 Anm. 3.

7. Unfall: Nur der Unfall, d. i. die Tatsache des Zusammenstoßes und der Schadenszufügung braucht angezeigt zu werden. Mitteilung des Schadens ist nicht erforderlich. Es genügt die einfache Anzeige ohne Ankündigung von Ansprüchen.

8. anzeigt: Eine Form für die Anzeige ist nicht vorgeschrieben. Sie kann also nicht bloß schriftlich, sondern auch mündlich oder telephonisch erfolgen, was freilich in der Regel wegen des Beweises unterbleiben sollte. Auch in der Erhebung der Klage, Streitverkündung oder im Gesuche um Sicherung des Beweises kann die Anzeige enthalten sein. Die Anzeige ist eine einseitige, empfangsbedürftige Willenserklärung, § 130 BGB., sie bedarf daher keiner Annahme des Empfängers, muß ihm aber zugegangen sein. Eine Vorschrift, daß die bloße Absendung genüge, wie nach § 377 Abs. 4 HGB. und § 485 BGB., besteht nicht. Die Anzeige läuft daher auf Gefahr des Absenders, vorbehaltlich der beiden Ausnahmen, welche der zweite Satz des § 15 aufstellt. Mit den Worten „wenn nicht" ist nach dem bekannten Sprachgebrauch des BGB. zum Ausdruck gebracht, daß der Ersatzpflichtige die Beweislast dafür trägt, daß er die Anzeige rechtzeitig eingereicht hat, oder daß die Voraussetzungen der in Satz 2 des § 15 bezeichneten Ausnahmen zutreffen.

9. Umstandes: Eine besondere Ermittlungspflicht des Ersatzberechtigten wird durch § 15 Satz 2 nicht geschaffen. Hat sich dieser über die Person des Halters geirrt und dem richtigen Ersatzpflichtigen, erst nach Entdeckung des Irrtums Anzeige gemacht oder hat er sich um die Ermittlung des Ersatzpflichtigen zunächst überhaupt nicht gekümmert, so ist dies für ihn unschädlich. JW. 1920/147. Der Ersatzberechtigte hat nach § 276 BGB. Vorsatz und Fahrlässigkeit zu vertreten. Geisteskranken und Minderjährigen im Sinne des § 828 BGB. steht das dort bezeichnete Privileg zu. Da § 278 nicht für anwendbar erklärt ist, und es sich um ein außervertragliches Schuldverhältnis handelt, so hat der Ersatzberechtigte ein Verschulden seines gesetzlichen Vertreters und der Hilfspersonen z. B. der Post, welche die Anzeige falsch zustellt, nicht zu vertreten, siehe Anm. 1 zu § 9 (bestritten).

10. Schaden: Es handelt sich um ein Redaktionsversehen, es sollte statt „Schaden" „Unfall" heißen; s. Begrdg. zur Novelle von 1922 Drucks. 3638.

§ 16.

Unberührt bleiben die reichsgesetzlichen [1] Vorschriften, nach welchen der Fahrzeughalter für den durch das Fahrzeug verursachten Schaden in weiterem Umfang [2] als nach den Vorschriften dieses Gesetzes haftet oder nach welchen ein anderer [3] für den Schaden verantwortlich ist.

1. reichsgesetzliche Vorschriften: Landesgesetzlich war die Materie bisher nicht geregelt, was nach Art. 105 EGz. BGB. zulässig gewesen wäre. Durch die gegenwärtige Vorschrift wären alle etwa bestehenden landesgesetzlichen Vorschriften außer Kraft gesetzt: Aus Art. 128 EGzBGB. ist zu folgern, daß auch in Zukunft jede landesgesetzliche

Regelung der zivilrechtlichen Haftung aus Automobilunfällen ausgeschlossen ist.

2. Umfang: siehe Vorbemerkung vor § 7.

3. anderer: z. B. der zur Führung der Aufsicht Verpflichtete nach § 832 BGB. oder bei Militärkraftfahrzeugen das Reich nach RG. vom 22. Mai 1910.

§ 17.

I Wird ein Schaden durch mehrere Kraftfahrzeuge verursacht und sind die beteiligten Fahrzeughalter einem Dritten[1] kraft Gesetzes zum zum Ersatze des Schadens verpflichtet, so hängt im Verhältnisse der Fahrzeughalter zueinander[2] die Verpflichtung zum Ersatze sowie der Umfang des zu leistenden Ersatzes von den Umständen, insbesondere davon ab, inwieweit der Schaden vorwiegend von dem einen oder dem anderen Teile verursacht worden ist. Das Gleiche gilt, wenn der Schaden einem der beteiligten Fahrzeughalter entstanden ist, von der Haftpflicht, die für einen anderen von ihnen eintritt.[3]

II Die Vorschriften des Abs. 1 finden entsprechende Anwendung[4], wenn der Schaden durch ein Kraftfahrzeug und ein Tier[5] oder durch ein Kraftfahrzeug und eine Eisenbahn verursacht wird.[6]

1. Dritten: Dem Dritten gegenüber haften alle Fahrzeughalter samtverbindlich. Vgl. §§ 830, 840 BGB., RG. 58/235 = JW. 1904/486, RG. 60/301 = JW. 1905/317, RG. 96/224 = JW. 1919/823.

2. zueinander: a) Die Ausgleichungsgrundsätze des § 17 gelten für alle Fälle, in denen ein KFZ., eine Eisenbahn, ein Tierhalter oder eine Mehrheit von Kraftfahrzeughaltern oder Führern (§ 18) kraft Gesetzes — im Gegensatz zur vertraglichen Schadenshaftung — einem

Dritten zum Schadensersatz verpflichtet sind; die Verpflichtung zum Schadensersatz braucht nicht notwendig auf den Bestimmungen des KFZG. zu beruhen, sondern umfaßt auch die Haftung aus dem Reichshaftpflichtgesetz und aus unerlaubter Handlung nach §§ 823, 831, 833 BGB. Diese Ausgleichungsgrundsätze gelten auch dann, wenn der Fahrzeughalter als Verletzter selbst in Betracht kommt, JW. 1919/732; sie setzen für ihr Geltungsgebiet die allgemeinen Bestimmungen der §§ 426, 840 außer Kraft, RG. 84/429. Es ist also insbesondere der III. Absatz des § 840 BGB. auf die Mithaftung eines Tierhalters oder eines Eisenbahnunternehmers neben einem KFZhalter nicht auszudehnen, JW. 1914/22 mit Lit., 1919/104, RG. 84/415, 87/67. Dagegen überträgt die Grundbestimmung des § 17 den gesetzgeberischen Gedanken des § 254 BGB. über die Abwägung des Umfangs der Schadensersatzpflicht und die Verteilung des Schadens zwischen Schädiger und Beschädigtem im Falle eines mitwirkenden Verschuldens des letzteren nach dem Grade der Verursachung auf das Verhältnis zwischen mehreren Ersatzpflichtigen. Die mehreren Verursacher eines Unfalls, z. B. ein KFZhalter und ein Eisenbahnunternehmer haften also dem Dritten zunächst, soweit die zulässigen Ansprüche übereinstimmen, als echte Gesamtschuldner, JW. 1914/919, nach § 426 Abs. 1. In ihrem Verhältnisse zu einander aber ist auf der einen Seite die Betriebsgefahr, so wie sie nach den Umständen des einzelnen Falles in ihrer Bedeutung für den Unfall sich darstellt, auf der anderen Seite das Verschulden in Betracht zu ziehen, JW. 1912/71, 1912/753, 1913/919, 1913/924, 1913/978 = RG. 82/436, JW. 1915/1018 = RG. 87/64, RG. 84/430, 96/68.

b) Soweit dagegen die Ausgleichung von einem auf Grund Vertrages zum Schadensersatz Verpflichteten oder gegen einen solchen verlangt wird (Beförderungsvertrag, Dienstvertrag) gilt nicht § 17 und, da auch § 840 BGB. hiefür nicht anwendbar ist, § 426 BGB., JW. 1914/922, 1915/1018 = RG. 84/430, RG. 87/66. Daß auf der einen Seite nur eine gesetzliche, auf der anderen Seite nur die Vertragshaftung besteht, hindert die Ausgleichung nicht, RG. 77/323, 79/290, 84/430. Die Ausgleichung gemäß § 426 hat zu gleichen Anteilen zu erfolgen, „soweit nicht ein anderes bestimmt ist". Eine solche „anderweite Bestimmung" kann jedoch aus dem die Schadensersatzpflicht begründenden Sachverhalt in entsprechender Anwendung des § 254 BGB. auf die Handlungen der mehreren einander gegenübertretenden Schadensersatzpflichtigen geschöpft werden, so daß auch für diese Ausgleichung die verschiedene Beteiligung der Gesamtschuldner an der Verursachung des Schadens und, wo ein Verschulden in Betracht kommt, die Schwere des Verschuldens den Maßstab abgibt, die gleichanteilige Haftung des § 426 BGB., sonach nur als eine Hilfsregel gilt, die eintritt, wo eine Grundlage für die besondere, aus dem Einzeltatbestand zu gewinnende Verteilung fehlt; oder anders ausgedrückt: soweit die entsprechenden Anhaltspunkte für Anwendung des § 254 bestehen, verwandelt sich die in § 426 BGB. mehreren für einen Schaden ersatzpflichtigen Gesamtschuldnern auferlegte Pflicht, diesen Schaden zwischen sich zu gleichen Anteilen auszugleichen, je nach der größeren oder geringeren ursächlichen Bedeutung der die Ersatzpflicht der einzelnen Gesamtschuldner begründenden Tatbestände für den einzelnen und je nach ihrem größeren oder geringerem Verschulden in die Pflicht zu einer den Umständen nach angemessenen Ausgleichung, so daß auch einem der mehreren Ersatzpflichtigen in ihrem Verhältnis zueinander der ganze Schaden allein auferlegt werden kann, RG. 75/251, 84/430, JW. 1911/753, 1912/71, 1912/190, 1914/922, 1915/1018 = RG. 87/64, RG. 92/143. Kommt als Verletzter der Halter eines zweiten KFZ. in Betracht, so hat dieser das Verhalten seines Kraftwagenführers sowohl gegenüber seiner auf §§ 823, 831 BGB. gegründeten als gegenüber der Haftung des beklagten KFZhalter und KFZführers aus §§ 9 und 18 KFZG. nach den allgemeinen Grundsätzen des § 254 zu vertreten. Dies führt zwar nicht zu einer Anwendung des hier nicht passenden § 278, wohl aber zu entsprechender Anwendung des § 831 und somit zu entsprechendem Einstehen des Beschädigten für seine Hilfspersonen in derselben Weise wie der Schädiger für sie einzustehen hat, RG. 79/319, mit Lit., — also auch abgesehen von der Haftung der Körperschaften für ihre Vertreter nach §§ 30, 31, 89 BGB. — Letztere Haftung ist natürlich erheblich schwächer, als das unbedingte Einstehen für die Versehen aller Hilfspersonen nach § 278 BGB.

c) Schuldhaftes oder zwar nicht schuldhaftes, aber sachwidriges Verhalten des Führers eines Kraftfahrzeugs oder einer Eisenbahn, welches die Gefahr vergrößert hat, kann auch dem Halter des KFZ. oder dem Unternehmer als erhöhte Betriebsgefahr im Sinne des § 17 KFZG. mit 254 BGB. zur Last gelegt werden, JW. 15/200, 1919/246, RG. 79/318 = JW. 1912/808, RG. 84/432, 92/147.

d) Soweit der eine Halter für einen weiteren Schaden oder für denselben Schaden, aber im größeren Umfange haftet, als der andere, liegt gar kein Gesamtschuldverhältnis vor, aber nur wegen jenes Schadens und dieses Mehr, JW. 1913/978 = E 82/436. Zu beachten ist, daß Ansprüche der Führer, Droschkenkutscher u. dgl. gegen ihre Dienstherrn aus dem Dienstvertrage meist durch die Reichsversicherungsordnung, § 898, ausgeschlossen sind. e) Kann von einem Gesamtschuldner der auf ihn entfallende Betrag nicht erlangt werden, so ist der Ausfall gemäß § 426 Abs. 1 S. 2 von den übrigen zur Ausgleichung verpflichteten Schuldnern zu tragen. Es kommt also zu einem neuen Rechtsstreit. In diesem handelt es sich aber nicht mehr um eine Gesamtschuld, sondern um den gesetzlich festgelegten Übergang der Teilschuld des zahlungsunfähigen Ausgleichungspflichtigen auf die zahlungsfähigen. Es wird also in dem neuen Prozesse nicht eine neue Ausgleichung vorgenommen, sondern nur geprüft, ob der Fall des § 426 Abs. 1 Satz 2 gegeben ist, RG. 92/146. Die Prozesse der Ersatzberechtigten gegen die Urheber des Unfalls haben keine Rechtskraftwirkung für oder gegen den Ausgleichungsanspruch, letzterer ist völlig selbständig, RG. 84/421, 92/153.

3. eintritt: Satz 2 gehört systematisch nicht hieher. Er betrifft nicht das Verhältnis mehrerer Gesamtschuldner eines Dritten nach innen. Er gehört zu § 9 des Gesetzes. Dort ist vorgeschrieben, daß ein Verschulden des Verletzten bei der Schadensverteilung berücksichtigt werden soll. Hier wird die Abwägung der auf Grund des gegenwärtigen Gesetzes haftungbegründenden Gefährlichkeit mehrerer Kraftfahrzeuge gegeneinander vorgeschrieben. Dem geschädigten Kraftwagenhalter kann danach nicht nur, wenn ihn oder den Lenker seines Fahrzeugs ein Verschulden trifft, sondern auch ohne Verschulden ein Teil des Schadens überbürdet werden.

4. entsprechende Anwendung: Die Gefährlichkeitsabwägung im Verhältnis nach innen hat auch einzutreten, wenn ein Kraftwagenhalter und ein Tierhalter oder ein Kraftwagenhalter und ein Eisenbahnunternehmer einem Dritten als Gesamtschuldner haften. Z. B. vor einem Kraftwagen scheut ein Pferd. Es wird ein Fußgänger durch das scheuende Pferd vor das Automobil gedrängt und verletzt. Die Eigentümer des Kraftwagens und des Tieres haften dem Fußgänger als Gesamtschuldner. Die Verteilung der Schadenslast zwischen den beiden Eigentümern richtet sich nach den Umständen des Falles im Sinne des Abs. 1.

Der ganze Abs. 1 soll entsprechende Anwendung finden, also auch Satz 2 des Abs. 1. Folglich kann bei Beschädigung eines Tieres durch einen Kraftwagen der Schaden, je nachdem er mehr auf die Gefährlichkeit des Tieres oder des Kraftwagens zurückzuführen ist, dem Tierhalter ganz oder teilweise, oder ganz dem Automobilhalter überbürdet werden. Dasselbe gilt entsprechend für den Eisenbahnunternehmer. Ist ein Kraftwagen durch eine Eisenbahn beschädigt worden, so ist in gleicher Weise zu untersuchen, wo die alleinige oder überwiegende Ursache (ohne Rücksicht auf Verschulden) zu suchen ist. Selbstverständlich kann einem Eisenbahnunternehmer nie eine Haftung für Sachschaden überbürdet werden, die er nach den maßgebenden gesetzlichen Vorschriften überhaupt nicht hat.

5. Tier: Die Anwendung des § 17 auf den Tierhalter hängt davon ab, ob eine Tierhalterhaftung nach § 833 BGB. besteht. § 17 ist mithin anzuwenden, wenn der Verletzte, sofern seine Tiere nicht ihm, sondern einem Dritten einen Schaden zugefügt hätten, dem Beschädigten als Tierhalter verantwortlich sein würde; unter dieser Voraussetzung hat er dann auch für den ihm selbst durch seine Tiere entstandenen Schaden nach Maßgabe des § 17 einzustehen. Dagegen ist § 17 nicht anwendbar, wenn die Tierhalterhaftung nach § 833 Abs. 2 BGB. ausgeschlossen ist. In diesem Falle ist lediglich auf der einen Seite die Betriebsgefahr des KFzeugs und auf der anderen Seite das eigene mitwirkende Verschulden des Tierhalters gemäß § 9 KFZG. in Verbindung mit § 254 BGB. gegeneinander abzuwägen. Die mitwirkende Gefährlichkeit der Tiere scheidet hingegen nach dem Grundsatz des § 840 Abs. 3 aus, da ein Fall der Ausgleichung zwischen der Tiergefahr und der Betriebsgefahr des Kraftfahrzeugs alsdann nicht gegeben ist, JW. 1909/277 = RG. 71/7, JW. 1912/190, 1912/881, 1913/649 = RG. 82/112, JW. 1913/924, RG. 96/130. Zwangsbewegungen des Tieres können die Haftung nach § 833/II ausschließen, erfordern jedoch eine Einwirkung von übermäßiger Kraft und nach Art einer mechanischen Ursache, so daß dem Tiere gar keine Freiheit verbleibt, sich anders zu verhalten, JW. 1922/286. Nicht anwendbar ist § 254 **BGB.**, **wenn ein Schaden nur auf das Zusammenwirken von Eisenbahn und Tier ohne Beteiligung eines** Kraftfahrzeugs zurückzuführen ist, JW. 1915/324.

6. Eisenbahn: Für Sachschaden haftet der Eisenbahnunternehmer nach dem Reichshaftpflichtgesetz nicht, wohl aber nach dem preußischen Gesetz vom 3. November 1838 bei landesherrlich genehmigten Bahnen — nicht Kleinbahnen oder Straßenbahnen RG. 28/207, 65/69, JW. 1920/492 —, ferner nach dem Bayer. AusfGes. zum BGB. und anderen Landesgesetzen.

7. Einfluß des § 17 auf die Maximalhaftung: Der § 17 läßt die Vorschrift des § 12 unberührt. Gründet sich im Falle des § 17 Abs. 1 die Ersatzpflicht mehrerer KFZ.-

halter nur auf das KFZG., so entstehen keine Schwierigkeiten, da bei der Ausgleichung einfach die nach § 12 ermäßigten Haftpflichtsummen berücksichtigt werden. Haftet dagegen ein Halter nur nach dem KFZG., also nur beschränkt, ein anderer nach § 823 BGB., also unbeschränkt, so fragt es sich, ob bei der Bemessung der Ausgleichungspflicht des beschränkt haftenden Halters nur der nach § 12 ermäßigte Betrag, bezüglich dessen allein ein Gesamtschuldverhältnis besteht, oder zunächst der ganze Schaden einzusetzen und erst dann die Ausgleichungssumme des beschränkt Haftenden auf das Maximum des § 12 herabzumindern sei. Die gleiche Frage wiederholt sich, wenn außer dem nur nach KFZG. haftenden Halter ein Eisenbahnunternehmer oder Tierhalter haftet, z. B. die Eisenbahn und das Kraftfahrzeug sollen zu einem Schaden von 500000 Mk. Jahresrente, erstere zu $^2/_3$, letztere zu $^1/_3$ haften. Isaak und Krause wollen hier nur den Höchstbetrag zur Ausgleichung bringen, so daß der KFZHalter $\frac{250\,000 \text{ Mk.}}{3} = 83\,333$ Mk. zu tragen hätte. Den Vorzug dürfte aber die Ansicht von Hoepfel, Kirchner, Neukirch verdienen, wornach die Ersatzsumme zunächst auf beide Ausgleichungspflichtige je nach dem betreffenden Verteilungsmaßstabe verteilt und der Ausgleichungsbeitrag des beschränkt Haftenden dann erst, wenn nötig, auf die Höchstsumme ermäßigt wird. Oder mit anderen Worten: zuerst tritt die Quotisierung, und dann erst die Reduktion zugunsten des beschränkt Haftenden ein. In unserem Falle würde also der Fahrzeughalter $\frac{500\,000 \text{ Mk.}}{3} = 166\,666$ Mk. zu zahlen haben. Siehe auch Anm. 5 zu § 12. Haftet von zwei Haftpflichtigen der eine unbeschränkt, der andere beschränkt, so sind nach Hallbauer, Leipziger Zeitschr. 1909/896 Zahlungen, die der Vollhaftende leistet, nur zu dem Verhältnisse anzurechnen, in welchem die Gesamtschuld zur vollen Schuldsumme steht. Beispiel: Geschuldet wird Jahresrente zu 500000 Mk. A haftet unbeschränkt, B gesamtschuldnerisch auf 250000 Mk. Wenn A von der Vierteljahresschuld zu 125000 Mk. 75000 Mk. zahlt, so wird die Zahlung dem B nicht voll, sondern nur im Verhältnisse von 1 zu 2, also mit 37500 Mk. angerechnet, der Teilbetrag von 25000 Mk. kann von B beigetrieben werden. Richtiger dürften aber nach BGB. § 366 Beträge, welche der unbeschränkt Haftende ohne irgend welche Bestimmung zahlt, auf die Summe zu verrechnen sein, auf welche nur der unbeschränkt Haftende in Anspruch genommen werden kann; soweit dagegen die von dem unbeschränkt Haftenden gezahlte Summe den Betrag übersteigt, für welchen lediglich der nach bürgerlichem Recht, also unbeschränkt Haftende verpflichtet ist, kommt die Zahlung auch dem beschränkt Haftenden zugute. In obigem Beispiel würden also zunächst 62500 Mk. getilgt sein, auf die nur A haftet und dann 12000 Mk., auf die A und B haften, so daß B noch 50000 Mk. gesamtschuldnerisch mit A schuldet: Holzenthaler in Leipziger Zeitschr. 1910/827, ähnlich Hoepfel 411, Kirchner 305.

8. **Verjährung**: Auf den in § 17 KFZG. geregelten Anspruch erleidet die Verjährungsvorschrift des § 14 nicht schlechthin Anwendung, hier gilt vielmehr diejenige Verjährung, die auf den gerade vorliegenden Schadensersatzanspruch des Beschädigten Anwendung findet, also z. B. aus § 14 KFZG., aus § 8 Haftpflichtges., aus § 852 BGB. usw., je nach der Natur des im einzelnen Falle gegebenen Schadensersatzanspruches des Beschädigten, JW. 1917/853.

§ 18.

I In den Fällen des § 7 Abs. 1 ist auch der Führer[1] des Kraftfahrzeugs zum Ersatze des Schadens nach den Vorschriften der §§ 8 bis 15 verpflichtet. Die Ersatzpflicht ist ausgeschlossen, wenn der Schaden nicht durch ein Verschulden des Führers verursacht ist.[2]

II Die Vorschrift des § 16[3] findet entsprechende Anwendung.

III Ist in den Fällen des § 17 auch der Führer eines Fahrzeugs zum Ersatze des Schadens verpflichtet, so finden auf diese Verpflichtung in seinem Verhältnisse zu den Haltern und Führern der anderen beteiligten Fahrzeuge, zu dem Tierhalter oder Eisenbahnunternehmer die Vorschriften des § 17[4] entsprechende Anwendung.

1. Führer: Führer im Sinne des Gesetzes ist nur derjenige, der zur Zeit des Unfalls die Maschine des KFZ. wirklich gehandhabt und den Wagen gelenkt hat, also nicht, wer zwar regelmäßig führt, aber z. Zt. des Unfalls die Führung einem anderen übertragen hatte, JW. 1917/718 = RG. 90/157. Hat der regelmäßige Führer dem erhaltenen Auftrag zuwider einem anderen die Führung des KFZ. überlassen und dieser den Unfall verursacht, so mag dies einen Regreßanspruch des Dienstherrn gegenüber dem regelmäßigen Führer aus dem Dienstvertrage begründen, aber dem Dritten gegenüber haftet, wenigstens nach § 18 und vorbehaltlich weitergehender Vorschriften des bürgerlichen Rechts, nur der wirkliche Führer. Führer sein kann natürlich auch der Halter. Dieser haftet aber nach der strengeren Schuldvermutung des § 7 Abs. II. Im Falle des § 3 gilt nur der Begleiter des Schülers als Führer.

2. verursacht ist: Auch für den Führer stellt das Gesetz eine Rechtsvermutung auf, kraft deren seine Haftung neben dem Halter verfügt wird. Hier gibt es aber nur eine Rechtsvermutung des Verschuldens, also keine Haftung für Betriebsgefahr. Es ist also lediglich die nach bürgerlichem Recht bestehende Beweislast umgekehrt. Selbstverständlich kann indessen beim Versagen von Vorrichtungen, z. B. der Bremse, auch ein Verschulden des Führers vorliegen, der jene nicht vor Beginn der Fahrt nachsah und mit einem nicht vollbetriebsfähigen Wagen fuhr. § 16 BV.

3. Die Vorschrift des § 16: Der Führer haftet nach den Vorschriften des BGB. über den Rahmen des KFZG.

hinaus, wenn ihm ein Verschulden nachgewiesen ist. Für solche weitergehenden Ansprüche verbleibt es natürlich bei der Beweislast des Verletzten. Es kann nach dem Gesagten vorkommen, daß der Halter nur innerhalb der Grenzen dieses Gesetzes haftet, der Führer darüber hinaus.

4. **Die Vorschriften des § 17:** Der Führer zählt als weiterer Regreßverpflichteter und Berechtigter bei der Frage der Schadensverteilung mit, es sei denn, daß der Mangel eines Verschuldens nachgewiesen ist. Die Vorschrift des § 17 Abs. 3 behandelt aber nur die Ausgleichungspflicht des Führers in seinem Verhältnisse zu den Haltern und Führern der anderen beteiligten Fahrzeuge, also nicht das Verhältnis zwischen dem Halter und Führer des einen Unfall verursachenden Kraftfahrzeugs selbst. Letzteres regelt sich nach den zwischen dem Halter und Führer bestehenden Rechtsbeziehungen, also regelmäßig Dienstvertrag, § 618 BGB. Zwei Fälle sind zu unterscheiden: a) Unfall eines Dritten, Passanten. Hat der Führer durch fehlerhafte Führung den Unfall des Dritten herbeigeführt, so hat er damit zugleich wider die aus dem Dienstvertrag sich ergebenden Pflichten gegen den Halter verstoßen. Im Verhältnisse zum Halter trifft ihn also der ganze Schaden. Ist der Unfall aber durch Mängel des Fahrzeugs herbeigeführt oder mit herbeigeführt, so kann der Schaden dem Halter ganz auferlegt oder gemäß § 254 BGB. nach dem Verhältnis der verschiedenen Kausalitäten verteilt werden. Siehe Anm. zu § 9 und § 17. Läßt sich aber ein Verschulden weder auf seiten des Halters, noch des Führers nachweisen, und werden beide sonach nur kraft vermuteten Verschuldens gemäß § 7 und § 18 vom Dritten in Anspruch genommen, so haften Halter und Führer zunächst nach § 426, also nach Kopfteilen, doch darf der Schaden auch hier in entsprechender Anwendung des § 254 anders verteilt werden, wenn entweder die Betriebsgefahr oder das vermutete Verschulden des Führers als überwiegende Ursache erscheint. b) Unfall eines Fahrgastes. Hier haftet der Halter nach § 8 Ziff. 1 regelmäßig nur aus dem

Beförderungsvertrag. Diese Haftung kann aber einen Regreß des Halters gegen den Führer nur dann nach sich ziehen, wenn letzteren ein Verschulden trifft, das den Führer zugleich gegenüber dem Halter aus dem Dienstvertrage haftbar macht. Der Halter kann ferner, wenn das Verhalten des Führers zugleich als eine unerlaubte Handlung gegen den Fahrgast erscheint, RG. 92/150 und der Halter aus § 831 BGB. haftbar gemacht wurde, nach § 840/III BGB. den Regreß gegen den Führer nehmen.

5. **Prozessuales:** Auch bei § 18 ist zu beachten, daß die Prozesse der Ersatzberechtigten gegen die Urheber des Unfalls keine Rechtskraftwirkung für oder gegen den Ausgleichungsanspruch haben, RG. 84/421, 92/153.

§ 19.

In bürgerlichen Rechtsstreitigkeiten[1], in welchen durch Klage oder Widerklage ein Anspruch auf Grund der Vorschriften dieses Gesetzes[2] geltend gemacht ist, wird die Verhandlung und Entscheidung letzter Instanz im Sinne des § 8 des Einführungsgesetzes zum Gerichtsverfassungsgesetze dem Reichsgerichte zugewiesen.[3]

1. **In bürgerlichen Rechtsstreitigkeiten:** nicht Bußansprüche in Straf- oder Privatklageverfahren.

2. **dieses Gesetzes:** Nicht nur die reinen Schadensersatzansprüche, sondern auch Regreß- und Ausgleichungsansprüche nach §§ 17, 18 fallen darunter, selbst wenn die Haftpflicht der einen Partei auf Landesrecht, z. B. dem preußischen Gesetze vom 3. November 1838 beruht.

3. **dem Reichsgerichte zugewiesen:** die Zuständigkeit des bayerischen obersten Landesgerichts ist ausgeschlossen.

§ 20.

Für Klagen, die auf Grund dieses Gesetzes[1] erhoben werden, ist auch[2] das Gericht zuständig, in dessen Bezirke das schädigende Ereignis[3] stattgefunden hat.

1. dieses Gesetzes: siehe Anm. 2 zu § 192.

2. auch: Daneben ist zuständig das Gericht des allgemeinen Gerichtsstandes nach §§ 12ff. ZPO.

3. schädigende Ereignis: Die Vorschrift ist eine analoge Anwendung des § 32 ZPO. auf die Haftung aus einer Gefährdungshaftung ohne Verschulden.

III. Strafvorschriften.

Vorbemerkung. Der allgemeine Teil des RStGB. gilt auch für den Abschnitt III dieses Gesetzes. Demgemäß sind die Zuwiderhandlungen im Sinne des § 21 des Gesetzes Übertretungen (§ 1 RStGB.), dagegen diejenigen im Sinne der §§ 22 mit 25 Vergehen mit den aus dieser Verschiedenheit sich ergebenden Folgen: hinsichtlich der Verjährungsfristen (§ 67 RStGB.), der Höhe der Mindeststrafen, der Umwandlung der Geldstrafen (§§ 27ff. RStGB.), der Zulassung des Verweises bei Jugendlichen (§ 57 RStGB.), des Versuches (§ 43 RStGB.), endlich hinsichtlich der Zuständigkeit.

Durch die Geldstrafennovelle vom 21. Dezember 1921 RGBl. 1604 wurden die Höchstsätze der Geldstrafe auf das Zehnfache erhöht und der Umwandlungsmaßstab entsprechend geändert. Für Zuwiderhandlungen des Führers, welche der Halter wissentlich geschehen ließ, obwohl er sie hindern konnte, kann auch der Halter strafrechtlich verantwortlich gemacht werden, insbesondere für übermäßig schnelles Fahren und dadurch verursachte fahrlässige Tötung oder Körperverletzung, RG. vom 22. Februar 1906 in Goltdammers Archiv 53/175, bayer. Oberst. LG. 8/288; 20/288, siehe auch Anm. 13 zu § 7.

§ 21.[1]

Wer den zur Erhaltung der Ordnung und Sicherheit auf den öffentlichen Wegen oder Plätzen erlassenen polizeilichen Anordnungen[2] über den

Verkehr mit Kraftfahrzeugen zuwiderhandelt, wird mit Geldstrafe bis zu einhundertfünfzig Mark[3] oder mit Haft bestraft.[4]

1. **Übertretung:** Zuständig ist das Schöffengericht gemäß § 27 Ziff. 1 GVG.

2. **Anordnungen:** Vgl. hierüber § 8 Abs. 1 Ziffer 2 des Gesetzes mit Anmerkungen und die BV. vom 3. Februar 1910, insbesondere §§ 15—21. Außer den Zuwiderhandlungen gegen allgemeine polizeiliche Anordnungen sind auch Zuwiderhandlungen gegen einzelne polizeiliche Verfügungen nach § 21 zu bestrafen, falls die Verfügungen sich auf allgemeine Vorschriften über Verkehr mit Kraftfahrzeugen stützen, hier z. B. § 20 Abs. 2 BV. (Haltruf des Polizeibeamten). Gleichgültig ist, ob durch die einzelne Tat wirklich die Ordnung und Sicherheit gefährdet wird, es genügt vielmehr, daß die polizeiliche Anordnung an sich zur Erhaltung der Ordnung und Sicherheit erlassen ist. Neben den Anordnungen im Sinne des § 21 können allgemeine straßenpolizeiliche Anordnungen — § 2 Abs. 1 BV. —, ferner Anordnungen auf Grund anderer Gesetze bestehen, z. B. für Kraftfahrdroschken nach § 37 Gewerbeodnung mit § 2 III KFZG. und § 2 II BV.

3. **Einhundertfünfzig Mark:** nun eintausendfünfhundert Mark, siehe Vorbemerkung.

4. **bestraft:** Die Entziehung der Fahrerlaubnis kann nicht durch den Strafrichter, sondern nur durch die Verwaltungsbehörde nach § 4 ausgesprochen werden. Mehrfache Bestrafungen können den betreffenden Führer als ungeeignet im Sinne des § 4 erscheinen lassen.

§ 22.[1]

I Der Führer[2] eines Kraftfahrzeugs, der nach einem Unfalle (§ 7) es unternimmt[3], sich der Feststellung des Fahrzeugs und seiner Person[4] durch die Flucht zu entziehen[5], wird mit Geldstrafe bis zu dreihundert Mark[6] oder mit Gefängnis bis zu zwei Monaten bestraft[7]. Er bleibt jedoch straflos[8], wenn er spätestens am nächstfolgenden Tage[9] nach dem Unfall Anzeige bei einer inländischen Polizeibehörde[10] erstattet und die Feststellung des Fahrzeugs und seiner Person[11] bewirkt.

II Verläßt der Führer des Kraftfahrzeugs eine bei dem Unfalle verletzte Person vorsätzlich[12] in hilfloser[13] Lage, so wird er mit Gefängnis bis zu sechs Monaten bestraft. Sind mildernde Umstände vorhanden, so kann auf Geldstrafe bis zu dreihundert Mark[14] erkannt werden.

1. **Vergehen:** Zuständig ist für die Vergehen nach Abs. 1 gemäß § 27 Nr. 2 GVG. das Schöffengericht, die Vergehen nach Abs. 2 gemäß § 73 GVG. die Strafkammer. Nach § 29 GVG. kann jedoch der Staatsanwalt auch für die Vergehen nach Abs. 2 die Zuständigkeit des Schöffengerichts dadurch begründen, daß er bei Einreichung der Anklageschrift die Eröffnung des Hauptverfahrens vor dem Schöffengericht beantragt.

2. **Führer:** Täter sein kann nur der Führer in dem Anm. 1 zu § 18 bezeichneten Sinne. Der Halter oder ein Dritter kann neben dem Führer nur als Anstifter oder Teilnehmer in Betracht kommen.

3. **unternimmt:** Der Begriff des Unternehmens umfaßt nach der reichsgerichtlichen Rechtsprechung, Straff. Bd. 42/266, nicht die bloßen Vorbereitungshandlungen, sondern nur die Versuchshandlungen, also die Handlungen, die einen Anfang der Ausführung der Tat enthalten und dazu die Handlungen, welche die vollständige Durchführung der Tat selbst darstellen. Immerhin braucht das Fahrzeug nicht in Bewegung gekommen sein, das Ankurbeln, Öffnen der Gaszufuhr, Lösen der Bremse genügen.

4. und seiner Person: „und" bedeutet hier: „oder". Die Feststellung des Fahrzeugs allein ist ungenügend, weil unter Umständen nur den Führer die Verantwortlichkeit trifft (§ 7 Abs. 3). Die Feststellung des Führers allein ist ebenso ungenügend, weil die Haftung des Halters wesentlich ist, anderer Ansicht Goran, Waldeck und Seuffert in der I. Aufl.: der Führer sei nur strafbar, wenn er sowohl das Fahrzeug als auch seine Person der Feststellung zu entziehen suche.

5. entziehen: Zur Feststellung sind zunächst die zuständigen Polizeibeamten, aber auch der Geschädigte und, falls er dazu nicht imstande ist, dritte Personen, die sich seiner annehmen, befugt. — Dabei ist zu beachten, daß es sich hier nicht sowohl um die Sicherung des staatlichen Strafanspruchs gegen den Täter, als um die Sicherung der privatrechtlichen Ersatzansprüche des Verletzten handelt. Das Vergehen nach § 22 setzt Vorsatz einschließlich Eventualdolus voraus, eine fahrlässige Begehung ist ausgeschlossen. War der Führer z. B. der Meinung, daß die Nummer des Fahrzeugs bereits festgestellt sei, so schließt dieser Irrtum den erforderlichen Vorsatz aus. Die „Feststellung" ist erfolgt und eine Begehung des Vergehens nicht mehr möglich, wenn der Führer sich durch entsprechende Ausweise sowohl über seine Person, als hinsichtlich des Fahrzeugs und des Halters genügend ausgewiesen hat. Unabhängig von § 22 gibt § 127 der StPO. jedermann das Recht, auch ohne richterlichen Befehl denjenigen vorläufig festzunehmen, der auf frischer Tat betroffen oder verfolgt wird, wenn er der Flucht verdächtig ist oder seine Persönlichkeit nicht sofort festgestellt werden kann.

6. Dreihundert Mark: nun dreitausend Mark, siehe Vorbemerkung vor § 21.

7. bestraft: Ein Versuch des Vergehens ist begrifflich ausgeschlossen. Auch für diejenigen, die die Möglichkeit eines Versuchs eines Unternehmens grundsätzlich bejahen, ist dies praktisch bedeutungslos, da der Versuch nicht ausdrücklich unter Strafe gestellt ist (§ 43 Abs. 2 StGB.).

8. straflos: § 46 StGB. über die „Tätige Reue“ ist nicht anwendbar, da nach dem oben Gesagten das Vergehen nicht als „Versuch“ charakterisiert werden kann. Deswegen glaubte man für den Fall, daß ein Führer z. B. aus Furcht vor Mißhandlungen sich zunächst der Feststellung entzieht, dann aber meldet, eine besondere Bestimmung treffen zu müssen.

9. Tage: Eine spätere Anzeige befreit nicht ohne weiteres von der Strafe; doch kann unter Umständen daraus auf ein Fehlen des Vorsatzes der Entziehung geschlossen werden.

10. Polizeibehörde: Es genügt Anzeige bei jeder Polizeibehörde, auch der Ortspolizeibehörde (in Bayern dem Bürgermeister). Auch die Anzeige bei jedem inländischen Gendarmen befreit von der Strafe. Denn dieser ist ein zur Entgegennahme von Anzeigen beauftragtes Organ der Polizeibehörde.

11. und seiner Person: siehe Anm. 4.

12. vorsätzlich: Fahrlässiges Verlassen (der Führer merkt nicht, daß eine Person verletzt oder in hilfloser Lage ist) macht nicht straffällig.

13. hilfloser Lage: Die Vorschrift ist dem § 221 StGB. nachgebildet. In „hilfloser Lage“ ist jemand, wenn er derartig vereinzelt ist, daß er an Leben oder Gesundheit gefährdet ist, falls nicht ein rettender Zufall eintritt. RGSt. 7, 111. „Verläßt“ bedeutet räumliche Trennung, RGSt. 38/377. Daß der Führer dem Verletzten positiv Hilfe leiste, ist zwar der Zweck der Vorschrift, das Gesetz legt ihm aber keine förmliche Verpflichtung hiezu auf, sondern stellt die Strafbarkeit auf das Verlassen ab. Das Liegenlassen eines Getöteten würde nicht unter die Strafbestimmungen fallen, dagegen ist der Tatbestand gegeben, falls der Getötete den Unfall nur um wenige Minuten überlebt hat, JW. 1911/514.

14. dreihundert Mark: nun dreitausend Mark, siehe Vorbemerkung vor § 21.

§ 23.[1]

I Mit Geldstrafe bis zu dreihundert Mark oder mit Gefängnis bis zu zwei Monaten wird bestraft[2], wer auf öffentlichen Wegen[3] oder Plätzen ein Kraftfahrzeug führt, das nicht von der zuständigen Behörde zum Verkehre zugelassen[4] ist.

II Die gleiche Strafe trifft den Halter[5] eines nicht zum Verkehre zugelassenen Kraftfahrzeugs, wenn er vorsätzlich oder fahrlässig dessen Gebrauch auf öffentlichen Wegen oder Plätzen gestattet.

1. Vergehen. Zuständig ist das Schöffengericht gemäß § 27 Ziff. 2 GVG. Die Geldstrafe ist von 300 Mk. auf 3000 Mk. erhöht. Siehe Vorbem. vor § 21.

2. bestraft: Auch für Absatz 1 genügt Fahrlässigkeit. Daß dies nur in Abs. 2 ausdrücklich gesagt ist, beruht darauf, weil man hier die Verantwortlichkeit des Halters auch für Fahrlässigkeit außer Zweifel stellen wollte. Der Halter haftete nämlich nach dem Regierungsentwurf in den Fällen des Abs. 2 des folgenden § 24 nur für Wissentlichkeit. Die Reichstagskommission dehnte auch dort seine Haftung auf Fahrlässigkeit aus und übersah hiebei, daß durch die Änderung des Textes scheinbar die Verantwortlichkeit des Führers auf vorsätzliche Zuwiderhandlung eingeschränkt wird. Es bestand aber Einigkeit darüber, daß der Führer auch für Fahrlässigkeit haften solle. (Bestritten, siehe Kammergericht vom 27. Oktober 1911 Bd. 42/409, RGSt. 30/356). Der Halter ist auch strafbar, wenn er aus Fahrlässigkeit sich über das Vorliegen der Zulassung geirrt hat. (Anderer Ansicht Neukirch, der in diesem Falle Wissentlichkeit fordert.)

3. auf öffentlichen Wegen: Siehe Anm. 1 zu § 1.

4. zugelassen: Siehe § 1 des Gesetzes, BV. vom 3. Febr. 1910 §§ 5ff., BVJ. §§ 5ff. (siehe Anhang).

5. Halter: Siehe § 7 Anm. 5.

§ 24.[1]

I Mit Geldstrafe bis zu dreihundert Mark oder mit Gefängnis bis zu zwei Monaten wird bestraft:[2]

1. wer ein Kraftfahrzeug führt[3], ohne einen Führerschein[4] zu besitzen;[5]
2. wer ein Kraftfahrzeug führt, obwohl ihm die Fahrerlaubnis entzogen ist;[6]
3. wer nicht seinen Führerschein der Behörde, die ihm die Fahrerlaubnis entzogen hat, auf ihr Verlangen abliefert.[7]

II Die gleiche Strafe trifft den Halter[8] des Kraftfahrzeugs, wenn er vorsätzlich oder fahrlässig eine Person zur Führung des Fahrzeugs bestellt[9] oder ermächtigt, die sich nicht durch einen Führerschein ausweisen[10] kann oder der die Fahrerlaubnis entzogen ist.

1. Vergehen. Zuständig ist das Schöffengericht gemäß § 27 Ziff. 2 GVG. Die Geldstrafe ist von 300 Mk. auf 3000 Mk. erhöht. Siehe Vorbem. vor § 21.

2. bestraft: Auch für Abs. 1 genügt Fahrlässigkeit, siehe Anm. 2 zu § 23.

3. führt: Vgl. für Übungsfahrten § 3 Abs. 2.

4. Führerschein: Siehe § 2 Abs. 2. Dem Führerschein stehen nach BVJ. §§ 7 und 10c der „Internationale Fahrtausweis" und „das entsprechende ausländische Führerzeugnis" gleich.

5. besitzen: „Besitzen" bedeutet hier nicht: „bei sich führen". In der Vorlage hieß es: „durch einen Führerschein sich ausweisen zu können". In der ersten Lesung der Kommission wurde die Fassung „zu haben" angenommen. In zweiter Lesung wurde statt dessen das jetzige „besitzen" eingesetzt. Der Kommissionsbericht bezeichnet die letzte Änderung als redaktioneller Natur. Nach der unwidersprochenen Begründung des Antragstellers ist „besitzen" = „erhalten zu haben" — bedeutet also den Besitz der Fahrerlaubnis als solcher. Wer den rechtmäßig erworbenen Führerschein verloren hat, macht sich also nicht nach § 24 straffällig, wenn er vor Ausstellung eines Doppels fährt. Das „nicht bei sich führen" ist als übertretung des § 21 des Gesetzes mit § 15 BV. strafbar. (Bestritten; a. A. Kammergericht vom 24. Juni 1913 Bd. 44/429 und Isaac: es komme auf den Besitz der Urkunde als körperlicher Sache an, so daß der Führer, dem die Urkunde abhanden kam, nach § 24 zu bestrafen sei.

6. entzogen ist: siehe § 4.

7. abliefert: Die Verpflichtung zur Ablieferung besteht schon auf Grund des Entziehungsbeschlusses. Die Bestrafung kann erst dann eintreten, wenn ein ausdrückliches Verlangen der Ablieferung dem Führer zugegangen ist.

8. Halter: siehe § 7 Anm. 5.

9. bestellt: Das Vergehen ist schon mit der Bestellung (Abschluß eines Dienstvertrages) oder der Ermächtigung (Gestattung an einen Dritten) vollendet. Der Bestellte oder Ermächtigte braucht die Fahrt noch nicht angetreten zu haben.

10. ausweisen: Offenbar aus Versehen ist eine Änderung der Fassung, entsprechend der neuen in Abs. 1, unterblieben, siehe Anm. 5. In Wahrheit ist statt „ausweisen kann" auch hier zu lesen „besitzt". Es entscheidet also auch hier der Besitz der Fahrerlaubnis als solcher, nicht der Urkunde als körperlicher Sache.

§ 25.[1]

I Wer[2] in rechtswidriger Absicht[3]

1. ein Kraftfahrzeug, für welches von der Polizeibehörde ein Kennzeichen[4] nicht ausgegeben oder zugelassen worden ist, mit einem Zeichen versieht, welches geeignet[5] ist, den Anschein

der polizeilich angeordneten oder zugelassenen Kennzeichnung hervorzurufen,

2. ein Kraftfahrzeug mit einer anderen als der polizeilich für das Fahrzeug ausgegebenen oder zugelassenen Kennzeichnung versieht [6],
3. das an einem Kraftfahrzeuge gemäß polizeilicher Anordnung angebrachte Kennzeichen verändert [7], beseitigt [8], verdeckt oder sonst in seiner Erkennbarkeit beeinträchtigt [9],

wird, sofern nicht nach den Vorschriften des Strafgesetzbuchs eine höhere Strafe verwirkt ist [10], mit Geldstrafe bis zu fünfhundert Mark oder mit Gefängnis bis zu drei Monaten bestraft.

II Die gleiche Strafe trifft Personen, welche auf öffentlichen Wegen oder Plätzen von einem Kraftfahrzeuge Gebrauch machen [11], von dem sie wissen [12], daß die Kennzeichnung in der im Abs. 1 unter Nr. 1 bis 3 bezeichneten Art gefälscht, verfälscht oder unterdrückt worden ist.

1. Vergehen. Zuständig sind nach § 27 Ziff. 2 die Schöffengerichte. Die Geldstrafe ist von 500 Mk. auf 5000 Mk. erhöht. Siehe Vorbemerkung vor § 21.

2. Wer: Das Vergehen kann von jedermann, nicht bloß vom Führer oder Halter begangen werden.

3. in rechtswidriger Absicht: bedeutet, wie in § 267 StGB., die Absicht, mittels der falschen, verfälschten oder verdunkelten Kennzeichen Einfluß auf das Rechtsleben zu üben; die Absicht, einen materiell rechtswidrigen Erfolg herbeizuführen, wird nicht erfordert. Galli a. a. O. RGSt. 35/117. Fahrlässige Begehung ist nicht strafbar.

4. Kennzeichen: Darunter fallen a) bei deutschen Kraftfahrzeugen das gewöhnliche polizeiliche Kennzeichen, § 8 BV.; das Probefahrtkennzeichen, § 28 BV.; das Nationalitätszeichen nach § 4 BVJ.; b) bei außerdeutschen Kraftfahrzeugen entweder — bei Besitz eines internationalen Fahrtausweises — heimatliches Kennzeichen nebst besonderem „Nationalitätszeichen" (länglich runde Tafel mit schwarzen Buchstaben auf weißem, schwarzumrahmten Grunde), § 5 BVJ. oder bei Nichtbesitz des internationalen Fahrtausweises bloßes „Zollamtskennzeichen" (länglichrundes Schild mit schwarzer Ziffer auf weißem, schwarz umrahmtem Grunde) ohne heimatliches Kennzeichen, siehe § 10 BVJ., ferner § 14 BVJ.

5. geeignet ist: Dies kann sowohl ein willkürlich geschaffenes sogenanntes Phantasiezeichen, als ein an sich echtes, aber von der Behörde für ein anderes Kraftfahrzeug ausgegebenes Kennzeichen sein.

6. versieht: Auch hier gilt das Anm. 5 Bemerkte, doch wird es sich regelmäßig um ein Vertauschen echter Kennzeichen handeln.

7. verändert: z. B. Änderung des Buchstabens oder der Nummer.

8. beseitigt: z. B. Wegnahme der hinteren Erkennungsnummer.

9. beeinträchtigt: z. B. durch Gepäck, durch Straßenstaub, Unterlassung der Beleuchtung.

10. verwirkt ist: Vgl. §§ 267, 268 StGB. Das Kennzeichen ist nach § 9 BV. mit dem Dienststempel der Polizeibehörde zu versehen und wird dadurch zur öffentlichen Urkunde, vorher ist es nur eine Privaturkunde, vgl. RGSt. 40/169 = JW. 1907/556, wo Verfälschung polizeilicher Nummernschilder für Fahrräder, die zum Nachweise der Person des Fahrers dienten und mit dem eingebrannten Amtsstempel versehen waren, als Fälschung öffentlicher Urkunden betrachtet wird, dagegen RGSt. 55/39 = JW. 1920/977: Änderung bloßer Fabriknummern auf den Schildern von Kraftfahrzeugen, die nur die Identität der Wagen beweisen, aber über die Rechtsverhältnisse hinsichtlich der Wagen nichts aussagen, sei keine Urkundenfälschung.

11. **Gebrauch machen**: Das „Gebrauch machen" ist vollendet schon mit den Vorbereitungen zum Fahren, z. B. dem Ankurbeln.

12. **Wissen**: Auch hier ist das Erfordernis der rechtswidrigen Absicht zu unterstellen, obschon dies im Texte nicht ausdrücklich gesagt ist. Galli a. a. O.

§ 26.

Dieses Gesetz tritt hinsichtlich der Vorschriften über die Haftpflicht — Teil II — mit dem 1. Juni 1909, im übrigen mit dem 1. April 1910 in Kraft.

Anhang.

Vorbemerkung: Während des Druckes dieses Buches wurde die mehrfach angeführte BRVO. vom 3. Februar 1910 über den Verkehr mit Kraftfahrzeugen durch die VO. der Reichsregierung vom 15. März 1923 (RGBl. S. 169) und die Bek. des Reichsverkehrsministers vom gleichen Tage (RMBl. S. 229) ersetzt. Letztere trat an die Stelle der bisherigen Anlage A zur BRVO., die bisherige Anlage B betreffend die Prüfung der Führer von KFZ. blieb mit geringen Änderungen bestehen. Durch die neuen Vorschriften ist unter anderem die höchstzulässige Fahrgeschwindigkeit bedeutend erhöht worden, §§ 18, 23 der VO. Die Anmerkungen Nr. 2 bis 6 zu § 2, Nr. 2 zu § 3, Nr. 3 zu § 6 sind hienach richtig zu stellen.

I.

Bekanntmachung der Neufassung der Verordnung über den Verkehr mit Kraftfahrzeugen vom 3. Februar 1910.

Vom 15. März 1923.

(RGBl. 1923 S. 175.)

Auf Grund des Artikels III der Verordnung über Änderungen bei Regelung des Kraftfahrzeugverkehrs vom 15. März 1923 (RGBl. I S. 169) wird nachstehend der Wortlaut der nach § 6 des Gesetzes über den Verkehr mit Kraftfahrzeugen vom 3. Mai 1909 (RGBl. S. 437) erlassenen Verordnung über den Verkehr mit Kraftfahrzeugen vom 3. Februar 1910 (RGBl. S. 389) in der neuen Fassung als „Verordnung über Kraftfahrzeugverkehr vom 15. März 1923" bekanntgemacht.

Berlin, den 15. März 1923.

Der Reichsverkehrsminister.

Groener.

Verordnung über Kraftfahrzeugverkehr.

Vom 15. März 1923.

A. Allgemeine Vorschriften.

§ 1. Als Kraftfahrzeuge (Kraftwagen oder Krafträder) im Sinne dieser Vorschriften gelten Landfahrzeuge, die durch Maschinenkraft bewegt werden, ohne an Bahngleise gebunden zu sein. Als Krafträder (Kraftzweiräder oder Kraftdreiräder) gelten Kraftfahrzeuge, die auf nicht mehr als drei Rädern laufen, wenn ihr Eigengewicht in betriebsfertigem Zustand 200 Kilogramm nicht übersteigt; Anhänger, Bei- oder Vorsteckwagen bleiben bei Feststellung der Fahrzeugart außer Betracht. Als Krafträder gelten außerdem Kraftfahrzeuge mit zwei Laufrädern und zwei seitlichen Stützrädern ohne Anhänger, Bei- oder Vorsteckwagen, wenn ihr Eigengewicht in betriebsfertigem Zustand 300 Kilogramm nicht übersteigt. Als Kraftomnibusse gelten Personenkraftwagen mit mehr als acht Sitzplätzen (einschließlich Führersitz).

§ 2. Für den Verkehr mit Kraftfahrzeugen gelten sinngemäß die den Verkehr von Fuhrwerken oder von Fahrrädern auf öffentlichen Wegen und Plätzen allgemein regelnden Vorschriften, sofern nicht nachfolgend oder gemäß § 6 Abs. 3 des Gesetzes von der obersten Landesbehörde andere Bestimmungen getroffen werden.

Auf Kraftfahrzeuge, die für den öffentlichen Fuhrbetrieb verwendet werden, sowie auf die Führer dieser Fahrzeuge finden neben den nachstehenden Vorschriften die allgemeinen Bestimmungen über den Betrieb der Droschken, Omnibusse und sonstigen dem öffentlichen Transportgewerbe dienenden Fuhrwerke Anwendung.

Die nachstehenden Vorschriften gelten nicht für Kleinkrafträder, Raupenkraftfahrzeuge, Dampfstraßenlokomotiven, Straßenwalzen, ferner solche Kraftfahrzeuge, deren betriebsfertiges Gewicht im beladenen oder unbeladenen Zustand 9 Tonnen übersteigt, sowie selbstfahrende Arbeits- und Werkzeugmaschinen zu landwirtschaftlichen oder gewerblichen Zwecken (z. B. Dampf-, Motorpflüge, Motorsägen). Kleinkrafträder sind Krafträder, deren nach der Steuerformel berechnete Nutzleistung bei einem Außendurchmesser der Radreifen von mehr als 40 Zentimeter 3/4 Pferdestärke, bei kleinerem Außendurchmesser 1 Pferdestärke nicht übersteigt.

B. Das Kraftfahrzeug.

a) Beschaffenheit und Ausrüstung.

§ 3. Die Kraftfahrzeuge müssen verkehrssicher und insbesondere so gebaut, eingerichtet und ausgerüstet sein, daß Feuers- und Explosionsgefahr sowie jede vermeidbare Belästigung von Personen und Gefährdung von Fuhrwerken durch Geräusch, Rauch, Dampf oder üblen Geruch ausgeschlossen ist.

Die Radkränze müssen mit Gummi oder mit einem anderen elastischen Stoffe bereift sein und dürfen keine Unebenheiten besitzen, die geeignet sind, die Fahrbahn zu beschädigen.

§ 4. Jedes Fahrzeug muß versehen sein:

1. mit einer zuverlässigen Lenkvorrichtung, die gestattet, sicher und rasch auszuweichen; die zur Lenkung benutzten Wagenräder sollen nach beiden Seiten möglichst weit einschlagen, um kurz wenden zu können;
2. mit zwei voneinander unabhängigen Bremseinrichtungen, von denen jede auf die Wagenräder der gebremsten Achse gleichmäßig einwirkt; mindestens eine Bremseinrichtung muß unmittelbar auf die Hinterräder oder auf Bestandteile, die mit diesen Rädern fest verbunden sind, wirken; diese Bremse muß feststellbar sein. Jede Bremseinrichtung muß für sich geeignet sein, den Lauf des Fahrzeugs sofort zu hemmen und es auf die kürzeste Entfernung zum Stehen zu bringen;
3. mit einer zuverlässigen Vorrichtung, die beim Befahren von Steigungen die unbeabsichtigte Rückwärtsbewegung verhindert, sofern nicht eine der Bremsen diese Forderung erfüllt;
4. mit einer am Fahrzeug befestigten Hupe zum Abgeben von Warnungszeichen; falls die Hupe mehr-

tonig ist, müssen die verschiedenen Töne gleichzeitig in einem harmonischen Akkord anklingen; Hupen sind als vorschriftsmäßig zu betrachten, wenn ein klarer, von Nebengeräuschen freier Ton oder Akkord durch Schwingungen von Metallzungen, Platten (Membranen) oder anderen Teilen erzeugt wird. An jedem Fahrzeug muß mindestens eine Hupe vorhanden sein, mit der auch bei stillstehendem Motor Warnungszeichen abgegeben werden können;

5. nach eingetretener Dunkelheit und bei starkem Nebel mit mindestens zwei in gleicher Höhe angebrachten, die seitliche Begrenzung des Fahrzeugs anzeigenden, hellbrennenden Laternen mit farblosem Glase, die den Lichtschein derart auf die Fahrbahn werfen, daß diese auf mindestens 20 Meter vor dem Fahrzeug von dem Führer übersehen werden kann. Übermäßig stark wirkende Scheinwerfer dürfen nicht verwendet werden;

6. mit einer Vorrichtung, die verhindert, daß das Fahrzeug von Unbefugten in Betrieb gesetzt werden kann.

Für Krafträder gelten nicht die Vorschriften über Feststellbarkeit der Bremse (Nr. 2) und Vorrichtungen zur Verhinderung der unbeabsichtigten Rückwärtsbewegung (Nr. 3) und der Inbetriebsetzung durch Unbefugte (Nr. 6); es genügt eine hellbrennende Laterne mit farblosem Glase (Nr. 5), ausgenommen, wenn ein Kraftrad einen Beiwagen auf der linken Seite mitführt; eine auf das Wagenrad des Beiwagens einwirkende Bremse (Nr. 2) ist nicht erforderlich.

Jeder Kraftwagen, dessen Eigengewicht 350 Kilogramm übersteigt, muß so eingerichtet sein, daß er mittels der Maschine oder des Motors vom Führersitz aus in Rückwärtsgang gebracht werden kann.

Die Griffe zur Bedienung der Maschine oder des Motors und der im Abs. 1—3 angeführten Einrichtungen müssen so angebracht sein, daß der Führer sie, ohne sein Augenmerk von der Fahrtrichtung abzulenken, leicht und auch im Dunkeln ohne Verwechselungsgefahr handhaben kann.

Jedes Kraftfahrzeug muß mit einem an einer sichtbaren Stelle des Fahrgestells angebrachten Schilde versehen sein, das die Firma, die das Fahrgestell hergestellt hat, die Fabriknummer des Fahrgestells, die Anzahl der Pferdestärken der Maschine oder des Motors (bei Krafträdern, Personenkraftwagen mit Ausnahme der Kraftomnibusse und bei Lastkraftwagen bis 2,5 Tonnen Eigengewicht auch die nach der Steuerformel berechnete Nutzleistung des Fahrzeugs) und das Eigengewicht des betriebsfertigen Fahrzeugs ergibt. Bei Kraftfahrzeugen, deren Gesamtgewicht (einschließlich Ladung) 5 Tonnen übersteigt, muß sich die Angabe auf dem Schilde auch auf die zulässige Belastung, auf die Achsdrucke und auf die Felgendrucke auf 1 Zentimeter Felgenbreite — Basis der Gummireifen — im beladenen Zustand erstrecken.

Bei einem Kraftfahrzeug im beladenen Zustand darf der Druck auf eine Achse 6 Tonnen und auf 1 Zentimeter Felgenbreite — Basis der Gummireifen — 150 Kilogramm nicht überschreiten.

Zum Abgeben von Warnungszeichen außerhalb geschlossener Ortsteile bestimmte Pfeifen (§ 19 Abs. 3) gelten als vorschriftsmäßig, wenn durch sie Pfiffe gleicher Tonhöhe in der Weise erzeugt werden, daß unter Druck stehende verbrannte Gase aus dem Zylinder oder der Auspuffleitung durch die Pfeife entweichen.

b) Antrag auf Zulassung eines Fahrzeugs.

§ 5. Wenn ein Kraftfahrzeug in Betrieb genommen werden soll, hat der Eigentümer bei der für seinen Wohnort zuständigen höheren Verwaltungsbehörde die Zulassung des Fahrzeugs schriftlich zu beantragen. Der Antrag muß enthalten:

1. Name und Wohnort des Eigentümers,
2. die Firma, die das Fahrgestell hergestellt hat, sowie die Fabriknummer des Fahrgestells,
3. die Bestimmung des Fahrzeugs (Personen- oder Lastfahrzeug),
4. die Art der Kraftquelle (Verbrennungsmaschine, Dampfmaschine, Elektromotor),

5. die Anzahl der Pferdestärken der Maschine oder des Motors (bei Krafträdern, Personenkraftwagen mit Ausnahme der Kraftomnibusse und bei Lastkraftwagen bis 2,5 Tonnen Eigengewicht auch die nach der Steuerformel berechnete Nutzleistung des Fahrzeugs),
6. das Eigengewicht des betriebsfertigen Fahrzeugs,
7. die zulässige Belastung (in Kilogramm oder Personen einschließlich Führer),
8. bei Fahrzeugen, deren Gesamtgewicht (einschließlich Ladung) 5 Tonnen übersteigt, die Achsdrucke und die Felgendrucke auf 1 Zentimeter Felgenbreite — Basis der Gummireifen — im beladenen Zustand.

Dem Antrag ist das Gutachten eines von der höheren Verwaltungsbehörde anerkannten Sachverständigen beizufügen, das die Richtigkeit der Angaben unter Nr. 4 bis 8 sowie ferner bestätigt, daß das Fahrzeug den nach dieser Verordnung zu stellenden Anforderungen genügt. Hinsichtlich der Nr. 5 kann das Gutachten des Sachverständigen durch eine Bescheinigung der Firma ersetzt werden, die die Maschine oder den Motor hergestellt hat. Das Gutachten hat der Antragsteller auf seine Kosten zu beschaffen.

Die höhere Verwaltungsbehörde kann einer zuverlässigen, ins Handelsregister eingetragenen Firma, zu deren Geschäftsbetrieb die Herstellung von Kraftfahrzeugen gehört, und deren Sitz sich im Bezirke der Behörde befindet, auf schriftlichen Antrag nach einer auf Kosten der Firma vorgenommenen Prüfung (Typenprüfung) widerruflich eine Bescheinigung darüber erteilen, daß eine von ihr fabrikmäßig gefertigte Gattung von Kraftfahrzeugen den Anforderungen dieser Verordnung genügt (Typenbescheinigung). Für im Ausland hergestellte Fahrzeuge kann eine solche Bescheinigung einer zuverlässigen ins Handelsregister eingetragenen Firma, zu deren Geschäftsbetrieb der Handel mit Kraftfahrzeugen gehört, und deren Sitz sich im Bezirke der Behörde befindet, auf schriftlichen Antrag ausgestellt werden, wenn der Nachweis erbracht wird, daß die Firma im Deutschen Reiche zum alleinigen Vertriebe von Kraftfahrzeugen der betreffenden Gattung berechtigt ist. Die Typenbescheinigung gilt fürs ganze Reich. Für ein Kraftfahrzeug einer solchen Gattung (Satz 1 und 2) kann die Firma zu einer amtlich beglaubigten Abschrift der Typenbescheinigung mit etwaigen Nachträgen unter laufender Nummer eine Ergänzungsbescheinigung ausstellen, die die Richtigkeit der im Abs. 1 unter Nr. 4 bis 8 vorgeschriebenen Angaben bestätigen muß. Eine solche Firmenbescheinigung (Abschrift der Typenbescheinigung nebst Ergänzungsbescheinigung) ersetzt das Gutachten des amtlich anerkannten Sachverständigen (§ 5 Abs. 2) in allen Fällen mit Ausnahme der des § 6 Abs. 3 Satz 2 und des § 28 Abs. 1 mit der Maßgabe, daß bei einem Eigengewichte des betriebsfertigen Fahrzeugs bis vier Tonnen für Kraftomnibusse, Lastkraftwagen sowie Zugmaschinen ohne Güterladeraum ein amtlicher Wiegeschein oder eine Bescheinigung über die unter behördlicher Überwachung vorgenommene Wägung beizufügen ist. Für ein Fahrzeug, das schon einmal zum Verkehr auf öffentlichen Wegen oder Plätzen zugelassen war, darf eine Firmenbescheinigung nur dann ausgestellt werden, wenn die Firma das Fahrzeug nochmals geprüft und sich von seiner vorschriftsmäßigen Beschaffenheit überzeugt hat; dies ist in der Bescheinigung zu vermerken. Über die mittels Firmenbescheinigung in den Verkehr gebrachten Fahrzeuge hat die Firma ein Verzeichnis zu führen und auf Verlangen den zuständigen Beamten vorzulegen. Firmenbescheinigungen können unter Mitverantwortung der Stammfirma — bei Fahrzeugen ausländischer Herstellung der Hauptvertretung im Sinne des Satzes 2 — auch von den Zweigniederlassungen, die dann gleichfalls zur Listenführung verpflichtet sind, ausgestellt werden. Im Falle des Widerrufs (Satz 1 und 2) verliert die Typenbescheinigung ihre Gültigkeit und ist nebst allen bereits gefertigten beglaubigten Abschriften der zuständigen höheren Verwaltungsbehörde abzuliefern, soweit die Abschriften nicht als Firmenbescheinigungen in den Verkehr gegeben worden sind.

Für die Prüfungen nach Abs. 2 und 3 gelten die

Vorschriften einer „Anweisung über die Prüfung von Kraftfahrzeugen", die der Reichsverkehrsminister erläßt. Er hat davon dem Reichsrat unverzüglich Kenntnis zu geben; erhebt der Reichsrat innerhalb eines Monats Widerspruch, so hat der Reichsverkehrsminister die beanstandeten Vorschriften aufzuheben.

c) Zulassung zum Verkehr und Kennzeichnung.

§ 6. Die höhere Verwaltungsbehörde (§ 5 Abs. 1) entscheidet über den Antrag auf Zulassung des Kraftfahrzeugs zum Verkehr auf öffentlichen Wegen und Plätzen. Die Zulassung gilt für das ganze Reich.

Im Falle der Zulassung hat die höhere Verwaltungsbehörde das Kraftfahrzeug in eine Liste einzutragen, dem Fahrzeug ein polizeiliches Kennzeichen (§ 8) zuzuteilen und hiervon dem Antragsteller Mitteilung zu machen, sowie über die Zulassung und die Eintragung des Kraftfahrzeugs und die Zuteilung des Kennzeichens eine Bescheinigung auszufertigen. Die Aushändigung der Bescheinigung erfolgt durch die für den Ort, wo das Kraftfahrzeug in Betrieb gesetzt werden soll, zuständige Polizeibehörde. Die Muster der Liste und der Bescheinigung schreibt der Reichsverkehrsminister vor.

Treten bei einem zum Verkehr auf öffentlichen Wegen und Plätzen bereits zugelassenen Kraftfahrzeug Änderungen ein, die eine Berichtigung der Liste und der Zulassungsbescheinigung erforderlich machen, so hat der Eigentümer unter Vorlegung der Zulassungsbescheinigung die Berichtigungen innerhalb zwei Wochen bei der zuständigen höheren Verwaltungsbehörde zu beantragen. Bei Änderung der Art der Kraftquelle, bei Einbau einer stärkeren Maschine oder eines stärkeren Motors, einer in ihrer Bauart oder Übersetzung veränderten Bremse oder Lenkvorrichtung bedarf es einer erneuten Zulassung, die der Eigentümer sofort unter Beifügung eines Gutachtens (§ 5 Abs. 2) bei der zuständigen höheren Verwaltungsbehörde zu beantragen hat.

Verlegt der Eigentümer eines Kraftfahrzeugs seinen Wohnort in den Bezirk einer anderen höheren Verwaltungsbehörde, so hat er bei dieser die erneute Zulassung des Fahrzeugs zu beantragen; der Beifügung des Gutachtens eines Sachverständigen (§ 5 Abs. 2, 3) bedarf es in diesem Falle nicht, wenn die bisherige Zulassungsbescheinigung vorgelegt wird. Bei Ausfertigung der neuen Zulassungsbescheinigung ist die bisherige einzuziehen.

Soll ein Kraftfahrzeug zum Verkehr auf öffentlichen Wegen und Plätzen nicht mehr verwendet werden, so hat der Eigentümer der zuständigen höheren Verwaltungsbehörde hiervon Mitteilung zu machen und ihr die Zulassungsbescheinigung sowie das Kennzeichen abzuliefern. Das Kennzeichen ist, sofern es nicht amtlich ausgegeben ist, nach Vernichtung des Dienststempels zurückzugeben. Unterbleibt die Ablieferung, so hat die höhere Verwaltungsbehörde die Zulassungsbescheinigung und das Kennzeichen einzuziehen oder, soweit die Einziehung des Kennzeichens nicht zulässig ist, den Dienststempel auf diesem augenfällig zu vernichten. In gleicher Weise ist auf Antrag der Steuerbehörde zu verfahren, wenn die Steuerkarte nicht rechtzeitig erneuert wird.

Geht ein zum Verkehr auf öffentlichen Wegen und Plätzen bereits zugelassenes Kraftfahrzeug auf einen anderen Eigentümer über, so hat dieser bei der für seinen Wohnort zuständigen höheren Verwaltungsbehörde die erneute Zulassung des Fahrzeugs zu beantragen; der Beifügung des Gutachtens eines Sachverständigen (§ 5 Abs. 2, 3) bedarf es in diesem Falle nicht, wenn die bisherige Zulassungsbescheinigung vorgelegt wird. Bei Ausfertigung der neuen Zulassungsbescheinigung ist die bisherige einzuziehen.

§ 7. Vorbehaltlich der Vorschrift im § 32 muß jedes auf öffentlichen Wegen und Plätzen verkehrende Kraftfahrzeug das polizeiliche Kennzeichen (§ 8) tragen.

§ 8. Das von der höheren Verwaltungsbehörde zuzuteilende Kennzeichen besteht aus einem (oder mehreren) Buchstaben (oder römischen Ziffern) zur Bezeichnung des Landes (oder engeren Verwaltungsbezirkes) und aus der Erkennungsnummer, unter der das Fahrzeug in die polizeiliche Liste (§ 6 Abs. 2) eingetragen ist. Die Verteilung der Kennzeichen innerhalb des Reichsgebiets erfolgt nach einem „Plan für die Kennzeichnung der Kraftfahrzeuge", den der Reichsverkehrsminister nach Anhörung der beteiligten obersten Landesbehörden aufstellt. Das Kennzeichen ist an der Vorderseite und an der Rückseite des Fahrzeugs nach außen hin an leicht sichtbarer Stelle anzubringen. Die Fläche des Kennzeichens muß zur Längsachse des Fahrzeugs senkrecht oder annähernd senkrecht stehen. Bei spitz zulaufenden Fahrzeugen kann jedoch das vordere und das hintere Kennzeichen durch je zwei Kennzeichen ersetzt werden; diese müssen beiderseits an jedem spitz zulaufenden Ende des Fahrzeugs auf Flächen angebracht sein, die zur Längsachse des Fahrzeugs schräg, zur Fahrbahn senkrecht oder annähernd senkrecht stehen.

Das vordere Kennzeichen ist in schwarzer Balkenschrift auf weißem, schwarzgerandetem Grunde auf die Wandung des Fahrzeugs oder auf eine rechteckige Tafel aufzumalen, die mit dem Fahrzeug durch Schrauben, Nieten oder Nägel fest zu verbinden ist. Die Buchstaben (oder die römischen Ziffern) und die Nummern müssen in eine Reihe gestellt und durch einen wagerechten Strich voneinander getrennt werden. Die Abmessungen betragen: Randbreite mindestens 10 Millimeter, Schrifthöhe 75 Millimeter bei einer Strichstärke von 12 Millimeter, Abstand zwischen den einzelnen Zeichen und vom Rande 20 Millimeter, Stärke des Trennungsstrichs 12 Millimeter, Länge des Trennungsstrichs 25 Millimeter, Höhe der Tafel ausschließlich des Randes 115 Millimeter.

Bei dem an der Rückseite des Fahrzeugs mittels Schrauben, Nieten oder Nägel fest anzubringenden Kennzeichen sind die Buchstaben (römischen Ziffern) und die Nummer auf einer viereckigen weißen, schwarzgerandeten Tafel in schwarzer Balkenschrift auszuführen. Die Tafel kann Bestandteil einer Laterne sein (vergleiche § 11). Die Nummer kann unter den Buchstaben (römischen Ziffern) oder, durch einen wagerechten Strich getrennt, dahinter stehen. Die Abmessungen betragen: Randbreite mindestens 10 Millimeter, Schrifthöhe 100 Millimeter bei einer Strichstärke von 15 Millimeter, Abstand zwischen den einzelnen Zeichen und vom Rande 20 Millimeter, Höhe der Tafel ausschließlich des Randes bei zweizeiligen Kennzeichen 260 Millimeter, bei einzeiligen Kennzeichen 140 Millimeter, ferner bei einzeiligen Kennzeichen Stärke des Trennungsstrichs 15 Millimeter, Länge des Trennungsstrichs 30 Millimeter. Das hintere Kennzeichen kann auch auf die Wandung des Fahrzeugs aufgemalt werden.

Kraftzweiräder sind von der Führung des hinteren Kennzeichens befreit. Bei ihnen genügt ein beiderseitig beschriebenes Kennzeichen, das an der Vorderseite in der Fahrtrichtung an leicht sichtbarer Stelle anzubringen ist. Das Kennzeichen ist in schwarzer Balkenschrift auf weißem, schwarzgerandetem Grunde auf eine rechteckige, an den Vorderecken leicht abgerundete Tafel aufzumalen, die mit dem Fahrzeug durch Schrauben, Nieten oder Nägel fest zu verbinden ist. Die Buchstaben (oder die römischen Ziffern) und die Nummer müssen in einer Reihe stehen und durch einen wagerechten Strich voneinander getrennt sein. Die Abmessungen betragen: Randbreite mindestens 8 Millimeter, Schrifthöhe 60 Millimeter bei einer Strichstärke von 10 Millimeter, Abstand zwischen den einzelnen Zeichen und vom Rande 12 Millimeter, Stärke des Trennungsstrichs 10 Millimeter, Länge des Trennungsstrichs 18 Millimeter, Höhe der Tafel ausschließlich des Randes 84 Millimeter.

Die Muster für die Kennzeichen schreibt der Reichsverkehrsminister vor.

§ 9. Die Kennzeichen müssen mit dem Dienststempel der Polizeibehörde (§ 6 Abs. 2 Satz 2) versehen sein. Zum Zwecke der Abstempelung des Kennzeichens hat die Polizeibehörde die Vorführung des Kraftfahrzeugs anzuordnen. Bevor sie die Abstempelung vornimmt, hat sie sich durch sorgfältige Prüfung davon zu überzeugen, daß das Fahrzeug insbesondere auch den Vorschriften der §§ 8, 10 und 11 entspricht.

§ 10. Die Kennzeichen dürfen nicht zum Umklappen eingerichtet sein; sie dürfen niemals verdeckt sein und müssen stets in lesbarem Zustand erhalten werden. Der untere Rand des vorderen Kennzeichens darf nicht weniger als 20 Zentimeter, der des hinteren nicht weniger als 45 Zentimeter vom Erdboden entfernt sein.

§ 11. Dunkelheit und bei starkem Nebel sind hintere Kennzeichen so zu beleuchten, daß sie deutlich erkennbar sind. Beleuchtungsvorrichtungen dürfen die Kennzeichen von keiner Seite verdecken; Vorrichtungen zum Abstellen der Beleuchtung vom Sitze des Führers oder vom Innern des Wagens aus sind nur zulässig, wenn beim Abstellen gleichzeitig sämtliche Laternen (§ 4 Abs. 1 Nr. 5) verlöschen.

Bei Kraftzweirädern ist das an der Vorderseite angebrachte Kennzeichen während der Dunkelheit und bei starkem Nebel so zu beleuchten, daß es von beiden Seiten deutlich erkennbar ist.

§ 12. Ist der Dienststempel eines Kennzeichens unkenntlich geworden oder muß ein mit dem Dienststempel der Polizeibehörde versehenes Kennzeichen erneuert werden, so ist das Kraftfahrzeug wiederum entsprechend der Vorschrift im § 9 der Polizeibehörde vorzuführen; tritt die Notwendigkeit der Erneuerung an einem Orte ein, von dem aus die Polizeibehörde, die die erste Stempelung des Kennzeichens vorgenommen hatte, ohne Zeitverlust nicht erreicht werden kann, so ist das Fahrzeug der nächsten Polizeibehörde vorzuführen, die alsdann den Dienststempel zu erneuern oder das erneuerte Kennzeichen mit dem Dienststempel zu versehen und, daß dies geschehen, in der Zulassungsbescheinigung (§ 6 Abs. 2) ersichtlich zu machen hat.

§ 13. Die Anbringung mehrerer verschiedener Kennzeichen ist unzulässig.

C. Der Führer des Kraftfahrzeugs.

a) Die Zulassung zum Führen.

§ 14. Wer auf öffentlichen Wegen und Plätzen ein Kraftfahrzeug führen will, bedarf der Erlaubnis der zuständigen höheren Verwaltungsbehörde. Die Erlaubnis gilt für das ganze Reich; sie ist zu erteilen, wenn der

Nachsuchende seine Befähigung durch eine Prüfung dargetan hat und nicht Tatsachen vorliegen, die die Annahme rechtfertigen, daß er zum Führen von Kraftfahrzeugen ungeeignet ist.

Personen unter 18 Jahren ist das Führen von Kraftfahrzeugen, insbesondere auch von Krafträdern, nicht gestattet. Ausnahmen können von der höheren Verwaltungsbehörde mit Zustimmung des gesetzlichen Vertreters zugelassen werden.

Den Nachweis der Erlaubnis hat der Führer durch eine Bescheinigung (Führerschein) zu erbringen, deren Muster der Reichsverkehrsminister vorschreibt.

Für die vorzunehmenden Prüfungen gelten die Vorschriften unter Ziffer I—VI der als Anlage beigefügten „Anweisung über die Prüfung der Führer von Kraftfahrzeugen".

b) Besondere Pflichten des Führers.

§ 15. Der Führer hat den Führerschein (§ 14 Abs. 3) sowie die Bescheinigung über die Zulassung des Kraftfahrzeugs (§ 6 Abs. 2 und § 34 Abs. 1 und 2) bei der Benutzung des Fahrzeugs auf öffentlichen Wegen und Plätzen bei sich zu führen und auf Verlangen den zuständigen Beamten vorzuzeigen.

§ 16. Der Führer ist dafür verantwortlich, daß das Kraftfahrzeug mit den nach dieser Verordnung vorgeschriebenen Vermerken und polizeilichen Kennzeichen versehen ist, daß das Kennzeichen in vorgeschriebener Weise beleuchtet ist, daß die zulässige Belastung nicht überschritten wird und daß das Fahrzeug sich in verkehrssicherem Zustand (§§ 3, 4) befindet; er hat sich vor der Fahrt von dem Zustand des Fahrzeugs zu überzeugen.

§ 17. Der Führer ist zu besonderer Vorsicht in Leitung und Bedienung seines Fahrzeugs verpflichtet. Er darf von dem Fahrzeug nicht absteigen, solange es in Bewegung ist, und darf sich von ihm nicht entfernen, solange die Maschine oder der Motor läuft; auch muß er, falls er sich von dem Fahrzeug entfernt, die Vorrichtung

(§ 4 Abs. 1 Nr. 6) in Wirksamkeit setzen, die verhindern soll, daß ein Unbefugter das Fahrzeug in Betrieb setzt.

Der Führer ist insbesondere verpflichtet, dafür Sorge zu tragen, daß eine nach der Beschaffenheit des Kraftfahrzeugs (§ 3 Abs. 1) vermeidbare Entwicklung von Geräusch, Rauch, Dampf oder üblem Geruch in keinem Falle eintritt.

Das Öffnen von Auspuffklappen innerhalb geschlossener Ortsteile ist verboten.

Stark wirkende Scheinwerfer müssen innerhalb beleuchteter Ortsteile, ausgenommen bei starkem Nebel, abgeblendet werden, ferner da, wo die Sicherheit des Verkehrs es erfordert, insbesondere beim Begegnen mit anderen Fahrzeugen. Der Reichsverkehrsminister bestimmt, welche Scheinwerfer als übermäßig stark wirkend und welche als stark wirkend gelten.

§ 18. Die Fahrgeschwindigkeit ist so einzurichten, daß der Führer in der Lage bleibt, seinen Verpflichtungen Genüge zu leisten.

Die höchstzulässige Fahrgeschwindigkeit beträgt bei Kraftfahrzeugen bis zu 5,5 Tonnen Gesamtgewicht innerhalb geschlossener Ortsteile *) 30 Kilometer in der Stunde; die höhere Verwaltungsbehörde kann Geschwindigkeiten bis zu 40 Kilometer zulassen. Bei Kraftfahrzeugen von mehr als 5,5 Tonnen Gesamtgewicht beträgt die höchstzulässige Fahrgeschwindigkeit 25 Kilometer, bei Mitführen von Anhängern innerhalb geschlossener Ortsteile 16 Kilometer in der Stunde.

Ist der Überblick über die Fahrbahn behindert, die Sicherheit des Fahrens durch die Beschaffenheit des Weges beeinträchtigt, oder herrscht lebhafter Verkehr, so muß so langsam gefahren werden, daß das Fahrzeug auf kürzeste Entfernung zum Stehen gebracht werden kann.

§ 19. Der Führer hat überall dort, wo es die Sicherheit des Verkehrs erfordert, durch deutlich hörbare

*) Auch einseitig bebaute Straßen, BayObLG. vom 22. Juni 1922, BayZeitschr. 1922/211.

Warnungszeichen rechtzeitig auf das Nahen des Kraftfahrzeugs aufmerksam zu machen.

Das Abgeben von Warnungszeichen ist sofort einzustellen, wenn Pferde oder andere Tiere dadurch unruhig oder scheu werden.

Innerhalb geschlossener Ortsteile dürfen nur kurze Warnungszeichen unter ausschließlicher Verwendung der im § 4 Abs. 1 Nr. 4 vorgeschriebenen Hupe abgegeben, außerhalb geschlossener Ortsteile darf auch eine Pfeife benutzt werden.

Das Abgeben langgezogener Warnungszeichen, die Ähnlichkeit mit Feuersignalen haben, und die Anbringung und Verwendung anderer als der im Abs. 3 genannten Signalinstrumente ist verboten.

§ 20. Merkt der Führer, daß ein Pferd oder ein anderes Tier vor dem Kraftfahrzeuge scheut, oder daß sonst durch das Vorbeifahren mit dem Kraftfahrzeuge Menschen oder Tiere in Gefahr gebracht werden, so hat er langsam zu fahren sowie erforderlichenfalls anzuhalten und die Maschine oder den Motor außer Tätigkeit zu setzen.

Auf den Haltruf oder das Haltzeichen eines als solcher kenntlichen Polizeibeamten hat der Führer sofort anzuhalten. Zur Kenntlichmachung eines Polizeibeamten ist auch das Tragen einer Dienstmütze ausreichend.

§ 21. Beim Einbiegen in eine andere Straße ist nach rechts in kurzer Wendung, nach links in weitem Bogen zu fahren. Diese Vorschrift gilt entsprechend für das Durchfahren von scharfen oder unübersichtlichen Wegekrümmungen.

Der Führer hat entgegenkommenden Kraftfahrzeugen, Fuhrwerken, Reitern, Radfahrern, Viehtransporten oder dergleichen rechtzeitig und genügend nach rechts auszuweichen oder, falls dies die Umstände oder die Örtlichkeit nicht gestatten, so lange anzuhalten, bis die Bahn frei ist.

Das Vorbeifahren an eingeholten Kraftfahrzeugen, Fuhrwerken, Reitern, Radfahrern, Viehtransporten oder dergleichen hat auf der linken Seite zu erfolgen.

D. Die Benutzung öffentlicher Wege und Plätze.

§ 22. Das Fahren mit Kraftfahrzeugen ist nur auf Fahrwegen gestattet. Auf Radfahrwegen und auf Fußwegen, die für Fahrräder freigegeben sind, ist der Verkehr mit Kraftzweirädern mit besonderer polizeilicher Genehmigung zulässig.

§ 23. Die Polizeibehörden können durch allgemeine polizeiliche Vorschriften oder durch besondere für den einzelnen Fall getroffene polizeiliche Anordnungen, soweit der Zustand der Wege oder die Eigenart des Verkehrs insbesondere Rücksichten auf den Fußgängerverkehr es erfordern, den Verkehr mit Kraftfahrzeugen überhaupt oder mit einzelnen Arten auf bestimmten Wegen, Plätzen und Brücken verbieten oder beschränken. Für Wegestrecken, die dem Durchgangsverkehre dienen, steht diese Befugnis der obersten Landesbehörde zu; sie kann die Befugnis auf die höheren Verwaltungsbehörden übertragen.

Für Vorschriften und Anordnungen nach Abs. 1, die die Fahrgeschwindigkeit beschränken, ist unbeschadet der Bestimmung im Abs. 1 Satz 2 die höhere Verwaltungsbehörde zuständig; die Höchstgeschwindigkeit darf für Kraftfahrzeuge bis zu 5,5 Tonnen Gesamtgewicht nicht auf weniger als 30 Kilometer in der Stunde festgesetzt werden. Vorschriften für den allgemeinen Fuhrwerksverkehr (§ 2 Abs. 1) bedürfen der Zustimmung der höheren Verwaltungsbehörde, wenn sie auch für Kraftfahrzeuge bis zu 5,5 Tonnen Gesamtgewicht gelten sollen und eine Höchstgeschwindigkeit von weniger als 30 Kilometer in der Stunde vorschreiben. Die Bestimmungen dieses Absatzes gelten nicht für Verkehrsbeschränkungen auf Brücken und Eisenbahnübergängen.

Die höhere Verwaltungsbehörde kann auch Vorschriften oder Anordnungen erlassen, durch die, abgesehen von dem Falle des Abs. 1, der Verkehr mit Kraftfahrzeugen für bestimmte Örtlichkeiten mit Rücksicht auf deren besondere Verhältnisse verboten oder beschränkt wird.

Auf Verbote oder Beschränkungen nach Abs. 1 bis 3 ist durch Warnungstafeln hinzuweisen.

§ 24. Das Wettfahren und die Veranstaltung von Wettfahrten auf öffentlichen Wegen und Plätzen sind verboten.

Für Zuverlässigkeitsfahrten und ähnliche Veranstaltungen zu Prüfungszwecken ist die Genehmigung der zuständigen Behörde erforderlich; soweit mit ihnen Geschwindigkeitsprüfungen verbunden sind, ist die Genehmigung der obersten Landesbehörde erforderlich, die im Einzelfalle die Bedingungen festsetzt.

E. Mitführen von Anhängern.

§ 25. Ein zum Verkehr auf öffentlichen Wegen oder Plätzen zugelassener Kraftwagen darf einen Anhängewagen nur unter folgenden Bedingungen mitführen:

1. das Gesamtgewicht (einschließlich Ladung) des Anhängewagens darf 7,5 Tonnen nicht überschreiten;
2. die Radkränze des Anhängewagens müssen mit Gummi oder einem anderen elastischen Stoffe bereift sein und dürfen keine Unebenheiten besitzen, die die Fahrbahn beschädigen könnten;
3. der Anhängewagen muß versehen sein:
   a) mit einer sicher wirkenden Bremse,
   b) mit einer zuverlässigen auf die Fahrbahn wirkenden Vorrichtung, die in Steigungen die unbeabsichtigte Rückwärtsbewegung verhindert (Bergstütze);
4. die Verbindung zwischen Anhängewagen und Kraftwagen muß so beschaffen sein, daß die Räder des Anhängewagens auch in Krümmungen möglichst auf den Spuren des Kraftwagens laufen;
5. der Anhängewagen muß von außen sichtbar ein mit Nieten befestigtes Schild haben, das in leicht lesbarer Schrift eine Unterscheidungsnummer, Eigengewicht, zulässige Nutzlast sowie Felgendruck auf 1 Zentimeter Felgenbreite — Basis der Gummireifen — im beladenen Zustand angibt.

Der Führer ist dafür verantwortlich, daß der Anhängewagen den Bedingungen des Abs. 1 entspricht und sich in verkehrssicherem Zustand befindet. Kann die Bremse nicht vom Führersitze des Kraftwagens aus bedient werden, so muß auf dem Anhängewagen ein Bremser mitfahren und eine Verständigung zwischen ihm und dem Führer möglich sein.

Die höhere Verwaltungsbehörde kann allgemein für ihren Bezirk von der Einhaltung der Bestimmung des Abs. 1 Nr. 3 Befreiung gewähren.

Das Mitführen von Anhängeachsen zur Lastenbeförderung und von mehr als einem Anhängewagen ist nur mit Erlaubnis der Polizeibehörde und nur für deren Bezirk zulässig; das gleiche gilt für das Mitführen eines Anhängewagens, wenn den Bedingungen im Abs. 1 Nr. 1, 3, 4 oder 5 nicht genügt ist. Der Erlaubnis der Polizeibehörde bedarf es nicht, soweit nur dem Erfordernisse des Abs. 1 Nr. 3 nicht genügt ist und die höhere Verwaltungsbehörde von der Befugnis, gemäß Abs. 3 Befreiung zu gewähren, Gebrauch gemacht hat. In Fällen polizeilicher Erlaubnis ist der Erlaubnisschein bei der Fahrt mitzuführen und den zuständigen Beamten auf Verlangen vorzuzeigen. Das Mitführen von Anhängeachsen zur Personenbeförderung kann von der höheren Verwaltungsbehörde für ihren Bezirk allgemein oder im Einzelfalle zugelassen werden.

Bei Mitführen von Anhängewagen oder -achsen muß außer dem vorderen Kennzeichen des § 8 Abs. 2 das Kennzeichen nach § 8 Abs. 3 entweder an der Rückseite des letzten Fahrzeugs oder auf beiden Seitenwänden des Kraftwagens angebracht sein. Im letzteren Falle muß bei Dunkelheit oder starkem Nebel eine Laterne weißes oder gelbes Licht nach hinten werfen; einer Beleuchtung der seitlichen Kennzeichen bedarf es nicht.

§ 26. Ein zum Verkehr auf öffentlichen Wegen oder Plätzen zugelassenes Kraftrad darf Anhänger, Bei- oder Vorsteckwagen nur mitführen, wenn deren Radkränze mit Gummi oder einem anderen elastischen Stoffe bereift sind und keine Unebenheiten besitzen, die die Fahrbahn beschädigen könnten; auch muß der Anhänger, Bei- oder

Vorsteckwagen mit dem Kraftrad in zuverlässiger Weise gekuppelt sein.

Der Führer ist dafür verantwortlich, daß der Anhänger, Bei- oder Vorsteckwagen diesen Bedingungen entspricht und sich in verkehrssicherem Zustand befindet.

§ 27. Die Bestimmungen des § 25 finden mit Ausnahme der des Abs. 5 Satz 2, erster Halbsatz keine Anwendung auf angehängte Kraftfahrzeuge, die sich nicht mit eigener Kraft fortbewegen. Solche Schleppzüge müssen besonders vorsichtig fahren; geschleppte Kraftfahrzeuge müssen mit je einem Begleiter besetzt sein, der Bremsen und Lenkvorrichtung bedient.

F. Untersagung des Betriebs.

§ 28. Die Polizeibehörde kann jederzeit auf Kosten des Eigentümers eine Untersuchung darüber veranlassen, ob ein Kraftfahrzeug den nach Maßgabe dieser Verordnung zu stellenden Anforderungen entspricht.

Genügt ein Kraftfahrzeug diesen Anforderungen nicht, so kann seine Ausschließung vom Befahren der öffentlichen Wege und Plätze durch die höhere Verwaltungsbehörde verfügt werden.

§ 29. Werden Tatsachen festgestellt, die die Annahme rechtfertigen, daß eine Person zum Führen von Kraftfahrzeugen ungeeignet ist, so kann ihr die Fahrerlaubnis dauernd oder für bestimmte Zeit durch die für ihren Wohnort zuständige höhere Verwaltungsbehörde entzogen werden; nach der Entziehung ist der Führerschein der Behörde abzuliefern. Die Entziehung der Fahrerlaubnis ist für das ganze Reich wirksam. Im Falle der Entziehung der Fahrerlaubnis für bestimmte Zeit kann deren Wiedererteilung von der nochmaligen Ablegung einer Prüfung oder der Erfüllung sonstiger Bedingungen abhängig gemacht werden.

Personen, die nur während eines vorübergehenden Aufenthalts in dem Gebiete des Deutschen Reichs ein Kraftfahrzeug führen, kann aus Gründen, die nach Abs. 1 die Entziehung der Fahrerlaubnis rechtfertigen, die Führung des Kraftfahrzeugs durch Verfügung der zuständigen höheren Verwaltungsbehörde jederzeit untersagt werden. Die Untersagung ist für das ganze Reich wirksam.

G. Ausnahmen.

§ 30. Die höhere Verwaltungsbehörde kann für ihren Verwaltungsbezirk, in jedem Falle unter Vorbehalt des Widerrufs, für Lastkraftfahrzeuge auf Antrag des Eigentümers von der Vorschrift des § 3 Abs. 2 Befreiung gewähren. Sie hat in jedem Einzelfalle Bestimmungen über die zulässigen Geschwindigkeiten, den Verkehrsbereich und die Verkehrswege zu treffen und diese Bestimmungen in die Zulassungsbescheinigung einzutragen.

Die höchstzulässige Fahrgeschwindigkeit beträgt bei Verwendung nichtelastischer Bereifung

a) bei Lastkraftfahrzeugen mit einem Gesamtgewichte bis zu 5,5 Tonnen außerhalb geschlossener Ortsteile 15, innerhalb geschlossener Ortsteile 12 Kilometer in der Stunde;

b) bei Lastkraftfahrzeugen mit einem Gesamtgewichte von mehr als 5,5 Tonnen außerhalb geschlossener Ortsteile 12, innerhalb geschlossener Ortsteile 8 Kilometer in der Stunde.

Die Fahrgeschwindigkeit kann auf ein geringeres Maß festgesetzt werden.

Durch Vereinbarungen mit einer benachbarten Behörde kann der Verkehrsbereich auch auf deren Bezirk ausgedehnt werden.

Die Vorschriften im Abs. 1 bis 4 finden auf Anhängewagen hinsichtlich der Befreiung von der Vorschrift im § 25 Abs. 1 Nr. 2 mit der Maßgabe entsprechende Anwendung, daß von einem Lastkraftfahrzeuge nur ein mit nichtelastischer Bereifung versehener Anhängewagen mitgeführt werden darf und daß die zulässige Höchstgeschwindigkeit außerhalb geschlossener Ortsteile 12 Kilometer und innerhalb geschlossener Ortsteile 8 Kilometer in der Stunde beträgt.

§ 31. Als vorläufig zum Verkehr auf öffentlichen Wegen und Plätzen zugelassen gelten Kraftfahrzeuge während der durch den amtlich anerkannten Sachverständigen vorzunehmenden technischen Prüfung. Die Vorschrift im § 15 über die Mitführung der Zulassungsbescheinigung findet in diesen Fällen keine Anwendung.

Während der Prüfungsfahrten haben die Kraftfahrzeuge ein besonderes Kennzeichen (Probefahrtkennzeichen) zu führen, auf das die Bestimmungen im § 8 mit der Maßgabe Anwendung finden, daß die Erkennungsnummer aus einer Null (0) mit einer oder mehreren nachfolgenden Ziffern besteht, daß das Kennzeichen in roter Balkenschrift auf weißem, rotgerandetem Grunde herzustellen ist und daß von der festen Anbringung der Kennzeichen abgesehen werden kann. Derartige, mit dem Dienststempel der höheren Verwaltungsbehörde versehene Kennzeichen sind den amtlich anerkannten Sachverständigen (§ 5) zur Verwendung bei diesen Prüfungsfahrten zur Verfügung zu stellen.

§ 32. Von der Verpflichtung zur Führung des Kennzeichens (§ 7) sind befreit:

1. die Kraftfahrzeuge der Feuerwehren im Dienste,
2. die zu Zwecken der öffentlichen Straßenreinigung dienenden Kraftfahrzeuge.

§ 33. Von der Verpflichtung zur Führung eines gestempelten Kennzeichens sind befreit Kraftfahrzeuge, die auf der Fahrt zur Polizeibehörde zwecks Vorführung des Fahrzeugs und Abstempelung des Kennzeichens (§§ 6 und 9) öffentliche Wege und Plätze benutzen müssen. Als Ersatz für die fehlende Zulassungsbescheinigung und gleichzeitig als Ausweis für diese Fahrt dient die schriftliche Aufforderung der Polizeibehörde, das Fahrzeug vorzuführen.

§ 34. Soll ein Kraftfahrzeug zu Probefahrten auf öffentlichen Wegen oder Plätzen in Betrieb genommen werden, so hat der Eigentümer bei der für seinen Wohnort zuständigen höheren Verwaltungsbehörde die Zulassung nach §§ 5 und 6 zu bewirken. Ist die Notwendigkeit der Probefahrten nachgewiesen, so erhält der Antragsteller an Stelle der Zulassungsbescheinigung nach § 6 Abs. 2 eine besondere Zulassungsbescheinigung nach einem besonderen vom Reichsverkehrsminister vorgeschriebenen Muster mit kürzester Befristung je nach Lage des Falles und ein Kennzeichen nach § 31 Abs. 2. Für die Abstempelung gilt § 9 sinngemäß.

Kraftfahrzeugfabriken, Zweigniederlassungen von Kraftfahrzeugfabriken, Kraftfahrzeughändler und solche Gewerbebetriebe, die Zubehör- oder Bestandteile von Kraftfahrzeugen liefern oder Kraftfahrzeuge instandsetzen, erhalten, wenn sie zuverlässig sind, auf Antrag widerruflich im voraus ohne Vorlage eines Sachverständigengutachtens oder einer Ausfertigung der Typenbescheinigung (§ 5 Abs. 2 und 3) eine dem Umfang ihres Geschäftsbetriebs entsprechende Zahl von der höheren Verwaltungsbehörde vollzogener Zulassungsbescheinigungen nach vom Reichsverkehrsminister vorgeschriebenem Muster, in die sie selbst die Beschreibung des Fahrzeugs einzutragen haben, und eine entsprechende Anzahl Kennzeichen nach § 31 Abs. 2, die entweder für Kraftfahrzeuge jeder Art oder nur für Krafträder gelten, zu wiederkehrender Verwendung bei den einzelnen Kraftfahrzeugen; die Kennzeichen sind der Polizeibehörde zur Abstempelung vorzulegen; eine Vorführung des Fahrzeugs bei der Polizeibehörde (§ 9) ist nicht erforderlich. Für eine von einer Kraftfahrzeugfabrik auf Grund einer Typenbescheinigung gleichzeitig fertiggestellte Gruppe von Fahrzeugen kann auch eine gemeinsame Zulassungsbescheinigung nach Satz 1 ausgestellt werden, in die außer der Bezeichnung der Gattung die Fahrgestellnummern aller zu der Gruppe gehörenden Fahrzeuge einzutragen sind. Die Vorschriften des Satzes 1 gelten von Betrieben des Reichs und der Länder mit der Maßgabe, daß von der Feststellung, ob die im Satze 1 enthaltenen besonderen Voraussetzungen vorliegen, abzusehen ist.

Bei Probefahrten zur Prüfung der Verkehrssicherheit eines Fahrzeugs ist besonders vorsichtig zu fahren (§ 18 Abs. 1); für solche Fahrten kann die höhere Verwaltungsbehörde bestimmte Wege vorschreiben. Wird eine Probefahrt über die Grenze des Reichsgebietes ausgedehnt, so sind Kennzeichen und Zulassungsbescheinigung vor Verlassen des Reichs dem deutschen Grenzzollamt abzuliefern. Bei Entziehung der Probefahrtkennzeichen durch die zuständige Verwaltungsbehörde oder bei Ablauf der in der Zulassungsbescheinigung vermerkten Frist sind Kennzeichen und alle erteilten Zulassungsbescheinigungen der Polizeibehörde unverzüglich abzuliefern. Unterbleibt die Ablieferung, so sind Kennzeichen und Zulassungsbescheinigungen einzuziehen; das Kennzeichen ist nach Vernichtung des Dienststempels in augenfälliger Weise unkenntlich zu machen, sofern es nicht amtlich ausgegeben ist.

Bei Verkauf eines Fahrzeugs ist die Ausstellung der Zulassungsbescheinigung und die Zuteilung des nunmehr endgültig zu führenden Kennzeichens unverzüglich bei der zuständigen höheren Verwaltungsbehörde (§ 5 Abs. 1) zu beantragen. War für das Fahrzeug eine Zulassungsbescheinigung nach Abs. 1 ausgestellt, so ist diese dem Antrag beizufügen; die höhere Verwaltungsbehörde sendet nach Zulassung des Fahrzeugs die Bescheinigung an die Behörde zurück, die sie ausgestellt hat. Dem Antrag auf endgültige Zulassung eines Fahrzeugs, für das eine Zulassungsbescheinigung nach Abs. 2 ausgestellt war, ist das Gutachten eines Sachverständigen oder die Ausfertigung der Typenbescheinigung (§ 5 Abs 2 und 3) beizufügen.

Über die nach Abs. 2 ausgestellten Zulassungsbescheinigungen hat der Empfänger eine Liste mit Beschreibung der einzelnen Fahrzeuge und Angabe über den Verbleib der Zulassungsbescheinigungen zu führen; er hat diese nach Beendigung der Probefahrten, spätestens ein Jahr nach ihrer Ausstellung, unmittelbar der Behörde, die sie ausgestellt hat, abzuliefern; dies gilt auch für Zulassungsbescheinigungen nach Abs. 1, wenn sie nicht an andere höhere Verwaltungsbehörden eingereicht sind.

Über alle Probefahrten ist eine Liste zu führen, in die jede einzelne Benutzung eines Probefahrtkennzeichens unter genauer Bezeichnung des Wagens (Fabrikat, Fabriknummer des Fahrgestells und Motors) und Angabe des Führers, der Insassen, der Zeit der Abfahrt und

Rückkehr, der Fahrstrecke und des Zweckes der Probefahrt einzutragen ist.

Die nach Abs. 5 und 6 zu führenden Listen sind den zuständigen Beamten auf Verlangen vorzuzeigen.

Bei Fahrzeugen, die auf Grund einer Zulassungsbescheinigung nach Abs. 2 mit einem vorläufigen Aufbau zu Probefahrten benutzt werden, darf auf dem Fabrikschild die Angabe des Eigengewichts (§ 4 Abs. 5) fehlen und auf der Zulassungsbescheinigung als Eigengewicht des betriebsfertigen Fahrzeugs das betriebsfertige Eigengewicht des Fahrgestells und als zulässige Belastung die Tragfähigkeit des Fahrgestells angegeben werden.

Die höhere Verwaltungsbehörde hat über die ausgegebenen Probefahrtkennzeichen eine Liste zu führen. Die Liste muß erkennen lassen, ob das einzelne Kennzeichen für Kraftfahrzeuge jeder Art oder nur für Krafträder gilt. Geht ein Probefahrtkennzeichen verloren, so hat die höhere Verwaltungsbehörde dem Empfangsberechtigten ein Probefahrtkennzeichen mit einer anderen Erkennungsnummer zuzuteilen; die bisherige Erkennungsnummer darf erst nach Ablauf von drei Jahren erneut ausgegeben werden.

Überführungsfahrten stehen den Probefahrten im Sinne vorstehender Vorschriften gleich. Als Überführungsfahrten gelten Fahrten, die bei Eigentumswechsel oder Wechsel des Wohnorts des Eigentümers lediglich der Verbringung des Fahrzeugs an den neuen Einstellungsort dienen. Bei Verkauf eines Fahrzeugs ins Ausland steht die Verbringung des Fahrzeugs an einen Grenzort der Verbringung an den neuen Einstellungsort gleich.

§ 35. Auf die Kraftfahrzeuge der Wehrmacht, der Reichspost und der staatlichen Polizei finden die Be-Bestimmungen dieser Verordnung mit der Maßgabe Anwendung, daß die Fahrzeuge Warnungszeichen auch mit anderen als den im § 19 Abs. 3 genannten Signalinstrumenten abgeben dürfen und daß eine jederzeitige Untersuchung der Fahrzeuge der Wehrmacht und der

Reichspost und die Ausschließung dieser Fahrzeuge durch die höhere Verwaltungsbehörde (§ 28) nicht zulässig ist.

Die Kraftfahrzeuge der Reichspost brauchen außerdem nicht mit einer Hupe zum Abgeben von Warnungszeichen (§ 4 Abs. 1 Nr. 4) versehen zu sein. Die für die Fuhrwerke der Reichspost nach Reichs- oder Landesgesetzen bestehenden Sonderrechte gelten auch für die Kraftfahrzeuge der Reichspost.

§ 36. Für die Erteilung der Erlaubnis zum Führen von Kraftfahrzeugen der Wehrmacht, der Reichspost und der staatlichen Polizei sowie für die Entziehung dieser Erlaubnis gelten die besonderen Vorschriften unter Ziffer VII der im § 14 Abs. 4 näher bezeichneten Anweisung.

§ 37. Kraftfahrzeuge der Feuerwehren im Dienste brauchen nicht mit einer Hupe zum Abgeben von Warnungszeichen versehen zu sein (§ 4 Abs. 1 Nr. 4) und dürfen Warnungszeichen auch mit anderen als den im § 19 Abs. 3 genannten Signalinstrumenten abgeben. Sie unterliegen nicht den Vorschriften über die einzuhaltende Fahrgeschwindigkeit (§ 18) und sind befreit von den Vorschriften über das Ausweichen, Anhalten und Vorbeifahren in den im § 21 Abs. 2 und 3 genannten Fällen; das gleiche gilt für im Dienste befindliche Kraftfahrzeuge der Wehrmacht und der staatlichen Polizei, wenn Gefahr im Verzug ist.

H. Schluß- und Übergangsbestimmungen.

§ 38. Welche Behörden unter der Bezeichnung „Polizeibehörde" und „höhere Verwaltungsbehörde" zu verstehen sind, bestimmt die oberste Landesbehörde.

Reichswehr- und Reichspostminister bestimmen je für ihren Dienstbereich die Dienststellen, welche die der höheren Verwaltungsbehörde zugewiesenen Befugnisse ausüben,

a) bei Prüfung, Zulassung und Kennzeichnung ihrer Kraftfahrzeuge, bei Entscheidung darüber, ob Anhängewagen mit Bremse und Bergstütze versehen sein müssen, bei Zulassung des Mitführens von

Erteilung der Erlaubnis zur Verwendung einer nicht elastischen Bereifung bei Anhängewagen, die für tierischen Zug eingerichtet sind (§ 5 Abs. 1 und 2, §§ 6 und 25 Abs. 3 und Abs. 4 Satz 4, § 30 Abs. 5, §§ 31 und 34 Abs. 1, 4 und 9, ferner § 34 Abs. 2 für ihre reichseigenen Betriebe);

b) bei Prüfung ihrer Kraftfahrzeugführer sowie Erteilung und Entziehung der Fahrerlaubnis (§§ 14, 29 Abs. 1 und Anlage);

c) bei Anerkennung von Angehörigen ihres Dienstbereichs als Sachverständige (§ 5 Abs. 2 und Anlage Ziffer II).

Die Mitwirkung der Polizeibehörde nach § 6 Abs. 2 Satz 2, §§ 9, 12, 33 und 34 unterbleibt in diesen Fällen, die in der Anlage vorgesehene braucht nicht stattzufinden.

Der Reichsverkehrsminister setzt mit Zustimmung des Reichsrats die Anforderungen fest, denen die von den höheren Verwaltungsbehörden anzuerkennenden Sachverständigen und die der Wehrmacht und Reichspost genügen müssen.

§ 39. Der Reichsverkehrsminister setzt die Gebühren fest, die den amtlich anerkannten Sachverständigen für die Prüfung von Kraftfahrzeugen (§ 5 Abs. 2 und 3) und Kraftfahrzeugführern (§ 14 Abs. 4) zustehen; er hat davon dem Reichsrat unverzüglich Kenntnis zu geben; erhebt der Reichsrat innerhalb eines Monats Widerspruch, so hat der Reichsverkehrsminister diese Gebühren aufzuheben und die bisherigen wieder in Kraft zu setzen.

Anlage
(§ 14 Abs. 4)

Anweisung über die Prüfung der Führer von Kraftfahrzeugen.

I. Die Erlaubnis zum Führen eines Kraftfahrzeugs erteilt die für den Wohnort der betreffenden Person oder für den Ort, wo sie den Fahrdienst erlernt hat, zuständige höhere Verwaltungsbehörde. Der Antrag auf Erteilung der Erlaubnis ist an die zuständige Ortspolizeibehörde zu richten. Dem Antrag ist beizufügen:

1. ein Geburtsschein,
2. ein Zeugnis eines beamteten Arztes darüber, daß der Antragsteller keine körperlichen Mängel hat, die seine Fähigkeit beeinträchtigen können, ein Kraftfahrzeug sicher zu führen, insbesondere keine Mängel hinsichtlich des Seh- und Hörvermögens; dieses Zeugnis fällt bei Anträgen auf Erteilung der Erlaubnis zum Führen eines Kraftrads fort;
3. ein Lichtbild (Brustbild 6×8 cm groß, unaufgezogen), das auf der Rückseite mit der eigenhändigen Unterschrift des Antragstellers und des beamteten Arztes, dem Datum der Untersuchung und dem Dienststempel des Arztes versehen sein muß; Unterschrift des beamteten Arztes, Datum der Untersuchung und Dienststempel fallen bei Anträgen auf Erteilung der Erlaubnis zum Führen eines Kraftrads fort;
4. ein Nachweis darüber, daß er den Fahrdienst bei einer durch die zuständige höhere Verwaltungsbehörde zur Ausbildung von Führern ermächtigten Person oder Stelle (Fahrschule, Kraftfahrzeugfabrik) erlernt hat. Aus dem Nachweis muß die Dauer der praktischen Ausbildung im Fahren ersichtlich sein.

Die Ortspolizeibehörde hat zu prüfen, ob gegen den Antragsteller Tatsachen vorliegen (z. B. schwere Eigentumsvergehen, Neigung zum Trunke oder zu Ausschreitungen, insbesondere zu Roheitsvergehen), die ihn als ungeeignet zum Führen eines Kraftfahrzeugs erscheinen lassen; nach Vornahme der Prüfung legt sie unter Mitteilung des Ergebnisses den Antrag mit seinen Anlagen der höheren Verwaltungsbehörde vor. Diese stellt zunächst durch Anfrage bei der für das Deutsche Reich bestehenden Sammelstelle für Nachrichten über Führer von Kraftfahrzeugen (Polizeipräsidium in Berlin) fest, was etwa über den Antragsteller dort bekannt ist. Ergeben die Feststellungen, daß er ungeeignet zum Führen eines Kraftfahrzeugs ist, so ist ihm die Erlaubnis zu versagen. Andernfalls übersendet die höhere Verwaltungsbehörde den Antrag nebst Anlagen dem amtlich anerkannten Sachverständigen (Ziffer II) zur Vornahme der Prüfung des Antragstellers über seine Befähigung zum Führen eines Kraftfahrzeugs. Der Antragsteller ist hiervon in Kenntnis zu setzen.

Für Reichs- oder Staatsbeamte, die als Führer von Kraftfahrzeugen verwendet werden sollen, kann der Antrag auf Erteilung der Erlaubnis zum Führen eines Kraftfahrzeugs von der vorgesetzten Behörde bei der Ortspolizeibehörde gestellt werden. Der Antrag muß die erforderlichen Angaben über den Personenstand des Prüflings enthalten und von den unter Nr. 2 bis 4 bezeichneten Anlagen begleitet sein. Von einer Feststellung, ob gegen den Prüfling Tatsachen vorliegen, die ihn als ungeeignet zum Führen eines Kraftfahrzeugs erscheinen lassen, hat die Ortspolizeibehörde in solchen Fällen abzusehen.

II. Die Prüfungen erfolgen bei den durch die höheren Verwaltungsbehörden amtlich anerkannten Sachverständigen.

Die Sachverständigen bestimmen den Zeitpunkt für die Prüfung.

Der Prüfling hat ein Kraftfahrzeug der Betriebsart und Klasse, für dessen Führung er den Nachweis der Befähigung erbringen will, für die Prüfung bereitzustellen. Das Fahrzeug muß, wenn die Witterungs- und Wegeverhältnisse dies notwendig erscheinen lassen, mit einem oder mehreren Gleitschutzreifen versehen sein.

III. Die Prüfung ist auf den Nachweis der Befähigung zum Führen bestimmter Betriebsarten und Klassen von Kraftfahrzeugen zu richten. Sie kann abgelegt werden für Kraftfahrzeuge mit Antrieb:

durch Elektromotoren,
durch Verbrennungsmaschinen,
durch Dampfmaschinen,
durch sonstige Motoren,
und zwar:

1. für Krafträder,
2. für Kraftwagen mit einem betriebsfertigen Eigengewichte von mehr als 2,5 Tonnen,
3. für Kraftwagen mit einem betriebsfertigen Eigengewichte bis zu 2,5 Tonnen
   a) bis zu 8 PS (Nutzleistung nach der Steuerformel berechnet),
   b) über 8 PS (Nutzleistung nach der Steuerformel berechnet).

Personen, die für eine Betriebsart und Klasse von Fahrzeugen den Nachweis der Befähigung erbracht haben, können die Erlaubnis zum Führen von Fahrzeugen einer anderen Betriebsart oder Klasse nur auf Grund einer besonderen Prüfung für diese Betriebsart und Klasse erhalten; jedoch schließt der Nachweis der Befähigung zum Führen eines Fahrzeugs der Klasse 3b den der Befähigung für die gleiche Betriebsart der Klasse 3a ein; auch kann eine Fahrerlaubnis für Fahrzeuge der Klasse 3b auf Fahrzeuge gleicher Betriebsart der Klasse 2 ohne besondere Prüfung ausgedehnt werden, wenn der Besitzer der Fahrerlaubnis nachweist, daß er Fahrzeuge der Klasse 3b ein Jahr lang geführt hat.

Anträgen auf Erweiterung von Kraftradführerscheinen ist ein ärztliches Zeugnis beizufügen; dieses muß auch eine Erklärung darüber enthalten, daß dem beamteten Arzte die untersuchte Person bekannt ist oder daß er sich durch das Lichtbild des Führerscheins von ihrer Nämlichkeit überzeugt hat.

IV. Die Prüfung zerfällt in einen mündlichen und einen praktischen Teil.

1. Die mündliche Prüfung erstreckt sich auf:
   a) allgemeine Kenntnis der Hauptteile des vorgeführten Fahrzeugs, genaue Kenntnis der für die Beurteilung seiner Verkehrssicherheit in Betracht kommende Teile (Lenkvorrichtung, Bremsen, Geschwindigkeitswechsel, Rücklauf und Radbereifung);
   b) Verhalten in besonderen Fällen (z. B. bei Schleudern des Wagens, bei Feuersgefahr am Fahrzeug, Wassermangel bei Dampferzeugern);
   c) Beurteilung der Verkehrssicherheit des Fahrzeugs vor Antritt der Fahrt;
   d) Kenntnis der für den Führer eines Kraftfahrzeugs maßgebenden gesetzlichen und polizeilichen Vorschriften.

2. Die praktische Prüfung umfaßt:
   a) Feststellung der Wirksamkeit der Bremsen und Lenkvorrichtungen, Ingangsetzen des Motors nach vorheriger Prüfung der Zündvorrichtungen und einfache Fahrübungen auf kurzer Strecke (z. B. Einhaltung einer gegebenen Fahrtrichtung, Ausweichen vor angedeuteten Hindernissen, schnelles Halten mit Benutzung der verschiedenen Bremsen, Rückwärtsfahren, Wenden mit und ohne Benutzung der Rückwärtsfahrt);
   b) Probefahrt auf freier Strecke in mäßigem Verkehre mit Begegnen und Überholen von Fuhrwerk, Ausfahrt aus einem Grundstück, Einbiegen in Straßen, Anwendung des Warnungszeichens, Wechsel der Geschwindigkeit (wenn möglich auch in Steigungen und im Gefälle) unter Benutzung der verschiedenen zu Gebote stehenden Hilfsmittel, Handhabung der Bremsen unter verschiedenen Verhältnissen;

c) abschließende Prüfung in freier Fahrt, auch durch belebtere Verkehrsstraßen, in mindestens einstündiger Dauerfahrt unter Benutzung aller am Prüfungsort und in seiner näheren Umgebung zu Gebote stehenden Geländeverhältnisse.

Für die Führung von Krafträdern ist die Prüfung der Bauart des Fahrzeugs entsprechend zu gestalten. Nach dem Ermessen des Sachverständigen kann dabei die Dauer der unter 2 c vorgeschriebenen freien Fahrt eingeschränkt werden.

Zur mündlichen Prüfung können mehrere Prüflinge gleichzeitig zugelassen werden. Der praktischen Prüfung für Kraftwagen ist jeder Prüfling einzeln zu unterziehen.

Die praktische Prüfung ist erst vorzunehmen, wenn der Prüfling die mündliche Prüfung bestanden hat. Zu der Prüfung gemäß 2 c darf der Prüfling nur zugelassen werden, wenn er bei der Prüfung nach 2 b volle Sicherheit, Ruhe und Gewandtheit gezeigt hat.

Bei den Fahrprüfungen für Kraftwagen (vgl. 2 b und c) muß der prüfende Sachverständige auf dem Wagen Platz nehmen.*) Er hat bei der Fahrt von Anweisungen soweit irgend möglich abzusehen und sein Augenmerk besonders darauf zu richten, ob der Prüfling die nötige Ruhe und Geistesgegenwart, einen sicheren Blick und Verständnis für die Bedürfnisse des öffentlichen Verkehrs besitzt, sowie ob er Entfernungen richtig abzuschätzen, die Gelände- und Verkehrsverhältnisse besonders beim Wechsel der Geschwindigkeit zu berücksichtigen und zu benutzen, die Bremsen richtig zu handhaben und Geräusch- und Geruchbelästigung nach Möglichkeit zu vermeiden versteht.

Wenn der Prüfling bereits im Besitze der Fahrerlaubnis für eine bestimmte Betriebsart und Klasse

---

*) Bei Kraftfahrzeugen, die keinen geeigneten Platz bieten, darf von der Befolgung dieser Vorschrift abgesehen werden, sofern der Sachverständige sich auf andere Weise, z. B. durch Begleiten mit einem anderen Kraftfahrzeuge, von den Fähigkeiten Überzeugung verschaffen kann.

von Fahrzeugen ist und die Ausdehnung der Fahrerlaubnis auf eine andere Betriebsart oder Klasse wünscht, kann die mündliche und praktische Prüfung nach dem Ermessen des Sachverständigen abgekürzt werden.

V. Bei der Abnahme der Prüfungen ist besonderes Gewicht auf die Fahrprüfungen zu legen; wenn der Prüfung bei diesen Unkenntnis oder Unsicherheit zeigt, ist die Prüfung abzubrechen. Die Prüfung ist nur dann als bestanden anzusehen, wenn der Prüfling in allen Gegenständen genügende Sachkenntnis bewiesen hat.

Über die zur Prüfung zugelassenen Personen und über das Ergebnis der Prüfung haben die amtlich anerkannten Sachverständigen ein Verzeichnis unter fortlaufender Nummer zu führen.

Nach Abschluß der Prüfung haben die Sachverständigen unter Rücksendung des Antrags und seiner Anlagen umgehend der höheren Verwaltungsbehörde über das Ergebnis zu berichten; hierbei ist die Nummer anzugeben, unter der die Eintragung in das Verzeichnis erfolgt ist.

Ist die Prüfung bestanden, so ist insbesondere anzugeben, für welche Betriebsart und Klasse von Fahrzeugen der Prüfling sie abgelegt hat.

VI. Ergibt der Bericht des Sachverständigen, daß der Antragsteller die Prüfung nicht bestanden hat, so ist die nachgesuchte Erlaubnis zum Führen eines Kraftfahrzeugs von der höheren Verwaltungsbehörde zu versagen. Auf Antrag des Prüflings kann jedoch die höhere Verwaltungsbehörde ihre Entscheidung einstweilen aussetzen und die Zulassung zur Wiederholung der Prüfung bei demselben Sachverständigen in Aussicht stellen; die Wiederholung ist hierbei von dem Nachweis abhängig zu machen, daß der Prüfling in der Zwischenzeit weiteren gründlichen Unterricht genossen hat. Die Wiederzulassung darf keinesfalls vor Ablauf von vier Wochen erfolgen. Wenn sich ergeben hat, daß dem Prüfling die nötige Vorsicht, Ruhe und Geistesgegenwart fehlt, kann ausdrücklich eine längere Frist festgesetzt werden. Macht der Prüfling von der Wiederzulassung zur Prüfung innerhalb der von der höheren Verwaltungsbehörde festgesetzten Frist keinen Gebrauch, so ist ihm die Fahrerlaubnis zu versagen.

Ergibt der Bericht des Sachverständigen, daß der Antragsteller die Prüfung bestanden hat, so erteilt die höhere Verwaltungsbehörde dem Prüfling den Führerschein für die betreffende Betriebsart und Klasse von Fahrzeugen, sofern nicht besondere Gründe, die nicht bereits vor der Erteilung des Auftrags zur Vornahme der Prüfung gewürdigt worden sind, zur Versagung der beantragten Erlaubnis führen müssen.

In Ausnahmefällen kann die höhere Verwaltungsbehörde einen Führerschein auch für die Führung eines einzelnen bestimmten Kraftfahrzeugs ausstellen, insbesondere wenn ein Kriegsverletzter ein Fahrzeug führen will, das der Körperbeschaffenheit durch besondere Einrichtungen angepaßt ist oder das er mit Hilfe eines Ersatzglieds sicher führen kann. In diesen Fällen sind Kennzeichen, Firma, die das Fahrzeug hergestellt hat, und Fabriknummer des Fahrgestells im Führerschein anzugeben.

Über die von ihr ausgestellten Führerscheine hat die höhere Verwaltungsbehörde eine Liste zu führen; die Nummer der Liste ist in dem Führerschein anzugeben.

Von jedem Falle der Versagung der Erlaubnis der Aussetzung der Entscheidung oder der Erteilung eines Führerscheins hat die höhere Verwaltungsbehörde umgehend der Sammelstelle in Berlin Mitteilung zu machen. Das gleiche gilt in den Fällen des § 27 der Verordnung. In den Fällen der Versagung, Entziehung und Untersagung sind die Gründe kurz mitzuteilen.

VII. Für die Erteilung der Erlaubnis zum Führen von Kraftfahrzeugen der Wehrmacht und der Reichspost und für die Entziehung dieser Erlaubnis gilt folgendes:

Die Abhaltung der Führerprüfung sowie die Ausstellung des Führerscheins erfolgt durch die gemäß § 38 Abs. 2 der Verordnung bestimmten Dienststellen nach den Bestimmungen unter Ziffer I bis VI. Dabei kann bei Angehörigen der Wehrmacht der Geburtsschein (Ziffer I Abs. 1 Nr. 1) durch einen Stammrollenauszug ersetzt, von der Vorlage des Zeugnisses eines beamteten Arztes (Ziffer I Abs. 1 Nr. 2) abgesehen und das Lichtbild (Ziffer I Abs. 1 Nr. 3) nach der Prüfung vorgelegt werden. Die Vorschriften über die Beteiligung der Sammelstelle für Nachrichten über Führer von Kraftfahrzeugen (Ziffer I Abs. 2 und Ziffer VI Abs. 4) finden Anwendung. Die Erlaubnis beschränkt sich nicht auf die Führung von Kraftfahrzeugen der betreffenden Verwaltung; sie gilt nur für die Dauer des Dienstverhältnisses; dies ist auf dem Führerscheine zu vermerken. Bei Beendigung des Dienstverhältnisses wird der Schein eingezogen; auf Antrag ist dem Inhaber eine Bescheinigung zu erteilen, für welche Betriebsart und Klasse von Kraftfahrzeugen ihm die Erlaubnis erteilt war.

Wünscht ein früherer Inhaber eines von der Wehrmacht oder der Reichspost erteilten Führerscheins nach seinem Ausscheiden aus dem Dienstverhältnis einen Führerschein nach Ziffer VI für diejenige Betriebsart und Klasse von Fahrzeugen, zu deren Führung er nach der Bescheinigung (Abs. 2) berechtigt war, ohne nochmalige Ablegung einer Prüfung über seine Befähigung zum Führen eines Kraftfahrzeugs zu erhalten, so hat er einen Antrag unter Vorlegung dieser Bescheinigung, des ärztlichen Zeugnisses und des Lichtbilds (Ziffer I) innerhalb eines halben Jahres nach Beendigung seines innerhalb eines halben Jahres nach Beendigung seines Wohnsitzes oder Entlassungsorts zu stellen. Im übrigen regelt sich das Verfahren nach Ziffer I und VI.

Abs. 2 Satz 4 und 5 sowie Abs. 3 gelten auch für Führerscheine, die von einer als höhere Verwaltungsbehörde anerkannten Dienststelle der staatlichen Polizei erteilt sind.

II.

Bekanntmachung des Reichsverkehrsministers über Kraftfahrzeugverkehr.

Vom 15. März 1923.

(Reichsministerialblatt 1923 S. 229.)

Auf Grund des § 5 Abs. 4, § 6 Abs. 2, § 8 Abs. 1 und 5, § 14 Abs. 3, § 34 Abs. 1 und 2, § 38 Abs. 4 und § 39 der Verordnung über Kraftfahrzeugverkehr vom 15. März 1923 (RGBl. I S. 175) ordne ich, hinsichtlich der Nr. 4 mit Zustimmung des Reichsrats, folgendes an:

1. Für die Prüfungen nach § 5 Abs. 2 und 3 gilt beiliegende „Anweisung über die Prüfuung von Kraftfahrzeugen". *Anl. 1*
2. Für die im § 6 Abs. 2, § 8 Abs. 2, 3 und 4, § 14 Abs. 3 und § 34 Abs. 1 und 2 vorgeschriebenen Listen, Zulassungsbescheinigungen, Kennzeichen und Führerscheine gelten folgende beiliegende Muster: *Anl. 2*)*
   a) für die Listen nach § 6 Abs. 2 das Muster 1,
   b) für die Zulassungsbescheinigungen nach § 6 Abs. 2 das Muster 2,
   c) für die Kennzeichen nach § 8 Abs. 2, 3 und 4 die Muster 3 bis 6,
   d) für die Führerscheine nach § 14 Abs. 3 das Muster 7,
   e) für die Zulassungsbescheinigungen nach § 34 Abs. 1 das Muster 8,
   f) für die Zulassungsbescheinigungen nach § 34 Abs. 2 das Muster 9.

---

*) Hier weggelassen.

Anlage 3 3. Für die Verteilung der Kennzeichen innerhalb des Reichsgebiets (§ 8 Abs. 1) gilt beiliegender „Plan für die Kennzeichnung der Kraftfahrzeuge".

Anlage 4 4. Für die Anerkennung der Sachverständigen (§ 38 Abs. 4) gelten beiliegende „Anforderungen an die Sachverständigen für die Prüfung von Kraftfahrzeugen und Kraftfahrzeugführern".

Anlage 5*) 5. Für die Prüfung von Kraftfahrzeugen und Kraftfahrzeugführern durch die amtlich anerkannten Sachverständigen (§ 39) gilt beiliegende Gebührenordnung.

Nachdem meine Bekanntmachung über Prüfungsgebühren im Kraftfahrzeugverkehre vom 1. März 1923 (Reichsministerialbl. S. 215) durch Artikel VI Abs. 1 Abschnitt b der Verordnung über Änderungen der Regelung des Kraftfahrzeugverkehrs vom 15. März 1923 (RGBl. I S. 169) hinfällig geworden ist, setze ich nunmehr auf Grund des Artikels V daselbst die Gebühren, die den Sachverständigen für die Prüfung von Fahrlehrern, Lehrwagen und Lehrmitteln nach Ziffer X der Anlage zur Verordnung, betreffend die Ausbildung von Kraftfahrzeugführern, vom 1. März 1921 (RGBl. S. 212) zustehen, auf das Einhundertfünfzigfache der ursprünglichen Sätze fest.

Diese Bekanntmachung tritt zugleich mit der Verordnung über Änderungen der Regelung des Kraftfahrzeugverkehrs vom 15. März 1923 (RGBl. I S. 169) in Kraft.

Berlin, den 15. März 1923.

Der Reichsverkehrsminister.

Groener.

---

*) Hier weggelassen.

Anlage 1.

Anweisung über die Prüfung von Kraftfahrzeugen.

I. Allgemeine Bestimmungen.

1. Bei der Beurteilung der Verkehrssicherheit eines Kraftfahrzeugs kommen nur die Teile in Betracht, deren Versagen an dem in Bewegung befindlichen Fahrzeug eine Gefahr für den öffentlichen Verkehr in sich schließt, nämlich Einrichtungen für Lenken, Bremsen, Verhinderung unbeabsichtigter Rückwärtsbewegung, Rückwärtsgang und Radkonstruktion. Diese Einrichtungen müssen unter allen Umständen so beschaffen sein, daß ihr Versagen bei sachgemäßer Unterhaltung und Bedienung nicht zu befürchten ist. Einrichtungen, deren Versagen nur den Antrieb des Fahrzeugs stört oder unmöglich macht (Störungen an der Maschine oder am Motor, an der Kuppelung und dergleichen), kommen für die Prüfung nicht in Betracht.

2. Die Wahl der Materialien bleibt dem Fabrikanten unter eigener Verantwortlichkeit überlassen, jedoch müssen Vorderachsen, Lenkhebel und Lenkgestänge aus gezogenem oder geschmiedetem Material hergestellt werden. Die gewählten Abmessungen sind nur dann zu beanstanden, wenn sich bei der Prüfung bleibende Formveränderungen bemerkbar machen.

II. Feuers- und Explosionsgefahr.

1. Zur Vermeidung von Feuers- und Explosionsgefahr bei Fahrzeugen mit elektrischem Antrieb sind die unter Ziffer XI besonders angegebenen Vorschriften für elektrisch betriebene Fahrzeuge zu beachten.

2. Bei Dampffahrzeugen muß die Kesselanlage, soweit dafür nicht von der zuständigen Behörde Aus-

nahmen zugelassen sind, den allgemeinen polizeilichen Bestimmungen über die Anordnung von Landdampfkesseln entsprechen. Ferner ist bei Verwendung fester Brennstoffe darauf zu achten, daß der Funkenauswurf verhindert wird. Endlich muß die Feuerstelle von allen brennbaren Teilen des Fahrzeugs genügend isoliert und der Aschenkasten so gebaut und angeordnet sein, daß keine glühenden Ascheteile herausfallen können.

3. Bei Fahrzeugen mit Verbrennungsmaschine sind zur Vermeidung von Feuers- und Explosionsgefahr folgende Vorschriften zu befolgen:

a) Behälter, die zur Aufnahme flüssigen Brennstoffs dienen, sind aus zähem, gegen Rost geschützten Material herzustellen; Nähte müssen, sofern sie nicht durch Nietung und Lötung, Hartlötung oder Schweißung hergestellt sind, doppelt gefalzt und gelötet sein. Die Behälter sind mit einem hydraulischen Überdruck von 0,3 Atmosphären auf Dichthalten zu prüfen; ihr Einbau in die Fahrzeuge ist so auszuführen, daß sie möglichst gegen Stoß geschützt sind; der tiefste Punkt der Behälter und ihrer Armatur muß auch bei voll belastetem Fahrzeug mindestens 15 Zentimeter über dem Boden liegen. Das Füllrohr ist durch ein auswechselbares feinmaschiges Drahtnetz gegen das Hindurchschlagen von Flammen zu sichern. Geschweißte Behälter müssen mit mindestens einem Schmelzpfropfen oder Sicherheitsventile versehen sein. Alle Armaturteile müssen mit dem Behälter außer durch Lötung noch durch Nieten oder Schrauben verbunden sein. An dem tiefsten Punkte des Behälters ist eine Ablaßvorrichtung anzubringen, so daß eine völlige Entleerung erfolgen kann. An Vorrichtungen zur Anzeige des Flüssigkeitsstandes muß mindestens der untere Anschluß an den Behälter absperrbar sein. Erfolgt die Zuführung des Brennstoffs durch den Druck der Auspuffgase, so ist ein Reduzierventill mit vorgeschaltetem Siebe in die Druckgasleitung einzubauen. Bei Behältern von weniger als 15 Liter Inhalt brauchen die Nähte bei Weichlötung nicht doppelt gefalzt zu sein, auch genügt für die Verbindung der Armaturteile mit dem Behälter einfache Lötung ohne Nieten und Schrauben.

b) Die Zuflußrohrleitung zur Maschine ist sorgfältig zu befestigen und so zu verlegen, daß ein Ausgleich von Längenänderungen möglich ist. Die Verbindung einzelner Rohrstücke ist durch eine über beide Rohrenden geschraubte und verlötete Muffe oder durch eine Verschraubungsart mit metallischen Dichtungsflächen (Kegelnippel, Kugelnippel, gestauchte Rohrenden) herzustellen. In gleicher Weise ist die Befestigung der Rohre mit den Absperrvorrichtungen und Armaturteilen auszuführen, falls sie nicht hart eingelötet sind. Flanschverbindungen mit Stoffpackung sind unzulässig. Alle mit der Benzinleitung verlöteten Nippel müssen hart gelötet sein, während an den Brennstoffbehältern und ihren Armaturteilen, wenn die Lötung nur den Zweck hat, abzudichten, Weichlötung zulässig ist. In der Zuflußrohrleitung zur Maschine ist in der Nähe des Brennstoffbehälters eine Absperrvorrichtung einzuschalten; dieselbe muß von außen leicht zugänglich sein; bei Brennstofförderung durch Druckgase und Steigrohr genügt eine Einrichtung zum schnellen Ablassen des Druckes. Brennstoffleitung, Vergaser und Schwimmergehäuse sind so anzuordnen, daß etwa austretender Brennstoff nicht auf das Auspuffrohr, den Stromverteiler oder Magnetapparat tropfen kann; der aus dem Schwimmergehäuse und Vergaser etwa austretende Brennstoff ist unmittelbar ins Freie zu leiten.

c) Werden unterhalb des Wagens Schutzbleche angebracht, so muß die Beseitigung der sich in ihnen ansammelnden brennbaren Stoffe leicht möglich sein.

d) Die elektrischen Zündleitungen sind zu isolieren und so zu verlegen, daß Kurzschluß ausgeschlossen ist. Hochspannungsleitungen sind besonders sorgfältig zu verlegen. Glührohrzündung ist verboten.

III. Vermeidung von üblem Geruch, Rauch und Geräusch.

Die Verbrennung der Gase in der Maschine muß so vollkommen und die Ölzufuhr so eingerichtet sein, daß, abgesehen vom Anfahren nach längerem Stillstand, ein belästigender Rauch nicht entwickelt wird. Tauchschmierung ist zulässig, wenn eine Einrichtung zur Regelung des Ölstandes im Kurbelgehäuse vorhanden ist. Die Abführung der Verbrennungsgase bei Explosionsmaschinen und des Dampfes bei Dampfmaschinen hat unter Anwendung ausreichender schalldämpfender Mittel zu geschehen. Dampfkessel, die nicht mit Brennstoffen geheizt werden, die rauchlos verbrennen, sind mit ausreichenden, Rauch verhütenden Feuerungseinrichtungen zu versehen.

IV. Lenkvorrichtung.

1. Der Drehungswinkel der Lenkspindel soll der Geschwindigkeit des Fahrzeugs entsprechend möglichst gering sein.

2. Die Lenkvorrichtung muß so beschaffen sein, daß zu ihrer Bewegung und Festhaltung ein möglichst geringer Kraftaufwand ausreicht. Einfache Hebellenkvorrichtungen (auch Zahnstangenlenker und unmittelbar an einer Lenkspindel befestigte Hebel) sind bei dreirädrigen Fahrzeugen mit einem vorderen Lenkrad bis zu einem Gewichte des betriebsfertigen Wagens von 1000 Kilogramm, bei anderen Fahrzeugen bis zu einem Gewichte von 350 Kilogramm zuzulassen. Bei Fahrzeugen mit höheren Gewichten müssen Lenkvorrichtungen mit Zwischenübersetzung (Schnecke, Schraube oder dergleichen) verwendet werden, die keinesfalls erheblich unter der Grenze der Selbsthemmung liegen. Das Gehäuse der Lenkvorrichtung muß fest gelagert sein. Die Anordnung und Lage der von dem Lenkhebel zu den Lenkschenkeln führenden Schubstange muß derart sein, daß bei Durchfederung des Wagens kein unzulässiges Flattern der Vorderräder eintritt. Bei Schubstangen mit Stoßfängern müssen ausreichende Sicherungen dagegen vorhanden sein, daß ein Kugelzapfen aus der Stange herausspringt. Bei Verwendung von Kugelzapfen, insbesondere wenn

sie hängend angebracht sind, muß dafür gesorgt werden, daß die Schubstange bei Verschleiß der Kugelpfannen oder Kugelzapfen nicht zu Boden fällt. Alle Bolzen des Lenkgestänges sind mit Kronenmutter und Splint oder gleichwertig gesicherten Muttern zu versehen. Außerhalb der Drehachse des Achsschenkels müssen alle Lenkungsteile, auch etwa mit denselben verbundene andere Organe (Elektromotoren), sofern sie nicht unmittelbar in das Rad eingebaut sind, mit ihrem tiefsten Punkte mindestens 15 Zentimeter über der Standfläche liegen und leicht zugänglich sein. Es darf also das hintere Gelenk der Schubstange nicht etwa durch ein vom Rahmen zum Trittbrett geführtes festes Blech oder dergleichen der Beobachtung entzogen werden; Lederkappen oder dergleichen zum Schutze der Gelenke sind zulässig.

V. Bremseinrichtungen.

1. Die Beurteilung der Bremswirkung muß dem sachverständigen Urteil des Prüfers überlassen bleiben.*)

2. Drahtseile für den Bremsausgleich müssen an den Biegungen über einen Radius von mindestens zehnfachem Seildurchmesser geführt werden. Bremse oder Gestänge müssen nachstellbar eingerichtet sein. Die Nachstellvorrichtung muß leicht zugänglich sein. Bremsvorrichtungen sind nur dann als voneinander unabhängig zu betrachten, wenn sie nicht von einem Gestänge abhängen. Bremsen sind durch Hand- oder Fußhebel zu betätigen; bei Fahrzeugen mit einem Eigengewichte von mehr als 6 Tonnen und bei Anhängewagen sind Spindelbremsen zulässig. Getriebebremsen müssen an einer solchen Stelle angebracht sein, daß sie auch bei Ausschaltung des Vorgeleges nicht unwirksam werden.

---

*) Die Angabe eines bestimmten Bremswegs für eine bestimmte Fahrgeschwindigkeit empfiehlt sich nicht wegen der Schwierigkeit der genauen Bestimmung der Fahrgeschwindigkeit, ferner wegen der Abhängigkeit von der Bodenbeschaffenheit, von der Art der Radbereifung, der Belastung und Gewichtsverteilung der Fahrzeuge.

VI. Bergstützen usw.

Bergstützen müssen vom Führersitz aus bedient werden. Bergstützen sind in der Längsachse des Fahrzeugs oder symmetrisch zu ihr anzubringen und gegen Überklettern zu sichern.

VII. Steuerformeln.

1. Bei Angabe der Steuerleistung ist die Nutzleistung des Fahrzeugs maßgebend. Die Berechnung erfolgt bei Viertakt-Verbrennungsmaschinen gewöhnlicher Bauart nach der Formel $L = 0{,}_3 \cdot i \cdot d^2 \cdot s$, bei Zweitakt-Verbrennungsmaschinen gewöhnlicher Bauart nach der Formel $L = 0{,}_{45} \cdot i \cdot d^2 \cdot s$, worin L die Leistung in Pferdestärken, i die Zahl der Zylinder, d den Durchmesser der Zylinder in Zentimeter, s den Kolbenhub in Meter bedeutet.

2. Für Elektromobile ist die Nutzleistung neuer Fahrzeuge durch eine zweistündige Dauerbelastung des Motors im Versuchsraum zu ermitteln, wobei die nach den „Regeln für die Bewertung und Prüfung von elektrischen Maschinen" des Verbandes deutscher Elektrotechniker ermittelte Temperaturzunahme der Wickelungen die im § 39 daselbst angegebenen Grenzen weder überschreiten noch um mehr als $1/3$ unterschreiten darf. Von der hiernach ermittelten, dem Motor in Watt zugeführten Leistung sind bei Radnabenmotoren 10 v. H., bei Motoren mit Vorgelege 30 v. H. in Abzug zu bringen, so daß sich die anzugebende Nutzleistung des Wagens berechnet: zu $L \text{ in PS} = n \cdot \eta \frac{\text{Leistung in Watt}}{736}$, worin n die Zahl der Motoren, η den den obigen Abzügen entsprechenden Wirkungsgrad bedeuten, also $0{,}_9$ bzw. $0{,}_7$.

3. Bei bereits im Gebrauche befindlichen Elektromobilen sind in der Regel die bisherigen Angaben, bei ausländischen Fahrzeugen die des Heimatszertifikats maßgebend. Im Zweifelsfall ist die Nutzleistung jedes Motors zu 2,5 PS anzunehmen.

4. Für Dampfmaschinen wird mit Rücksicht auf die Verschiedenheit der Ausführungsformen und Dampf-

spannungen von der Festsetzung einer Formel Abstand genommen, desgleichen für Verbrennungsmaschinen ungewöhnlicher Bauart, z. B. solche mit gegenläufigen Kolben. Der Prüfer hat bei solchen Fahrzeugen nach sachverständigem Ermessen die Leistung zu bestimmen. Falls ein Bremszeugnis über die Normalleistung des Motors vorliegt, sind für Getriebeverluste 25 v. H. in Abzug zu bringen; der so berechnete Wert ist als Nutzleistung des Fahrzeugs zu bezeichnen.

VIII. Eigengewicht.

Als Eigengewicht gilt das Gewicht des betriebsfertigen Fahrzeugs mit gefüllten Betriebsstoffbehältern, bei elektrisch angetriebenen Fahrzeugen mit Akkumulatorenbatterie; Aufbauten, Signalinstrumente, Beleuchtungseinrichtungen und etwa vorhandene Windschutzscheiben, Kotflügel und Trittbretter sind mitzuwägen. Bei der Nachprüfung des Eigengewichts des Fahrzeugs sind Abweichungen von den Angaben auf dem Schilde des Fahrzeugs insoweit zulässig, als sie durch die Mitführung der Vorräte an Betriebsstoffen (Benzin, Öl, Karbid, Kühlwasser usw.) bedingt werden. Die Nachprüfung hat durch Wägung des ganzen Fahrzeugs zu erfolgen.

IX. Typenprüfung.

1. Für die Typenprüfung kommen nicht die Aufbauten (Karosserie), sondern nur das Fahrgestell in Betracht. Die Prüfung der Hupe und der Laternen fällt fort.

2. Bei Anträgen auf Typenprüfung ist dem zuständigen amtlich anerkannten Sachverständigen von dem Fabrikanten oder Händler in je dreifacher Ausfertigung eine Beschreibung, eine schematische Zeichnung des Fahrgestells mit dem in Betracht kommenden Motor und Triebwerk, Bremsen und Lenkvorrichtung vorzulegen. In der Beschreibung sind anzugeben:

a) Firma, die das Fahrgestell herstellt,
b) Art des Fahrzeugs (Kraftwagen oder Kraftrad), Bestimmung des Fahrzeugs und Kennwort oder Unterscheidungszeichen für den Typ,

c) Art der Kraftquelle,
d) Bauart der Maschine oder des Motors (Viertakt oder Zweitakt, Verbundwirkung oder einfache Wirkung, Hauptschluß oder Nebenschluß usw.),
e) Angaben für die Berechnung der Maschinen- oder Motorleistung (Zylinderzahl, Bohrung, Kolbenhub, Volt, Ampère),
f) Angaben über Bauart und Größe des Dampferzeugers, Kesseldruck, Akkumulatorenbatterie,
g) Art der Kraftübertragung (Gelenkwelle, Kette, Reibradgetriebe usw.),
h) Bauart und Übersetzung der Lenkvorrichtung,
i) Art und Zahl der Bremsen, Hauptabmessungen und Übersetzungsverhältnis,
k) Einrichtungen zur Verhinderung der unbeabsichtigten Rückwärtsbewegung auf Steigungen,
l) betriebsfertiges Eigengewicht des Fahrgestells,
m) Tragfähigkeit des Fahrgestells in Kilogramm,
n) Leistung der Maschine oder des Motors,
o) für Krafträder, Personenkraftwagen mit Ausnahme der Kraftomnibusse und für Lastkraftwagen bis 2,5 Tonnen Eigengewicht außerdem Leistung des Fahrzeugs an den Triebrädern, berechnet nach der Steuerformel.

3. Der Sachverständige hat zu prüfen, ob die Beschreibung und die Zeichnungen, soweit sie Eigenschaften des Typs betreffen (vgl. 2b bis k), mit der Ausführung übereinstimmen *), und nach praktischer Erprobung eines Fahrzeugs des Typs die mit Prüfungsvermerk versehene Zeichnung und Beschreibung der zuständigen höheren Verwaltungsbehörde mit einer Bescheinigung darüber vorzulegen, daß der Typ den polizeilichen Anforderungen entspricht. Wird dem Antrag auf Erteilung einer Typenbescheinigung entsprochen, so erlangt die Fabrik oder der Händler auf Grund dieser Bescheinigung die Genehmigung, Fahrzeuge, die mit diesem Typ übereinstimmen, mit eigener Bescheinigung in den Verkehr zu bringen.

---

*) Bohrung und Kolbenhub müssen bei Typenprüfungen nachgemessen werden.

Mit der Bescheinigung der höheren Verwaltungsbehörde wird ein Stück der geprüften Zeichnung und Beschreibung durch Schnur und Siegel verbunden. Eine Abschrift der Bescheinigung ist mit einem Stücke der Beschreibung und Zeichnung dem zuständigen Sachverständigen von der genehmigenden Behörde zu übersenden.

4. In den von den höheren Verwaltungsbehörden zu erteilenden Typenbescheinigungen sind die oben erwähnten Angaben der Beschreibung und eine schematische Zeichnung des Fahrgestells als für den Typ maßgebend festzulegen.

5. Änderungen der vorstehenden, für die Typenbescheinigung maßgebenden Verhältnisse (vgl. 2b bis k) bedingen eine erneute Anzeige bei dem Sachverständigen und Prüfung. Der Sachverständige hat entweder eine Ergänzung der Typenbescheinigung zu bewirken oder den Antragsteller zur Einreichung der für die neue Typenprüfung erforderlichen Unterlagen zu veranlassen.

6. Wünscht ein Fabrikant oder Händler in ein Fahrgestell bestimmter Bauart Maschinen verschiedener Stärke einzubauen, so muß bei der Typenprüfung das Fahrgestell mit der stärksten vorkommenden Maschine vorgeführt werden. Auf Grund dieser Prüfung ist alsdann der Sachverständige berechtigt, auch für das gleiche Fahrgestell mit schwächeren Maschinen Typenzeugnisse auszustellen.

7. Bei Meinungsverschiedenheiten zwischen den Fabriken und Händlern und den Sachverständigen über die Einwirkung von Abänderungen auf die Typengenehmigung entscheidet die zuständige höhere Verwaltungsbehörde.

X. Ausführung der technischen Prüfung der Fahrzeuge.

1. Der Sachverständige hat sich zunächst am stillstehenden Fahrzeug davon zu überzeugen, ob es den vorstehenden Ausführungsbestimmungen entspricht. Bei Typenprüfungen hat der Sachverständige das Recht, in der Fabrik die für die Beurteilung der Verkehrssicherheit des Fahrzeugs wichtigen Teile auseinandernehmen zu lassen und zu untersuchen, sofern nicht gleiche Teile

vorgelegt werden können; er hat festzustellen, ob die Ausführung des Fahrzeugs, soweit die unter Ziffer IX 2 b bis k angegebenen Eigenschaften des Typs in Frage kommen, mit den Zeichnungen und Beschreibungen übereinstimmt. Bei den Prüfungen am stehenden Fahrzeug ist zum Beispiel festzustellen, ob die Steuersäule fest gelagert ist, ob in den Ausgleichgelenken des Steuergestänges nicht zuviel Spiel ist, ob die Räder unbehindert ausschlagen, ob die Bremshebel genügend leicht gehen, ob in allen kraftschlüssigen Verbindungen des Bremsgestänges nicht zuviel Spiel vorhanden ist, ob die Bremse richtig eingestellt ist und gleichmäßig anliegt, ob die Nachstellvorrichtungen leicht zugänglich sind, ob die Griffe zur Bedienung der Maschine usw. so angebracht sind, daß der Führer sie leicht und ohne Verwechselungsgefahr handhaben kann, ob Benzinbehälter und Rohrleitung den Vorschriften entsprechen, usw.

2. Bei allen Prüfungen muß eine Probefahrt stattfinden; für die Erprobung der Bremsen ist es von größter Wichtigkeit, daß das Fahrzeug bei der Probefahrt möglichst voll beladen ist; Typenprüfungen sind stets mit voller Nutzlast oder einer dem größten Karosseriegewicht einschließlich der höchstzulässigen Personenzahl entsprechenden Belastung vorzunehmen. Die Prüfung hat so lange zu dauern, bis der Sachverständige die volle Überzeugung von der Verkehrssicherheit des Fahrzeugs bei verschiedenen Geschwindigkeiten gewinnt. Die Versuche werden sich im wesentlichen auf die Lenkung, die Wirksamkeit der Bremsen, die Verhinderung der unbeabsichtigten Rückwärtsbewegung in Steigungen und die Fähigkeit der Rückwärtsbewegung des Fahrzeugs erstrecken; außerdem ist die Geräusch- und Geruchlosigkeit festzustellen. Vorrichtungen zur Verhinderung unbeabsichtigter Rückwärtsbewegung auf Steigungen müssen sowohl bei beladenem wie bei unbeladenem Fahrzeug erprobt werden. Es sind geeignete, möglichst wenig verkehrsreiche Straßen und Wege, die Gelegenheit bieten, das Fahrzeug auch in Steigungen und Gefällstrecken sowie in Kurven zu erproben, für die Probefahrt auszuwählen. Bei den Versuchen ist die erforderliche Vorsicht zur Vermeidung

von Unfällen und Beschädigungen des Fahrzeugs anzuwenden. Die Prüfung von Krafträdern ist in der Weise vorzunehmen, daß der Fahrer mit dem Rade nach Anweisung des Sachverständigen bei verschiedenen Geschwindigkeiten diejenigen übungen ausführt, die geeignet erscheinen, die Lenkbarkeit und Bremssicherheit darzutun.

3. Bei Kraftwagen hat der Sachverständige, nachdem er durch einige Vorversuche die überzeugung von der Verkehrssicherheit des Fahrzeugs erlangt hat, der Prüfung auf dem Fahrzeug selbst beizuwohnen*) und dem Führer, der die Berechtigung zum Fahren besitzen und sich bei schnellfahrenden Wagen über längere Fahrpraxis ausweisen muß, die erforderlichen Anweisungen zu geben. Nach der Probefahrt hat sich der Sachverständige davon zu überzeugen, daß keine dauernden Formveränderungen oder andere Veränderungen an Konstruktionsteilen eingetreten sind, die die Verkehrssicherheit gefährden könnten.

4. Bei Typenprüfungen sind nach befriedigendem Verlauf aller Prüfungen die dem Sachverständigen übergebenen Zeichnungen und Beschreibungen mit Prüfungsvermerk zu versehen.

XI. Vorschriften für elektrisch betriebene Kraftfahrzeuge.

1. Elektrische Maschinen.

Die elektrischen Maschinen sind so anzuordnen, daß etwaige im Betrieb auftretende Feuererscheinungen keine Entzündung von brennbaren Stoffen hervorrufen können. In unmittelbarer Nähe der elektrischen Maschinen dürfen keine Rohrleitungen für brennbare Flüssigkeiten liegen.

2. Akkumulatoren.

Akkumulatorenzellen elektrischer Fahrzeuge können auf Holz aufgestellt werden, wobei eine einmalige Iso-

---

*) Bei Kraftfahrzeugen, die keinen geeigneten Platz bieten, darf von der Befolgung dieser Vorschrift abgesehen werden, sofern der Sachverständige sich auf andere Weise die überzeugung von der Verkehrssicherheit des Fahrzeugs verschaffen kann.

lierung durch nicht Feuchtigkeit anziehende Zwischenlagen ausreicht. Soweit nur unterwiesenes Personal in Betracht kommt, braucht die Möglichkeit, daß eine Person Teile verschiedener Spannungen gleichzeitig berührt, nicht ausgeschlossen zu sein. Die Akkumulatoren dürfen den Fahrgästen nicht zugänglich sein. Es ist für ausreichende Lüftung zu sorgen. Für nicht Feuchtigkeit anziehende Zwischenlagen gilt auch ein zweimaliger Lackanstrich des Holzes mit einem säurebeständigen Lack.

Zelluloid ist zur Verwendung als Kästen und außerhalb des Elektrolyten unzulässig.

3. Leitungen.

Der Querschnitt aller Leitungen zwischen Stromquelle und Antriebsmotor ist nach der Normalstärke der vorgeschalteten Sicherung laut folgender Tabelle oder stärker zu bemessen:

Querschnitt in qmm	Normalstärke der Sicherung in Ampère:
4	30
6	40
10	60
16	80
25	100
35	130
50	165
70	200
95	235
120	275

Drähte für Bremsstrom sind mindestens von gleicher Stärke wie die Fahrstromleitungen zu wählen.

Alle übrigen Leitungen dürfen im allgemeinen mit den in nachstehender Tabelle verzeichneten Stromstärken dauernd belastet werden:

Querschnitt in qmm	Stromstärke in Ampère:
0,75	6
1	6
1,5	10

Querschnitt in qmm	Stromstärke in Ampère:
2,5	15
4	20
6	25
10	35
16	60
25	80
35	100
50	125
70	160
95	190
120	225
150	260

Blanke Leitungen sind zulässig, wenn sie sicher isoliert verlegt und gegen Berührung geschützt sind.

Isolierte Leitungen in Fahrzeugen müssen so geführt werden, daß ihre Isolierung nicht durch die Wärme benachbarter Widerstände oder Heizvorrichtungen gefährdet werden kann.

Die Verbindung der Fahr- und Bremsstromleitungen mit den Apparaten ist mittels Schrauben oder durch Lötung auszuführen.

Nebeneinander laufende isolierte Fahrstromleitungen müssen entweder zu Mehrfachleitungen mit einer gemeinsamen wasserdichten Schutzhülle zusammengefaßt werden derart, daß ein Verschieben und Reiben der Einzelleitungen vermieden wird (dabei ist die Isolierhülle an den Austrittsstellen von Leitungen gegen Wasser abzudichten), oder die Leitungen sind getrennt zu verlegen und, wo sie Platten, Wände oder Fußböden durchsetzen, durch Isoliermittel so zu schützen, daß sie sich an diesen Stellen nicht durchscheuern können.

In den Wagen dürfen isolierte Leitungen unmittelbar auf Holz verlegt und Holzleisten zu ihrer Verkleidung benutzt werden.

Leitungen, die einer Verbiegung oder Verdrehung ausgesetzt sind, müssen aus leicht biegsamen Seilen hergestellt und, soweit sie isoliert sind, wetterbeständig hergerichtet sein.

4. Sicherungen.

Jeder Motorwagen muß eine Hauptabschmelzsicherung oder einen selbsttätigen Ausschalter haben. Jede Leitung, die keinen Fahrstrom führt, muß besonders gesichert sein. Bei solchen benzinelektrischen Fahrzeugen, die ohne Betriebsbatterie arbeiten (Fahrzeuge mit elektrischer Kraftübertragung), sind jedoch in den Hauptleitungen keine Sicherungen erforderlich.

Vom Fahrstrom unabhängige Bremsleitungen dürfen keine Sicherungen enthalten.

5. Ausschalter.

Es muß ein vom Führersitz aus bedienbarer Haupt- (Not-) Ausschalter vorhanden sein, der das Ausschalten des Fahrstromkreises unabhängig vom Fahrschalter gestattet. Der Notausschalter kann mit dem selbsttätigen Ausschalter (vgl. unter 4) verbunden sein.

Vom Fahrstrom unabhängige Bremsstromkreise dürfen nur im Fahrschalter abschaltbar sein.

6. Lampen.

Lampenleitungen, die aus der Betriebsstromquelle gespeist werden, müssen mit einer wasserdichten Isolierhülle (Gummiaderleitung) versehen sein.

7. Freileitungen.

Für Freileitungen gelten die vom Verbande deutscher Elektrotechniker herausgegebenen Sicherheitsvorschriften für die Freileitungen von elektrischen Straßenbahnen.

XII. Muster.*)

Bei Ausführung der Bestimmungen im § 5 Abs. 2, 3 der Verordnung sind folgende Muster zu verwenden:

Muster **a.** — Gutachten des Sachverständigen über die amtliche Prüfung eines einzelnen Kraftfahrzeugs;

*) Abgedruckt Reichsministerialblatt 1923 S. 235 ff.

Muster b. — Gutachten des Sachverständigen über die amtliche Prüfung einer Gattung von Kraftfahrzeugen (Typenprüfung);

Muster c. — Bescheinigung der höheren Verwaltungsbehörde über die Zulassung einer Gattung von Kraftfahrzeugen (Typenbescheinigung);

Muster d. — Bescheinigung der Firma bei Veräußerung eines Kraftfahrzeugs, das einer von der höheren Verwaltungsbehörde zugelassenen Gattung angehört;

Muster e. — Das von der Firma zu führende Verzeichnis über die auf Grund einer Typengenehmigung in den Verkehr gebrachten Kraftfahrzeuge.

Anlage 3.

Plan für die Kennzeichnung der Kraftfahrzeuge.

I. Reich

1. Wehrmacht:	RW
2. Reichspost:	RP

II. Länder

1. Preußen:	Ziffer I und für die Provinzen die Buchstaben A, B, C, E, H, K, L, M, P, S, T, X, Z, mithin: IA, IC usw.
2. Bayern:	Ziffer II und Buchstaben A, B usw.
3. Sachsen (Königreich):	Die Ziffern I, II, III, IV, V
4. Württemberg:	Ziffer III und Buchstaben A, B usw.
5. Baden:	IV B
6. Thüringen:	Th
7. Hessen:	Ziffer V u. die Buchstaben O, R, S
8. Hamburg:	H H
9. Mecklenburg-Schwerin:	M I
10. Oldenburg:	O und die Ziffern I, II, III
11. Braunschweig:	B
12. Anhalt:	A
13. Bremen:	H B
14. Lippe:	L
15. Lübeck:	H L
16. Mecklenburg-Strelitz:	M II
17. Waldeck:	W
18. Schaumburg-Lippe:	S L

Anlage 4.

Anforderungen an die Sachverständigen für die Prüfung von Kraftfahrzeugen und Kraftfahrzeugführern.

Für die Anerkennung als Sachverständiger für die Prüfung von Kraftfahrzeugen und Kraftfahrzeugführern gilt folgendes:

A.

Wer von einer höheren Verwaltungsbehörde als Sachverständiger anerkannt werden will, muß folgenden Vorschriften genügen:

I. Er hat seine Sachkunde und Unparteilichkeit darzutun:

a) durch den Nachweis:
1. eines abgeschlossenen Studiums auf einer technischen Hochschule,
2. einer längeren, mindestens insgesamt zweijährigen praktischen Ingenieurtätigkeit vor oder nach beendigtem Hochschulstudium; davon muß mindestens ein halbes Jahr auf die Tätigkeit in einer Kraftfahrzeugfabrik oder einem von der obersten Landesbehörde als geeignet anerkannten Kraftfahrbetrieb entfallen,
3. eingehender Kenntnis des Baues und Betriebes derjenigen Betriebsarten von Kraftfahrzeugen, für deren Prüfung die Anerkennung als Sachverständiger beantragt ist,
4. völliger Sicherheit und Gewandtheit in der Führung der Betriebsarten und Klassen von Kraftfahrzeugen, für die der Bewerber die Anerkennung als Sachverständiger für die Abnahme von Führerprüfungen beantragt; die Vorlage des Führerscheins genügt nicht,
5. eingehender Kenntnis der gesetzlichen und polizeilichen Vorschriften über Kraftfahrzeugverkehr;

b) durch die Versicherung, daß er in keinem Abhängigkeitsverhältnisse zur Kraftfahrzeugindustrie steht.

II. Der Nachweis zu I a 3, 4 und 5 ist durch eine Prüfung vor einer von der obersten Landesbehörde bestimmten Stelle zu erbringen.

III. Die Vorschriften unter I und II gelten nicht für Angehörige der staatlichen Polizei. Wer einer staatlichen Polizei angehört und von einer höheren Verwaltungsbehörde als Sachverständiger für den Dienstbereich dieser staatlichen Polizei anerkannt werden will, muß

a) seiner Persönlichkeit nach dazu von seiner vorgesetzten Dienststelle für geeignet erachtet werden,

b) im praktischen Kraftfahrdienst einer staatlichen Polizei mindestens sieben Jahre tätig gewesen sein, den Führerschein für Klasse 2 und 3b besitzen, sich als Fahrlehrer bewährt und eingehende Kenntnisse des Baues und Betriebes von Kraftfahrzeugen und der gesetzlichen und polizeilichen Vorschriften über Kraftfahrzeugverkehr von einer von der obersten Landesbehörde bestimmten Dienststelle nachgewiesen haben.

B.

Wer der Wehrmacht angehört und vom Reichswehrminister oder einer von diesem bestimmten Stelle als Sachverständiger für den Dienstbereich der Wehrmacht anerkannt werden will, muß

a) seiner Persönlichkeit nach dazu von seiner vorgesetzten Dienststelle für geeignet erachtet werden,

b) im praktischen Kraftfahrdienst der Wehrmacht mindestens sieben Jahre tätig gewesen sein, den Führerschein für Klasse 2 und 3b besitzen, sich als Fahrlehrer bewährt und eingehende Kenntnisse des Baues und Betriebes von Kraftfahrzeugen und der gesetzlichen und polizeilichen Vorschriften über Kraftfahrzeugverkehr vor einer vom Reichswehrminister bestimmten Dienststelle nachgewiesen haben. Für Ingenieuroffiziere der Marine, die eine wenigstens siebenjährige Gesamtdienstzeit in der Ingenieuroffizier-Laufbahn besitzen, genügt statt der siebenjährigen Tätigkeit im Kraftfahrdienst der Nachweis einer wenigstens einjährigen gründlichen Ausbildung im Kraftfahrdienst.

C.

Wer der Reichspost angehört und vom Reichspostminister oder einer von diesem bestimmten Stelle als Sachverständiger für den Dienstbereich der Reichspost anerkannt werden will, muß

a) seiner Persönlichkeit nach dazu von seiner vorgesetzten Dienststelle für geeignet erachtet werden,

b) den Vorschriften unter A I genügen. Der Nachweis zu A I a 3, 4 und 5 ist durch eine Prüfung von einer von dem Reichspostminister bestimmten Stelle zu erbringen. Bei beamteten Personen fällt die Versicherung unter A I b fort.

D.

Abweichungen von den Bedingungen unter A bis C bedürfen der Zustimmung des Reichsverkehrsministers. Dieser setzt auch Übergangsvorschriften für die Sachverständigen der Wehrmacht im Einvernehmen mit dem Reichswehrminister und solche für die Sachverständigen der staatlichen Polizei im Einvernehmen mit der obersten Landesbehörde fest.

III.

Internationales Abkommen über den Verkehr mit Kraftfahrzeugen.

Vom 11. Oktober 1909 (RGBl. 1910 S. 603).

Convention internationale
relative
à la circulation des automobiles.

(Übersetzung.)

Internationales Abkommen
über
den Verkehr mit Kraftfahrzeugen.

Die unterzeichneten Bevollmächtigten der weiterhin aufgeführten Regierungen, die vom 5. bis 11. Oktober 1909 in Paris zu einer Konferenz versammelt waren, um den internationalen Verkehr mit Kraftfahrzeugen nach Möglichkeit zu erleichtern, haben das folgende Abkommen getroffen:

Artikel 1.

Anforderungen, denen Kraftfahrzeuge zu genügen haben, um zum Verkehr auf öffentlichen Wegen zugelassen zu werden.

Jedes Kraftfahrzeug muß, um zum internationalen Verkehr auf öffentlichen Wegen zugelassen zu werden, entweder nach Prüfung, sei es durch die zuständige Behörde, sei es durch einen von dieser damit betrauten Verein, als für den Verkehr geeignet anerkannt sein oder einem auf die gleiche Weise genehmigten Typ angehören.

Die Prüfung hat sich insbesondere auf folgende Punkte zu erstrecken:

1. die Vorrichtungen müssen betriebssicher und derart angelegt sein, daß jede Feuers- und Explosionsgefahr nach Möglichkeit ausgeschlossen ist, daß Reit- und Zugtiere durch das Geräusch nicht scheu werden, daß auch sonst keine Gefahr für den Verkehr entsteht und bei der Begegnung eine ernstliche Belästigung durch Rauch oder Dampf vermieden wird.
2. Das Kraftfahrzeug muß mit folgenden Vorrichtungen versehen sein:
   A. mit einer kräftigen Lenkvorrichtung, die leicht und sicher zu wenden gestattet;
   B. mit zwei voneinander unabhängigen, hinreichend wirksamen Bremseinrichtungen, von denen wenigstens eine sofort wirksam sein und unmittelbar auf die Räder oder auf fest mit ihnen verbundene Umfassungen einwirken muß;
   C. mit einer Vorkehrung, die selbst bei starken Steigungen jede Rückwärtsbewegung zu verhindern vermag, sofern nicht eine der Bremseinrichtungen dieser Anforderung genügt.

   Jedes Kraftfahrzeug, dessen Eigengewicht 350 Kilogramm übersteigt, muß mit einer derartigen Einrichtung ausgestattet sein, daß man es vom Führersitz aus mit Hilfe des Motors in Rückwärtsgang bringen kann.
3. Die Griffe zur Bedienung des Fahrzeugs müssen derart angeordnet sein, daß der Führer sie sicher handhaben kann, ohne sein Augenmerk von der Fahrtrichtung abzulenken.
4. Jedes Kraftfahrzeug muß mit Schildern versehen sein, welche die Firma, die das Fahrgestell hergestellt hat, und die Fabriknummer des Fahrgestells sowie die Anzahl der Pferdestärken des Motors oder die Zahl und die Bohrung der

Zylinder und das Eigengewicht des Fahrzeugs angeben.

Artikel 2.

Anforderungen, denen die Führer von Kraftfahrzeugen zu genügen haben.

Der Führer eines Kraftfahrzeugs muß diejenigen Eigenschaften besitzen, die eine hinreichende Gewähr für die öffentliche Sicherheit bieten.

Im internationalen Verkehre darf niemand ein Kraftfahrzeug führen, ohne zu diesem Behufe nach erbrachtem Nachweis seiner Befähigung die Erlaubnis der zuständigen Behörde oder eines von dieser damit betrauten Vereins erhalten zu haben.

Die Erlaubnis darf Personen unter 18 Jahren nicht erteilt werden.

Artikel 3.

Ausstellung und Anerkennung der internationalen Fahrausweise.

Zum Nachweise, daß den in den Artikeln 1 und 2 vorgesehenen Anforderungen genügt ist, werden für den internationalen Verkehr internationale Fahrausweise nach dem anliegenden Muster und den beigefügten Angaben (Anlagen A und B) ausgestellt.

Diese Ausweise sind vom Zeitpunkt ihrer Ausstellung an ein Jahr gültig. Die darin enthaltenen handschriftlichen Angaben sollen stets mit lateinischen Druck- oder Schriftzeichen geschrieben werden.

Die internationalen Fahrausweise, die von den Behörden eines der Vertragsstaaten oder von einem durch diese damit betrauten Verein unter Gegenzeichnung der Behörde ausgestellt sind, gewähren freie Zulassung zum Verkehr in allen anderen Vertragsstaaten und werden dort ohne neue Prüfung als gültig anerkannt.

Die Anerkennung der internationalen Fahrausweise kann versagt werden:

1. wenn den Anforderungen, auf Grund deren sie nach den Grundsätzen der Artikel 1 und 2 erteilt sind, augenscheinlich nicht mehr genügt wird;

2. wenn der Besitzer oder Führer eines Kraftfahrzeugs nicht Angehöriger eines der Vertragsstaaten ist.

Artikel 4.

Anbringung der Kennzeichen an den Kraftfahrzeugen.

Kein Kraftfahrzeug wird zum Übertritt aus einem Lande in das andere zugelassen, wenn es nicht augenfällig an der Rückseite außer einem heimatlichen Kennzeichen mit einer Nummer ein Unterscheidungszeichen trägt mit Buchstaben, die seine Staatszugehörigkeit ergeben. Die Abmessungen dieses Zeichens, die Buchstaben sowie ihre Abmessungen sind in einer dem vorliegenden Abkommen beigefügten Beschreibung (Anlage C) festgesetzt.

Artikel 5.

Warnungsvorrichtungen.

Jedes Kraftfahrzeug muß mit einer tieftönenden Huppe zum Abgeben von Warnungszeichen versehen sein. Außerhalb geschlossener Ortsteile ist es gestattet, sich außerdem anderer, den Landesbestimmungen und den Landesgebräuchen entsprechender Warnungsmittel zu bedienen.

Vom Einbruch der Dunkelheit an muß jedes Kraftfahrzeug vorn mit zwei Laternen und hinten mit einer Beleuchtung, die das Kennzeichen und das Unterscheidungszeichen zu lesen ermöglicht, versehen sein. Die Fahrbahn muß nach vorn auf eine hinreichende Entfernung erhellt sein, indessen ist die Verwendung blendender Lichter innerhalb von Ortsteilen mit städtischer Bebauung stets verboten.

Artikel 6.

Besondere Bestimmungen für Kraftdreiräder und Kraftzweiräder.

Die Bestimmungen dieses Abkommens finden auf Kraftdreiräder und Kraftzweiräder mit folgenden Maßgaben Anwendung:

1. Die im Artikel 1 Nr. 2 unter C vorgesehene Vorkehrung zur Verhinderung der Rückwärtsbewegung ist ebensowenig erforderlich wie die Vorkehrung für den Rückwärtsgang;
2. die Beleuchtung kann auf eine einzige Laterne beschränkt werden, die vorn am Kraftdreirad oder Kraftzweirad anzubringen ist;
3. für Kraftdreiräder und Kraftzweiräder hat das Unterscheidungszeichen für die Staatszugehörigkeit nur 18 Zentimeter in der wagerechten und 12 Zentimeter in der senkrechten Richtung zu messen; die Buchstaben sollen in der Höhe 8 Zentimeter messen, während die Breite ihrer Striche 10 Millimeter beträgt;
4. die Huppe der Kraftdreiräder und Kraftzweiräder muß hochtönend sein.

Artikel 7.

Begegnung und Überholung von Fahrzeugen.

Um an anderen Fahrzeugen bei der Begegnung oder Überholung vorbeizukommen, müssen sich die Führer von Kraftfahrzeugen auf das Strengste nach den Gebräuchen der Gegend richten, in der sie sich befinden.

Artikel 8.

Aufstellung von Hinweistafeln an öffentlichen Wegen.

Jeder der Vertragsstaaten verpflichtet sich, soweit es in seiner Macht steht, darüber zu wachen, daß längs der Wege zur Kennzeichnung gefährlicher Stellen nur diejenigen Zeichen angebracht werden, deren Abbildung diesem Abkommen beigefügt ist (Anlage D).

Indessen können Abweichungen von diesem System durch die Regierungen der Vertragsstaaten im allseitigen Einvernehmen herbeigeführt werden.

Es ist statthaft, diesem Systeme von Zeichen ein auf ein Zollamt hinweisendes und Halt gebietendes Zeichen sowie ein anderes auf eine Wegegeld- oder Steuerhebestelle hinweisendes Zeichen hinzuzufügen.

Die Regierungen werden mit der gleichen Maßgabe über die Beachtung folgender Grundsätze wachen:

1. Im allgemeinen ist die Kennzeichnung von Hindernissen durch Hinweistafeln in geschlossenen Ortsteilen nicht statthaft;
2. die Tafeln sind ungefähr 250 Meter von der zu kennzeichnenden Stelle anzubringen, falls nicht die örtlichen Verhältnisse dem entgegenstehen. Wenn die Entfernung des Zeichens von dem Hindernisse sehr erheblich von 250 Metern abweicht, werden besondere Anordnungen getroffen;
3. die Hinweistafeln sind im rechten Winkel zur Fahrtrichtung anzubringen.

Artikel 9.

Allgemeine Bestimmungen.

Der Führer eines Kraftfahrzeugs ist bei dem Verkehr in einem Lande gehalten, sich nach den in diesem Lande für den Verkehr auf öffentlichen Wegen geltenden Gesetzen und Bestimmungen zu richten.

Ein Auszug aus diesen Gesetzen und Bestimmungen kann dem Inhaber des Kraftfahrzeugs beim Eintritt in ein Land durch die mit der Erledigung der Zollförmlichkeiten befaßte Stelle ausgehändigt werden.

Artikel 10.

a) Dieses Abkommen soll ratifiziert werden und die Hinterlegung der Ratifikationsurkunden soll am 1. März 1910 stattfinden.

b) Die Ratifikationsurkunden sollen im Archive der Französischen Republik hinterlegt werden.

c) Die Hinterlegung der Ratifikationsurkunden wird durch ein Protokoll festgestellt, das von den Vertretern der daran teilnehmenden Mächte und von dem Minister der auswärtigen Angelegenheiten der Französischen Republik unterzeichnet wird.

d) Die Mächte, die nicht in der Lage sind, ihre Ratifikationsurkunden am 1. März 1910 zu hinterlegen, können dies mittels einer schriftlichen, an die Regierung der Französischen Republik gerichteten Anzeige tun, der die Ratifikationsurkunde beizufügen ist.

e) Beglaubigte Abschrift des Protokolls über die erste Hinterlegung von Ratifikationsurkunden, der im vorstehenden Absatz erwähnten Anzeigen sowie der ihnen beigefügten Ratifikationsurkunden wird durch die Französische Regierung den Mächten, die dieses Abkommen unterzeichnet haben, auf diplomatischem Wege unverzüglich mitgeteilt werden. In den Fällen des vorstehenden Absatzes wird die bezeichnete Regierung ihnen zugleich bekanntgeben, an welchem Tage sie die Anzeige erhalten hat.

Artikel 11.

a) Dieses Abkommen findet ohne weiteres nur auf die Stammländer der Vertragsstaaten Anwendung.

b) Wünscht ein Vertragsstaat die Inkraftsetzung des Abkommens in seinen Kolonien, Besitzungen oder Protektoraten, so hat er seine Absicht in der Ratifikationsurkunde selbst ausdrücklich zu erklären oder in einer besonderen, an die Französische Regierung gerichteten schriftlichen Anzeige kundzugeben, die im Archive dieser Regierung hinterlegt werden wird. Wählt er den letzteren Weg, so wird die bezeichnete Regierung unverzüglich allen anderen Vertragsstaaten beglaubigte Abschrift der Anzeige übersenden und zugleich angeben, an welchem Tage sie die Anzeige erhalten hat.

Artikel 12.

a) Die Mächte, die dieses Abkommen nicht unterzeichnet haben, können ihm später beitreten.

b) Die Macht, die beizutreten wünscht, hat ihre Absicht der Französischen Regierung schriftlich anzuzeigen und ihr dabei die Beitrittsurkunde zu übersenden, die im Archive der bezeichneten Regierung hinterlegt werden wird.

c) Diese Regierung wird unverzüglich allen anderen Vertragsmächten beglaubigte Abschrift der Anzeige wie der Beitrittsurkunde übersenden und zugleich angeben, an welchem Tage sie die Anzeige erhalten hat.

Artikel 13.

Dieses Abkommen wird wirksam für die Mächte, die an der ersten Hinterlegung von Ratifikationsurkunden teilgenommen haben, am 1. Mai 1910 und für die später ratifizierenden oder beitretenden Mächte ebenso wie hinsichtlich der nicht in den Ratifikationsurkunden erwähnten Kolonien, Besitzungen und Protektorate an dem 1. Mai nach Ablauf des Jahres, in dem die Französische Regierung die im Artikel 10 Abs. d, im Artikel 11 Abs. b und im Artikel 12 Abs. b vorgesehenen Anzeigen erhalten hat.

Artikel 14.

Sollte eine der Vertragsmächte dieses Abkommen kündigen wollen, so soll die Kündigung schriftlich der Französischen Regierung erklärt werden, die unverzüglich beglaubigte Abschrift der Erklärung allen anderen Mächten mitteilt und ihnen zugleich bekanntgibt, an welchem Tage sie die Erklärung erhalten hat.

Die Kündigung soll nur in Ansehung der Macht wirksam sein, die sie erklärt hat, und erst ein Jahr, nachdem die Erklärung bei der Französischen Regierung eingegangen ist.

Artikel 15.

Die Staaten, die auf der eingangs erwähnten Konferenz vertreten waren, werden zur Zeichnung dieses Abkommens bis zum 15. November 1909 zugelassen.

Geschehen in Paris am 11. Oktober 1909 in einer einzigen Ausfertigung, wovon beglaubigte Abschrift jeder der Signatarregierungen übermittelt werden wird.

(Folgen die Unterschriften.)

Anlage A (Formular des „Internationalen Fahrausweises") ist in deutscher und französischer Sprache abgedruckt im RGBl. 1910 S. 614—634.

(Übersetzung.)

Anlage B.

In den internationalen Fahrausweisen, wie sie in einem einzelnen Vertragsstaat ausgestellt werden, wird die Umschlagsseite sowie das erste eingelegte und das letzte Blatt in der durch die Gesetzgebung dieses Staates vorgeschriebenen Sprache abgefaßt. Die anderen eingelegten Blätter, deren Anzahl der Zahl der anderen Vertragsstaaten gleichkommt, werden ein jedes in der Sprache des Landes, dem es entspricht, abgefaßt.

Die endgültige Übersetzung der Abschnitte des Ausweishefts in die verschiedenen Sprachen wird der Regierung der Französischen Republik von einer jeden der übrigen Regierungen, soweit es sie angeht, mitgeteilt werden.

(Übersetzung.)

Anlage C.

Das Unterscheidungszeichen für das Heimatland besteht aus einem länglichrunden Schilde von 30 Zentimeter Breite und 18 Zentimeter Höhe, das auf weißem Grunde einen oder zwei gemalte schwarze Buchstaben trägt. Als Buchstaben dienen große lateinische Druckbuchstaben. Sie müssen wenigstens 10 Zentimeter hoch sein; die Breite ihrer Striche beträgt 15 Millimeter. Die Unterscheidungszeichen für die verschiedenen Länder sind folgende:

Deutschland: **D**; Österreich: **A**; Belgien: **B**; Spanien: **E**; Vereinigte Staaten von Amerika: **US**; Frankreich: **F**; Großbritannien: **GB**; Griechenland: **GR**; Ungarn: **H**; Italien: **I**; Montenegro: **MN**; Monaco: **MC**; Niederlande: **NL**; Portugal: **P**; Rußland: **R**; Rumänien: **RM**; Serbien: **SB**; Schweden: **S**; Schweiz: **CH**.

Anlage D:

Zeichen für Hindernisse.

Querrinne — Cassis.

Kurve — Virage.

Bahnübergang — Passage a niveau.

Kreuzung — Croisement.

IV.

Ratifikation des internationalen Abkommens.

Es haben das internationale Abkommen ratifiziert oder es sind ihm nachträglich beigetreten laut der nachstehend angeführten Bek. im RGBl.: Deutschland, Österreich-Ungarn, Bulgarien, Spanien, Frankreich, Großbritannien, Italien, Monaco und Rußland, RGBl. 1910/640; Belgien 1910/838, die Niederlande 1910/1065; Luxemburg, Schweden, Schweiz 1911/179; Algerien 1911/909; Rumänien, Portugal, Britisch-Indien mit Ausnahme der unter britischer Oberhoheit stehenden Gebiete eingeborener Fürsten, dann weitere britische Kolonien, endlich Tunis 1912/261 — Änderungen 1914/113 —; Griechenland und Montenegro 1913/242; Dänemark 1914/113. Nicht ratifiziert haben Serbien und die Vereinigten Staaten von Nordamerika. Das Abkommen wurde aufrecht erhalten durch Art. 282 Nr. 2 des Versailler Friedens, RGBl. 1919/1089. Kraft einer besonderen Vereinbarung vom 24. Januar 1914, RGBl. 1914/11, werden die deutsche und französische Regierung einander auf Antrag unverzüglich Namen, Stand und Wohnort des Eigentümers und Führers von KFZ. mitteilen, welche den beiderseitigen Verkehrsvorschriften zuwiderhandeln.

Für das nach Artikel 4 des Abkommens von jedem KFZ. im internationalen Verkehre zu tragende Unterscheidungszeichen hat Bulgarien, das in der Zusammenstellung der Unterscheidungszeichen für die verschiedenen Länder (Anlage C des Abkommens) nicht aufgeführt ist, nachträglich unter Zustimmung der übrigen beteiligten Mächte die Buchstaben BG angenommen, RGBl. 1910 S. 138, desgleichen Dänemark die Buchstaben DK und Britisch-Indien die Buchstaben BJ, RGBl. 1912/499.

Zur Ausführung des Abkommens sowie zur Regelung des internationalen Verkehrs mit KFZ. überhaupt hat der Bundesrat auf Grund des § 6 des Reichsgesetzes über den Verkehr mit KFZ. vom 3. Mai 1909 (RGBl. S. 437) die nachstehende Verordnung vom

21. April 1910 (RGBl. 1910/838) erlassen, die durch Art. IV der VO. vom 15. März 1923, RGBl. 169 der Neufassung der BRVO. vom 3. Februar 1910 angepaßt wurde.

Verordnung über den internationalen Verkehr mit Kraftfahrzeugen.

A. Allgemeine Vorschriften.

§ 1. Für den internationalen Verkehr mit Kraftfahrzeugen innerhalb des Reichsgebiets gelten die Vorschriften der Verordnung vom 15. März 1923 (RGBl. I S. 175), soweit nicht nachfolgend ein anderes bestimmt ist.

§ 2. Im Zollgrenzbezirke haben die Beamten der Grenzzollverwaltung hinsichtlich der Kraftfahrzeuge die gleichen Befugnisse wie die Polizeibeamten.

B. Deutsche Kraftfahrzeuge im internationalen Verkehr.

§ 3. Der Eigentümer eines Kraftfahrzeugs, das gemäß § 6 der Verordnung vom 15. März 1923 zum Verkehr auf öffentlichen Wegen und Plätzen im Reichsgebiete zugelassen ist, hat, um die Zulassung des Fahrzeugs zum internationalen Verkehre zu erlangen, die Ausstellung des im Artikel 3 des internationalen Abkommens über den Verkehr mit Kraftfahrzeugen vom 11. Oktober 1909 (RGBl. 1910 S. 603) vorgesehenen internationalen Fahrausweises zu beantragen.

Der Antrag ist an die für den Wohn- oder Aufenthaltsort des Antragstellers zuständige höhere Verwaltungsbehörde zu richten. Dem Antrag sind beizufügen:

1. die Zulassungsbescheinigung für das Kraftfahrzeug sowie die Angaben über die Anzahl der Zylinder des Motors, die Form und Farbe der Aufbauten (Karosserie) und die Gesamtzahl der Plätze des Fahrzeugs,
2. der Führerschein für jede Person, die das Fahrzeug im internationalen Verkehre führen soll, und deren Photographie (unaufgezogen, Brustbild in Größe von etwa $4^1/_2$ Zentimeter im Quadrat).

Personen unter 18 Jahren dürfen als Führer in den internationalen Fahrausweis nicht aufgenommen werden.

Die höhere Verwaltungsbehörde stellt nach Prüfung der Unterlagen den internationalen Fahrausweis
Muster 1. (Muster 1) aus; hierbei sind die erforderlichen handschriftlichen Angaben auf der Umschlagseite, dem ersten eingelegten und dem letzten Blatte in deutscher Sprache mit lateinischen Druck- oder Schriftzeichen einzutragen.

Für die Ausfertigung des internationalen Fahrausweises ist eine Gebühr zu entrichten, deren Höhe von der obersten Landesbehörde festgesetzt wird.

§ 3a. Beim Verkehr in solchen außerdeutschen Staaten, in denen das Internationale Abkommen über den Verkehr mit Kraftfahrzeugen vom 11. Oktober 1909 (RGBl. 1910 S. 603) gilt, müssen deutsche Kraftwagen mit einer tieftönenden, Kraftdreiräder und Kraftzweiräder mit einer hochtönenden Hupe versehen sein.

§ 4. Der Eigentümer eines deutschen Kraftfahrzeugs, der sich im Besitz eines gemäß § 3 ausgestellten internationalen Fahrausweises befindet, ist berechtigt, im Gebiete des Deutschen Reichs neben dem polizeilichen Kennzeichen, unbeschadet der Vorschrift im § 13 der Verordnung vom 15. März 1923, ein die deutsche Staatszugehörigkeit des Kraftfahrzeugs anzeigendes Unterscheidungszeichen (Nationalitätszeichen) zu führen, das an der Rückseite des Fahrzeugs an leicht sichtbarer Stelle mittels Schrauben, Nieten oder Nägel zu befestigen und so anzubringen ist, daß es in deutlich erkennbarer Weise beleuchtet werden kann.

Das deutsche Nationalitätszeichen für Kraftwagen
Muster 2 u. 3. und Krafträder (Muster 2 und 3) besteht gemäß der Anlage C und Artikel 6 Nr. 3 des Internationalen Abkommens aus einem länglichrunden Schilde, das auf weißem Grunde in schwarzer Balkenschrift den Buchstaben D trägt. Die Abmessungen betragen

bei Kraftwagen: Schildbreite 30 Zentimeter, Schildhöhe 18 Zentimeter, Schrifthöhe 10 Zentimeter bei einer Strichbreite von 15 Millimeter, bei Krafträdern: Schildbreite 18 Zentimeter, Schildhöhe 12 Zentimeter, Schrifthöhe 8 Zentimeter bei einer Strichbreite von 10 Millimeter.

C. Außerdeutsche Kraftfahrzeuge mit einem internationalen Fahrausweis.

§ 5. Auf die aus dem Ausland zu vorübergehendem Aufenthalt in das Reichsgebiet gelangenden außerdeutschen Kraftfahrzeuge und deren Führer finden die Vorschriften in dem § 1 Satz 2 und den §§ 3 bis 15 der Verordnung vom 15. März 1923 keine Anwendung, sofern den Anforderungen in den Artikeln 1 bis 6 des Internationalen Abkommens genügt wird.

Zum Nachweis, daß den Anforderungen des Artikel 1 in Verbindung mit Artikel 6 Nr. 1 und des Artikel 2 des Internationalen Abkommens genügt ist, dient der internationale Fahrausweis, der gemäß Artikel 3 des Internationalen Abkommens von der zuständigen Stelle des Auslandes ausgestellt ist.

Die mit diesem Ausweis versehenen Kraftfahrzeuge müssen an der Rückseite augenfällig außer einem heimatlichen Kennzeichen mit einer Nummer (der im Fahrausweis angegebenen Erkennungsnummer des Kennzeichens) ein die Staatszugehörigkeit des Kraftfahrzeugs anzeigendes Unterscheidungszeichen (Nationalitätszeichen) tragen. Die Nationalitätszeichen für die verschiedenen dem Internationalen Abkommen beigetretenen Länder haben gemäß Anlage C und Artikel 6 Nr. 3 des Internationalen Abkommens den im § 4 Abs. 2 dieser Verordnung für das deutsche Nationalitätszeichen angegebenen Erfordernissen zu entsprechen. Die von dem Schilde zu tragenden Buchstaben sind aus Anlage A Anl. A. ersichtlich.

Während der Dunkelheit sind das Nationalitätszeichen und das heimatliche Kennzeichen so zu beleuchten, daß sie deutlich erkennbar sind (Artikel 5 Abs. 2 des Internationalen Abkommens); der Dunkelheit ist starker Nebel gleich zu achten. Kraftdreiräder und Kraftzweiräder sind von dieser Vorschrift befreit und bedürfen zu ihrer Beleuchtung nur einer einzigen vorn anzubringenden Laterne (Artikel 6 Nr. 2 des Internationalen Abkommens).

§ 6. Beim Eintritt in das Reichsgebiet ist das Kraftfahrzeug dem nächsten Grenzzollamt vorzuführen. Die Beamten der Grenzzollverwaltung haben zu prüfen, ob die im § 5 dieser Verordnung aufgeführten Voraussetzungen für die Zulassung des Fahrzeugs und seines Führers erfüllt sind und der für Fahrzeug und Führer ausgestellte internationale Fahrausweis noch Gültigkeit besitzt.

§ 7. Der Führer hat den internationalen Fahrausweis bei der Benutzung des Fahrzeugs auf öffentlichen Wegen und Plätzen bei sich zu führen und auf Verlangen den zuständigen Beamten vorzuzeigen.

§ 8. Die Anerkennung eines im Ausland ausgestellten internationalen Fahrausweises kann durch die höhere Verwaltungsbehörde versagt werden, wenn den Anforderungen, auf Grund deren er nach den Grundsätzen der Artikel 1 und 2 des Internationalen Abkommens erteilt ist, augenscheinlich nicht mehr genügt wird, oder wenn der Besitzer oder Führer des Kraftfahrzeugs nicht Angehöriger eines der Staaten ist, auf die das Internationale Abkommen Anwendung findet. Welches diese Staaten sind, wird durch den Reichskanzler im Reichs-Gesetzblatt bekannt gemacht. Im Falle der Versagung hat der Besitzer des Kraftfahrzeugs die Kosten der Feststellungen zu tragen, die zur Versagung geführt haben.

Hat die Versagung der Anerkennung durch die höhere Verwaltungsbehörde in der Beschaffenheit des Kraftfahrzeugs ihren Grund, so ist das Fahrzeug vom Verkehr auf öffentlichen Wegen und Plätzen im Reichsgebiet ausgeschlossen; der Fahrausweis ist der Behörde, die ihn ausgestellt oder gegengezeichnet hat, zurückzusenden.

Wenn die Versagung der Anerkennung durch die höhere Verwaltungsbehörde in den Eigenschaften des Führers ihren Grund hat, so hat die Behörde diesem

zugleich die Führung des Kraftfahrzeugs im Gebiete des Deutschen Reichs zu untersagen. Der Ausschluß des Führers ist in dem internationalen Fahrausweis durch Ausfüllung des dafür auf der Rückseite des Einlage- Muster
blatts für das Deutsche Reich (Muster 4) befindlichen 4.
Vordrucks (in deutscher Sprache mit lateinischen Buchstaben) ersichtlich zu machen. In gleicher Weise ist auf dem daneben befindlichen Vordruck die Zulassung eines neuen Führers ersichtlich zu machen; dem Antrag auf Zulassung eines solchen ist von der höheren Verwaltungsbehörde gebührenfrei zu entsprechen, falls ihm die im § 3 Abs. 2 Nr. 2 dieser Verordnung bezeichneten Anlagen beigefügt sind.

Wird die Anerkennung versagt, weil der Besitzer des Kraftfahrzeugs nicht Angehöriger eines der Vertragsstaaten ist, so ist mit dem Fahrausweis gemäß Abs. 2 zu verfahren und das Fahrzeug wie ein Kraftfahrzeug ohne internationalen Fahrausweis (Abschnitt D) zu behandeln.

Erfolgt die Versagung, weil der Führer des Fahrzeugs nicht Angehöriger eines der Vertragsstaaten ist, so hat der Besitzer die Wahl, ob nach Abs. 3 oder 4 vorzugehen ist.

§ 9. Änderungen der Anlage A und des Musters 1 dieser Verordnung, die dadurch erforderlich werden, daß das Internationale Abkommen auf später ratifizierende oder beitretende Mächte oder auf Kolonien, Besitzungen oder Protektorate einer der Vertragsmächte Anwendung findet oder von einer der Vertragsmächte gekündigt wird, erfolgen durch eine Anordnung des Reichskanzlers, die im Reichs-Gesetzblatt bekannt zu machen ist.

D. Außerdeutsche Kraftfahrzeuge ohne einen internationalen Fahrausweis.

§ 10. Für die Zulassung und Kennzeichnung der aus dem Ausland zu vorübergehendem Aufenthalt in das Gebiet des Deutschen Reichs gelangenden außerdeutschen Kraftfahrzeuge und für die Zulassung der Führer solcher Fahrzeuge gelten, wenn ein internationaler Fahrausweis gemäß Artikel 3 des Internationalen Abkommens nicht vorgelegt werden kann, folgende besondere Bestimmungen:

a) Die Vorschriften über die Zulassung von Kraftfahrzeugen zum Verkehr auf öffentlichen Wegen und Plätzen in den §§ 5, 6 der Verordnung vom 15. März 1923 finden auf diese Kraftfahrzeuge keine Anwendung, sofern der Führer durch eine Bescheinigung der zuständigen Behörde oder einer hierzu behördlich ermächtigten Stelle des Auslandes nachweisen kann, daß das Fahrzeug den an dem betreffenden Orte gültigen polizeilichen Vorschriften entspricht; Bescheinigungen dieser Art müssen den Namen und Wohnort des Eigentümers, die Firma, die das Fahrgestell hergestellt hat, die Fabriknummer des Fahrgestells, die Art der Kraftquelle, die Anzahl der Pferdestärken der Maschine oder des Motors, das Eigengewicht des Fahrzeugs und die zulässige Belastung (Kilogramm oder Personenzahl einschließlich Führer) angeben und mit dem Anerkennungsvermerk einer deutschen Behörde versehen sein.

b) Die Kraftfahrzeuge müssen an Stelle der durch §§ 8, 11 der Verordnung vom 15. März 1923 vorgeschriebenen polizeilichen Kennzeichen ein besonderes länglichrundes, mit dem Dienststempel der Ausgabestelle versehenes Kennzeichen (Muster 5) führen, das nach Maßgabe der besonderen hierüber ergehenden Anordnungen auf den Grenzzollämtern oder den besonders hierfür bestimmten Zoll- und Steuerämtern im Innern ausgegeben wird; sofern für das Kraftfahrzeug eine Steuerkarte nicht gelöst ist, ist über die Zuteilung des Kennzeichens eine Bescheinigung nach anliegendem Muster 6 auszustellen. Das Kennzeichen ist an der Rückseite des Fahrzeugs nach außen hin an leicht sichtbarer Stelle fest anzubringen und bei Kraftwagen während der Dunkelheit und bei starkem Nebel so zu

Muster 5

Muster 6.

beleuchten, daß es deutlich erkennbar ist; die Beleuchtungsvorrichtung darf das Kennzeichen nicht verdecken. Etwa vorhandene ausländische Kennzeichen sind zu entfernen oder zu überdecken.

Für die Zuteilung des Kennzeichens wird eine Gebühr erhoben; für die Rückgabe des Kennzeichens in brauchbarem Zustand ist Sicherheit zu leisten. Der Reichsminister der Finanzen trifft nähere Bestimmung über die Höhe der Gebühr sowie über Art, Höhe und Rückgabe der Sicherheit. Die Sicherheit verfällt zugunsten des Reichs, sobald feststeht, daß das Kennzeichen nicht beim Ausgang aus dem Reichsgebiet in brauchbarem Zustand abgeliefert worden ist, spätestens jedoch einen Monat nach Ablauf der Gültigkeitsdauer der Steuerkarte.

Entrichtung der Gebühr, Leistung sowie Rückgabe der Sicherheit sind auf der Steuerkarte oder der Bescheinigung nach Muster 6 zu vermerken; der Vermerk ist bei Umschreibung der Steuerkarte auf die neue Karte zu übertragen.

Beim Ausgang eines außerdeutschen Kraftfahrzeugs aus dem Reichsgebiet ist das Kennzeichen und, soweit über seine Zuteilung eine Bescheinigung ausgestellt ist, auch diese an die nächste zur Ausgabe von Kennzeichen befugte Amtsstelle behufs Rücksendung an die Eingangsamtsstelle abzuliefern. Erfolgt infolge dauernden Verbleibs im Inland später die Zulassung des Fahrzeugs gemäß § 6 der Verordnung vom 15. März 1923, so hat die Rücksendung auf Ersuchen der höheren Verwaltungsbehörde durch Vermittlung der bei der Zulassung mitwirkenden Polizeibehörde (§ 9 ebenda) zu geschehen.

c) Die durch § 14 Abs. 3 der Verordnung vom 15. März 1923 vorgeschriebenen Führerscheine können für die Führer außerdeutscher Kraftfahrzeuge durch entsprechende ausländische Zeugnisse ersetzt werden, sofern diese von einer deutschen Behörde mit einem Anerkennungsvermerke versehen sind.

Als „deutsche Behörde", deren Anerkennungsvermerk nach Abs. 1 unter a und c die ausländischen Bescheinigungen und Zeugnisse tragen müssen, gilt der zuständige deutsche Konsul. Sind die Schriftstücke nicht in deutscher Sprache abgefaßt, so muß ihr Inhalt aus dem Anerkennungsvermerk ersichtlich sein.

Zur Erlangung des länglichrunden Kennzeichens sind die in das Reichsgebiet mit eigener Triebkraft eingehenden Kraftfahrzeuge dem nächsten Grenzzollamt vorzuführen. Die Beamten der Grenzzollverwaltung haben die im Abs. 1 unter a und c bezeichneten Bescheinigungen und Zeugnisse auf ihre Gültigkeit sowie dahin zu prüfen, ob sie sich auf das vorgeführte Fahrzeug und seinen Führer beziehen.

§ 11. Den Eigentümern außerdeutscher Kraftfahrzeuge kann von der zuständigen höheren Verwaltungsbehörde auf Antrag gestattet werden, das deutsche Kennzeichen zu führen. Die betreffenden Kraftfahrzeuge sind in diesem Falle in polizeilicher Beziehung als deutsche anzusehen und unterliegen demgemäß insbesondere den Vorschriften der §§ 5, 6, 8, 11 der Verordnung vom 15. März 1923.

§ 12. Bei Benutzung von öffentlichen Wegen, die die einzige oder die gegebene Verbindung zwischen verschiedenen Orten des Auslandes bilden und das Reichsgebiet auf kurzen Strecken durchschneiden, kann nach Maßgabe der Bestimmungen der obersten Landesbehörde im Falle des örtlichen Bedürfnisses und unter Anordnung der erforderlichen Sicherungsmaßnahmen von der Zuteilung eines länglichrunden Kennzeichens (§ 10 Abs. 1 b) abgesehen werden, sofern die im Inland gelegene Strecke ohne Abweichung und willkürlichen Aufenthalt zurückgelegt wird. Die Befreiung darf nur zugelassen werden, falls nach den örtlichen Verhältnissen oder nach den getroffenen Sicherungsmaßnahmen ein Mißbrauch nicht zu besorgen ist.

Nach Maßgabe der Bestimmungen der obersten Landesbehörde kann ferner bei Kraftfahrzeugen, die im Betriebe von Grenzlinien verwandt werden, von der

Zuteilung eines länglichrunden Kennzeichens (§ 10 Abs. 1 b) und bei den Führern dieser Kraftfahrzeuge von dem Anerkennungsvermerk einer deutschen Behörde auf dem ausländischen Führerzeugnis (§ 10 Abs. 1 c) abgesehen werden.

E. Besondere Vorschriften.

§ 13. Werden Kraftfahrzeuge solcher Personen, die ihren Wohnsitz oder dauernden Aufenthalt im Gebiete des Deutschen Reichs haben, mit eigener Triebkraft aus dem Ausland zum dauernden Verbleib in das Inland eingeführt, so hat die Prüfung und Kennzeichnung der Fahrzeuge in Gemäßheit der Bestimmungen in den §§ 6, 8 der Verordnung vom 15. März 1923 innerhalb 30 Tagen nach dem Grenzübertritt oder nach der Ingebrauchnahme des Fahrzeugs im Inland zu erfolgen.

§ 14. Soll ein im Inland erworbenes, zum Verkehre noch nicht zugelassenes Kraftfahrzeug mit eigener Triebkraft in das Ausland zum dauernden Verbleib verbracht werden, so kann mit dem gemäß §§ 5, 6 der Verordnung vom 15. März 1923 bei der zuständigen höheren Verwaltungsbehörde zu stellenden Antrag auf Zulassung des Fahrzeugs zum Verkehr auf öffentlichen Wegen und Plätzen gleichzeitig der Antrag auf Ausstellung des internationalen Fahrausweises gemäß § 3 dieser Verordnung angebracht werden. Die Zulassung des Fahrzeugs erfolgt in diesem Falle nach den Vorschriften der Verordnung vom 15. März 1923 mit der Maßgabe, daß an Stelle der Zulassungsbescheinigung der internationale Fahrausweis tritt und daß das Fahrzeug nicht das Kennzeichen für inländische Kraftfahrzeuge, sondern das länglichrunde Kennzeichen gemäß § 10 Abs. 1 b dieser Verordnung durch Vermittlung der zuständigen Zoll- oder Steuerbehörde im Innern erhält; beim Ausgang des Fahrzeugs aus dem Reichsgebiet ist das länglichrunde Kennzeichen nicht abzunehmen. § 10 Abs. 1 Abschnitt b Abs. 2 und 3 gilt entsprechend; werden Kennzeichen, internationaler Fahrausweis und Steuerkarte spätestens einen Monat nach Ablauf der

Gültigkeitsdauer der Steuerkarte an die Zoll- oder Steuerbehörde abgeliefert, die das Kennzeichen zugeteilt hat, so ist die Sicherheit an eine vom Hinterleger zu bezeichnende inländische Stelle zurückzugeben; andernfalls verfällt die Sicherheit zugunsten des Reichs.

F. Schlußbestimmungen.

§ 15. (Enthält längst gegenstandslose Überleitungsbestimmungen).

§ 16. Diese Verordnung tritt am 1. Mai 1910 in Kraft.

Anlage A.

(Zu § 5 Abs. 3).

Verzeichnis

der dem internationalen Abkommen über den Verkehr mit Kraftfahrzeugen vom 11. Okt. 1909 beigetretenen Staaten.*)

Staaten	Unterscheidungszeichen	Staaten	Unterscheidungszeichen
Deutschland:	D	Monaco:	MC
Belgien:	B	Niederlande:	NL
Bulgarien:	BG	Niederländisch-Indien:	JN
Dänemark:	DK	Norwegen:	N
Danzig:	DA	Österreich:	A
Finnland:	SF	Polen:	PL
Frankreich, Algerien, Tunis:	F	Portugal:	P
Griechenland:	GR	Rumänien:	RM
Großbritannien nebst Gibraltar, den Inseln Guernsey und Jersey sowie Malta:	GB	Rußland:	R
		Schweden:	S
		Schweiz:	CH
Britisch-Indien:	BJ	Spanien:	E
Italien:	J	Tschecho-Slowakei:	CS
Luxemburg:	L	Ungarn:	H

*) Das Verzeichnis wurde ergänzt durch Beifügung der Unterscheidungszeichen derjenigen Staaten, die nach Erlassung der BVO. ratifizierten oder beitraten.

Muster	1	(zu	§ 3	Abs. 3)	ist	abgedruckt	in	RGBl.	1910	S.	648/51.
„	2	(„	§ 4	„ 2)	„	„	„	„	„	„	653.
„	3	(„	§ 4	„ 2)	„	„	„	„	„	„	655.
„	4	(„	§ 8	„ 3)	„	„	„	„	„	„	657.
„	5	(„	§ 10	„ 1b)	„	„	„	„	„	„	659.
„	6	(„	§ 10	„ 1b)	„	„	„	„	„	„	661/2.

V.

Bekanntmachung des bayer. Staatsministeriums des Innern vom 18. Mai 1923 Nr. 2507 a 62 zum Vollzug der Bek. über Kraftfahrzeugverkehr vom 15. März 1923 (MABl. Nr. 6/23).

Auf Grund des Art. III der Verordnung über Änderungen der Regelung des Kraftfahrzeugverkehrs vom 15. März 1923 (RGBl. I S. 169) hat der Reichsverkehrsminister die Verordnung über den Verkehr mit Kraftfahrzeugen vom 3. Febr. 1910 (RGBl. S. 389) in der neuen Fassung als „Verordnung über Kraftfahrzeugverkehr vom 15. März 1923" im Reichsgesetzblatt I S. 175ff. bekannt gemacht und zugleich im Reichsministerialblatt vom 23. März 1923 Nr. 16 eine Bekanntmachung über Kraftfahrzeugverkehr mit der „Anweisung über die Prüfung von Kraftfahrzeugen", den Mustern zu der Verordnung, dem Plane für die Kennzeichnung der Kraftfahrzeuge, „den Anforderungen an die Sachverständigen für die Prüfung von Kraftfahrzeugen und Kraftfahrzeugführern" und der Gebührenordnung für die Prüfung von Kraftfahrzeugen und Kraftfahrzeugführern als Anlagen erlassen. Soweit die Regierungen, Kammer des Innern, und die Bezirkspolizeibehörden nicht das Reichsministerialblatt beziehen, haben sie umgehend die Nr. 16 dieses Blattes bei Carl Heymanns Verlag, Berlin W 8, Mauerstraße 44, zu bestellen.

Zum Vollzuge der Verordnung und der Bekanntmachung über den Kraftfahrzeugverkehr wird im Einverständnisse mit den Staatsministerien der Finanzen und für Handel, Industrie und Gewerbe die Ministerialbekanntmachung vom 17. März 1910 (MABl. S. 195) zum Vollzug der Verordnung über den Verkehr mit Kraftfahrzeugen vom 3. Febr. 1910 (RGBl. S. 389) in der Fassung der Bek. vom 2. Dez. 1911, letzter Abs. (MABl. S. 865), vom 20. April 1921 Ziff. 3 (MABl. S. 77) und vom 22. Juli 1922 (MABl. S. 221) abgeändert und folgendermaßen neu gefaßt:

I. Allgemeine Bestimmungen.

1. Unter der Bezeichnung „Polizeibehörde" und „höhere Polizeibehörde" sind die Bezirksverwaltungsbehörden, in München die Polizeidirektion zu verstehen, soweit nicht im folgenden anderes bestimmt ist.

Der Instanzenzug bestimmt sich nach den für Polizeisachen maßgebenden Vorschriften. In den Fällen des Rekurses gegen die Versagung oder Entziehung der Fahrerlaubnis hat gemäß § 5 Abs. 2 des RGes. vom 3. Mai 1909 (RGBl. S. 437)/23. Dez. 1922 (RGBl. 1923 S. 1) bei den Regierungen, Kammern des Innern, das in § 53 der Verordnung vom 29. März 1892 (GVBl. S. 61) angeordnete Verfahren einzutreten.

2. Zur amtlichen Anerkennung der Sachverständigen für die Prüfung von Führern und Kraftfahrzeugen sind die Regierungen, Kammern des Innern, zuständig. Sie haben hierbei künftighin die vom Reichsverkehrsminister festgesetzten Anforderungen zu stellen (§ 38 Abs. 4 der VO. vom 15. März 1923 und Anlage 4 A I der Bek. vom 15. März 1923).

Zu einer Abweichung von diesen Anforderungen ist die Genehmigung des Staatsministeriums des Innern erforderlich, das hiezu jeweils die Zustimmung des Reichsverkehrsministers erholt.

Die Sachverständigen sind zu verpflichten, die Gebührenordnung (§ 39 der VO. vom 15. März 1923 und Anlage 5 der Bek. vom 15. März 1923) einzuhalten und der Regierung, K. d. J., alljährlich einen Bericht über ihre Tätigkeit zu erstatten.

Des Beirats der anerkannten Sachverständigen werden sich die Polizeibehörden auch in sonstigen Fragen des Automobilwesens bedienen. Wenn z. B. aus einzelnen Orten auffallend viele Anzeigen über Schnellfahren eingehen, empfiehlt es sich, das von den betreffenden Polizeiorganen zur Feststellung der Übertretungen angewendete Verfahren einer Prüfung durch den anerkannten Sachverständigen zu unterziehen; ferner empfiehlt es sich, diesem die Erhebungen über Automobilunfälle jeweils zur Kenntnisnahme und etwaigen Äußerung mitzuteilen.

3. Nach Ziffer I Nr. 4 der Anlage zur VO. vom 15. März 1923 ist zur Erlangung des Führerscheins der Nachweis erforderlich, daß der Antragsteller den Fahrdienst bei einer durch die zuständige höhere Verwaltungsbehörde zur Ausbildung von Führern ermächtigten Person oder Stelle (Fahrschule, Kraftfahrzeugfabrik) erlernt hat. Unter der Bezeichnung „höhere Verwaltungsbehörde" sind hier die Regierungen, Kammern des Innern, zu verstehen. Für die Ausbildung von Kraftfahrzeugführern gelten die Verordnung vom 1. März 1921 (RGBl. S. 212 ff.) und die Vollz.-Bek. vom 20. April 1921 (MABl. S. 77).

4. Zur Sicherung eines gleichmäßigen Vollzugs der vorstehenden Bestimmungen werden sich die Regierungen, Kammern des Innern, des Beirats des Polytechnischen Vereins in München bedienen. Sie werden ihm zu diesem Zwecke vor Erteilung der Anerkennung oder Ermächtigung die Gesuche zur gutachtlichen Äußerung übersenden und jeweils die Tätigkeitsberichte der amtlich anerkannten Sachverständigen zur etwaigen Erinnerung mitteilen, ferner seine Mitwirkung bei der Überwachung der zur Ausbildung von Führern ermächtigten Personen und Stellen in Anspruch nehmen. Auch zur Beratung in allen sonstigen technischen Fragen des

Verkehrs mit Kraftfahrzeugen wird der Polytechnische Verein empfohlen.

5. Für die Zulassung von Kraftfahrzeugen zum Verkehr auf öffentlichen Wegen und Plätzen gelten nunmehr ausschließlich die Vorschriften der Verordnung vom 15. März 1923 Art. VI Abs. I c über Änderungen der Regelung des Kraftfahrzeugverkehrs vom 15. März 1923.*)

6. Zur Ausübung der den höheren Verwaltungsbehörden zugewiesenen Befugnisse im Sinne des § 38 Abs. II a—c VO. vom 15. März 1923 hat für Bayern der Reichswehrminister das Wehrkreiskommando VII und der Reichspostminister das Verkehrsamt des Reichspostministeriums, Abteilung München, bestimmt.

Für die Kraftfahrzeuge und Kraftfahrzeugführer der Landespolizei ist die Polizeidirektion München ausschließlich höhere Verwaltungsbehörde im Sinne des Abschnitts I Ziff. 1 dieser Bek.

7. Bezüglich des Verkehrs mit der für das Deutsche Reich bestehenden „Sammelstelle für Nachrichten über Führer von Kraftfahrzeugen" (Polizeipräsidium in Berlin) wird auf die Anlage der VO., Ziff. I Abs. 2, Ziff. VI Abs. 4 verwiesen.

II. Besondere Bestimmungen zur VO. vom 15. März 1923.

Zu § 1. Die Begriffsbestimmung für Krafträder ist geändert und durch eine Vorschrift über sogenannte Einspurfahrzeuge (Kraftfahrzeuge mit 2 Laufrädern und 2 seitlichen Stützrädern) ergänzt. Für Kraftomnibusse ist eine Begriffsbestimmung neu eingeführt. Die von den Bezirkspolizeibehörden zu führenden Listen sind deshalb daraufhin nachzuprüfen, ob die Angaben über die Fahrzeugart noch mit den Vorschriften des § 1 übereinstimmen; gegebenenfalls sind die Zulassungsbescheinigungen zu ändern und die zuständigen Finanzämter entsprechend zu benachrichtigen.

Zu § 2. 1. Unter den in Abs. 1 angeführten „Vorschriften" sind nicht allein orts-, bezirks- und oberpolizeiliche Vorschriften, sondern auch gesetzliche Bestimmungen zu verstehen.

*) Siehe jetzt RG. v. 21. Juli 1923 Art. I.

2. Durch die VO. vom 15. März 1923 wird § 32 der oberpol. Vorschriften vom 17. Sept. 1906 (GVBl. S. 729) insoweit nicht berührt, als hiernach auf Straßenlokomotiven und schwere Vorspannmaschinen die oberpol. Vorschriften vom 7. Mai 1902 (GVBl. S. 173) anzuwenden sind.

3. Die Vorschriften der VO. vom 15. März 1923 gelten nicht für Klein-Krafträder. Der Verkehr mit diesen ist damit der landesrechtlichen Regelung überlassen.*) Auf ihn finden nunmehr innerhalb des bayer. Staatsgebietes die oberpol. Vorschriften über den Radfahrverkehr in der Fassung der Bek. vom 19. Dez. 1922 (GVBl. S. 698) mit der Maßgabe Anwendung, daß die Abgabe von Warnungszeichen mit einer Huppe geschieht. Insoweit die Benützung der für den Radfahrverkehr zugelassenen öffentlichen Wege und Plätze durch Klein-Krafträder nicht angängig ist, haben die Wegepolizeibehörden auf Grund des § 13 a. O. die erforderlichen ortspolizeilichen Vorschriften zu erlassen. Die Bezirkspolizeibehörden haben die in den Listen der zugelassenen Kraftfahrzeuge aufgeführten Klein-Krafträder zu streichen, die Zulassungsbescheinigungen und Kennzeichen einzuziehen und die Finanzämter entsprechend zu benachrichtigen. Die Polizeibehörden haben darauf zu achten, daß nur Klein-Krafträder im Sinne des § 2 Abs. 3 S. 2 der VO. vom 15. März 1923 vom Zulassungs- und Kennzeichnungszwange frei bleiben. Sie haben daher in Zweifelsfällen eine Feststellung der Nutzleistung des Kraftrades vorzunehmen. Bestätigungen der Firma, die die Antriebsmaschine hergestellt hat, können nur dann genügen, wenn der darin enthaltenen Berechnung der Nutzleistung die Steuerformel nach Anlage 1 Ziff. VII der Bek. vom 15. März 1923 zugrunde gelegt ist. Gegebenenfalls ist gutachtliche Äußerung des amtlich anerkannten Sachverständigen einzuholen. Im übrigen bleibt der Erlaß besonderer Bestimmungen für Klein-Krafträder vorbehalten.

Zu § 3. Gleitschutzvorrichtungen von normaler Beschaffenheit (Stahlniete auf der Reifendecke) sind zulässig (zu vgl. Anlage der VO. unter II Abs. 3).

*) Siehe jetzt RG. vom 21. Juli 1923 Art. XII.

Zu § 4. 1. Durch die VO. vom 15. März 1923 wird § 33 der oberpol. Vorschriften vom 17. Sept. 1906 (GVBl. S. 729) nicht berührt, wonach der Gebrauch von Huppensignalen für andere Fahrzeuge als Kraftfahrzeuge verboten ist.

2. Die Vorschriften über Signalinstrumente sind geändert (Abs. 1 Ziff. 4, Abs. 2 und Abs. 7). Die Unterscheidung zwischen hoch tönenden Huppen für Krafträder und tief tönenden für Kraftwagen ist fortgefallen. Die Benützung der Zylinderpfeife ist außerhalb geschlossener Ortsteile freigegeben.

3. Der Zweck der an den Kraftfahrzeugen anzubringenden Laternen ist ein doppelter. Einerseits sollen sie im Interesse der allgemeinen Verkehrssicherheit das Nahen des Fahrzeugs und dabei gleichzeitig dessen Abmessungen erkennen lassen; anderseits sollen sie im Interesse des Führers für eine ausreichende Beleuchtung der Fahrbahn sorgen. Soweit diesem Zwecke nicht durch zwei Laternen genügt werden kann — was in der Regel der Fall sein wird —, bedarf es der Anbringung weiterer Laternen. Der Forderung, daß „die seitliche Begrenzung des Fahrzeugs" angezeigt werden muß, wird entsprochen, wenn die Laternen soweit von der Mitte des Fahrzeugs entfernt angebracht sind, als dessen Bauart es gestattet; es ist nicht notwendig, daß sie selbst die äußersten Seitengrenzen des Fahrzeugs bilden.

4. Als Vorrichtungen, die der Vorschrift in Nr. 6 genügen, sind beispielsweise anzusehen:
Schloß zum Feststellen des Schalthebels,
Kette zum Festlegen eines Wagenrads,
herausnehmbarer Kontakt der Zündleitung (bei Verbrennungsmaschinen),
abnehmbarer Griff des Brennstoffleitungsverschlusses,
herausnehmbarer Stromunterbrecher (bei elektrisch betriebenen Fahrzeugen).

Zu § 5. 1. Um das Schreibwerk zu vermindern und um zeitraubende Rückfragen zu vermeiden, empfiehlt es sich, daß der Antrag auf Zulassung eines Kraftfahrzeugs bei der höheren Verwaltungsbehörde (Bezirksverwaltungsbehörde) auf Formular — nach anliegendem Muster*) — erfolgt.

Das Verfahren bei der Zulassung eines Kraftfahrzeugs soll an einem Musterbeispiel erläutert werden; hierbei sind die Bestimmungen der §§ 7 und 11 des Kraftfahrzeugsteuergesetzes vom 8. April 1922 (RGBl. S. 396) berücksichtigt.

N. N. wohnhaft in Hersbruck, hat in Nürnberg ein Kraftfahrzeug gekauft und will es dort in Betrieb setzen. Er richtet unter Verwendung des vorbezeichneten Musters und Beifügung der dort angegebenen Anlagen an die für seinen Wohnort Hersbruck zuständige höhere Verwaltungsbehörde (das Bezirksamt Hersbruck) den Antrag auf Zulassung des Fahrzeugs.

Die höhere Verwaltungsbehörde bewirkt, wenn sie den Antrag und seine Anlagen für ordnungsmäßig befunden hat,

die Eintragung des Fahrzeugs in die Spalten 1—10 der Liste (Muster 1 der Bek.),

die Ausfertigung einer Zulassungsbescheinigung für das Fahrzeug (Muster 2 der Bek.),

die Benachrichtigung des Antragstellers von dem Geschehenen (wobei insbesondere das demnächst von dem Fahrzeug zu führende Kennzeichen anzugeben ist)

und übersendet den Antrag mit seinen Anlagen sowie die ausgefertigte Zulassungsbescheinigung an die für den Wohnort des Antragstellers zuständige Amtsstelle zur Erteilung von Steuerkarten für Kraftfahrzeuge (das Finanzamt Hersbruck) zur weiteren Veranlassung in steuerlicher Hinsicht und zur demnächstigen Weitergabe an die Polizeibehörde für Nürnberg (Stadtrat Nürnberg) zur weiteren Veranlassung gemäß § 6 Abs. 2 S. 2 und § 9 der VO.

Das Finanzamt Hersbruck prüft die Anmeldung nach, setzt die zu zahlende Kraftfahrzeugsteuer fest, bewirkt darauf die Ausfertigung einer Dauerkarte für das Fahrzeug, die Eintragung des Fahrzeugs in die Bezirks-

---

*) Hier weggelassen.

liste, die Benachrichtigung des Antragstellers mit der Aufforderung, den festgesetzten Steuerbetrag an sie einzuzahlen, übersendet unter Zurückbehaltung der steuerlichen Anmeldung den Zulassungsantrag nebst den verbleibenden Anlagen sowie die ausgefertigte Steuerkarte an den Stadtrat Nürnberg zur weiteren Veranlassung (siehe oben) und verbindet damit das Ersuchen, nach erbrachtem Nachweise von der Zahlung der Kraftfahrzeugsteuer die Steuerkarte dem Antragsteller auszuhändigen.

Der Stadtrat Nürnberg fordert den Antragsteller schriftlich auf, an dem von ihm festgesetzten Termin das Fahrzeug vorzuführen (§ 33 der VO.) und dabei den Nachweis von der Zahlung der Kraftfahrzeugsteuer zu erbringen. In dem Termin hat der Stadtrat unter Beobachtung der Vorschriften im § 9 der VO. die Abstempelung der Kennzeichen zu veranlassen und Zulassungsbescheinigung sowie Steuerkarte auszuhändigen; in der Zulassungsbescheinigung ist zuvor auf S. 3 der Aushändigungsvermerk einzutragen. Der Stadtrat Nürnberg gibt dem Finanzamte Hersbruck von dem Tage der Aushändigung der Steuerkarte Nachricht und sendet alsdann dem Bezirksamte Hersbruck die übrigen Vorgänge gleichzeitig unter Mitteilung zurück, wann die Aushändigung der Zulassungsbescheinigung erfolgt ist.

Das Bezirksamt Hersbruck bewirkt die Ausfüllung der Spalte 11 der Liste (Muster 1 der Bek.) und nimmt die entstandenen Vorgänge zu den Akten.

2. Das vorstehend angegebene Verfahren ändert sich dann, wenn eine Steuerpflicht nach dem Kraftfahrzeugsteuergesetze nicht begründet ist, dahin, daß die Steuerbehörde die Verhandlungen einfach mit der Bescheinigung der Steuerfreiheit an die Polizeibehörde weitergibt. Alsdann findet die Abstempelung des Kennzeichens und die Aushändigung der Zulassungsbescheinigung ohne den Nachweis der Steuerentrichtung statt und entfällt die weitere Mitteilung an die Steuerbehörde.

3. Kraftomnibusse, Lastkraftwagen und Zugmaschinen ohne Güterladeraum werden nach dem Eigengewichte

versteuert. Da sich die Typenprüfung nur auf das Fahrgestell erstreckt, kann der amtlich anerkannte Sachverständige bei ihr das Eigengewicht des fertigen Fahrzeugs noch nicht feststellen. Es genügt nicht, daß die Kraftfahrzeugwerke in der Ergänzungsbescheinigung dieses Eigengewicht angeben. Es wird deshalb im Abs. 3 S. 5 vorgeschrieben, daß bei den genannten Fahrzeugen, wenn sie nicht für die höchste Steuerstufe angemeldet werden, ein amtlicher Wiegeschein oder eine Bescheinigung über die unter behördlicher Überwachung vorgenommene Wägung vorzulegen ist.

Zu § 6. 1. Zweckmäßig erscheint es, für die Kraftzweiräder und für die übrigen Kraftfahrzeuge getrennte Listen zu führen. Daneben empfiehlt sich die Anlegung je einer Hilfsliste, die enthalten muß in einer Spalte 1 fortlaufend die sämtlichen im Bezirke zur Ausgabe gelangenden Erkennungsnummern (nach der Zahlenreihe), und daneben in einer Spalte 2, die für Änderungen genügend Raum bietet, die jeweilige Nummer, unter der das mit dem in Spalte 1 angegebene Kennzeichen versehene Fahrzeug in der Hauptliste erscheint. Die Hilfsliste ermöglicht einmal die sofortige Auffindung einer gesuchten Erkennungsnummer in der Hauptliste und zweitens macht sie ohne weiteres ersichtlich, welche Erkennungsnummern im Bezirke noch verfügbar oder wieder frei geworden sind.

2. Hinsichtlich derjenigen Einträge, welche in die Liste der zugelassenen Kraftfahrzeuge mit Rücksicht auf die Zwecke der Automobilstatistik zu machen sind, wird auf die bezüglichen besonderen Bestimmungen verwiesen.

3. Der in den Fällen des Abs. 4 angegangenen Bezirksverwaltungsbehörde wird es obliegen, die bisher zuständige höhere Verwaltungsbehörde unter Übersendung der eingezogenen Zulassungsbescheinigung zu verständigen, damit diese in die Lage kommt, ihre Liste zu berichtigen.

Ebenso wird in den Fällen des Abs. 6 zu verfahren sein, wenn der neue Eigentümer im Bezirk einer anderen Bezirksverwaltungsbehörde als der bisherige Eigentümer seinen Wohnsitz hat.

4. Die Bezirksverwaltungsbehörden haben den zuständigen Finanzämtern in den Fällen des Abs. 3, 4, 5 S. 1 und 6 unter Beifügung der berechtigten oder neuen Zulassungsbescheinigung schriftlich Mitteilung zu machen. Der Beifügung der Zulassungsbescheinigung bedarf es nicht, wenn lediglich eine Änderung im Wohnorte des Eigenbesitzers des Kraftfahrzeugs vorliegt oder dieses zum Verkehr auf öffentlichen Wegen und Plätzen nicht mehr verwendet wird.

Zu § 8. 1. Nach dem „Plane für die Kennzeichnung der Kraftfahrzeuge" (Anlage 3 der Bek. vom 15. März 1923) besteht das bayerische Kennzeichen aus der römischen Ziffer II in Verbindung mit einem Unterscheidungsbuchstaben; die Unterscheidungsbuchstaben sind:

A für den Stadtbezirk München,
B für den übrigen Regierungsbezirk Oberbayern,
C für den Regierungsbezirk Niederbayern,
D für den Regierungsbezirk der Pfalz,
E für den Regierungsbezirk der Oberpfalz und von Regensburg,
H für den Regierungsbezirk Oberfranken,
N für den Stadtbezirk Nürnberg,
S für den übrigen Regierungsbezirk Mittelfranken,
U für den Regierungsbezirk Unterfranken und Aschaffenburg,
Z für den Regierungsbezirk Schwaben und Neuburg,
ferner
RW für die Kraftfahrzeuge der Wehrmacht,
RP für die Kraftfahrzeuge der Reichspost.

2. Bei der Polizeidirektion München wird ein Verzeichnis der den bayerischen Bezirksverwaltungsbehörden zugewiesenen Erkennungsnummern geführt. Bei etwaigem Bedarfe haben sich daher die Bezirksverwaltungsbehörden mit der Polizeidirektion ins Benehmen zu setzen.

3. Im Hinblick auf die Sonderkennzeichen der Kraftzweiräder ist es angängig, die gleichen Nummern einerseits für Kraftzweiräder und anderseits für die übrigen Arten von Kraftfahrzeugen auszugeben.

4. Einzeilige hintere Kennzeichen sollen nach Abs. 3 in Zukunft zugelassen werden, weil zweizeilige Kennzeichen wegen ihrer größeren Höhe oft durch Gepäck verdeckt werden.

Zu § 9. Nicht allein das hintere, sondern auch das vordere Kennzeichen muß abgestempelt werden. Für die Abstempelung sind zweckmäßig Schablonen zu verwenden.

Zu § 10. Je weiter das hintere Kennzeichen vom Erdboden entfernt ist, um so besser wird seine jederzeitige Erkennbarkeit gewahrt sein. Die Polizeibehörden werden daher darauf zu halten haben, daß da, wo es die Bauart des Fahrzeugs gestattet, das hintere Kennzeichen möglichst hoch angebracht wird.

Ebenso wird darauf zu achten sein, daß das vordere Kennzeichen nicht durch die Antriebskurbel des Motors, das hintere Kennzeichen durch Gepäckstücke oder durch Vorrichtungen zur Aufnahme von Gepäck u. dgl. in der Erkennbarkeit beeinträchtigt werden. Dem ersteren vielfach beobachteten Übelstande wird dadurch mit Leichtigkeit zu begegnen sein, daß die Kurbel während der Fahrt durch eine einfache Vorrichtung, z. B. Lederschleife, wagerecht befestigt wird.

Zu § 11. Die Polizeibehörden haben mit aller Strenge darauf zu achten, daß unzureichende oder vorschriftswidrige Beleuchtungsvorrichtungen nicht zugelassen werden. Als unzureichend müssen insbesondere angesehen werden Beleuchtungsvorrichtungen, deren Lichtquelle nicht ausreicht, das Kennzeichen in seiner ganzen Fläche gleichmäßig hell zu beleuchten, als vorschriftswidrig solche, die das Kennzeichen irgendwie verdecken. Die Beseitigung derartiger Vorrichtungen ist mit allen den Polizeibehörden zur Verfügung stehenden Mitteln durchzusetzen.

Die Polizeibehörden haben ferner darauf zu dringen, daß die Laternen der im Betriebe befindlichen Fahrzeuge stets ausreichend hell brennen. Vorrichtungen zum Abstellen der Beleuchtung vom Sitze des Führers oder vom Innern des Wagens aus sind künftig gestattet, wenn beim Abstellen gleichzeitig sämtliche Laternen (§ 4 Abs. 1 Nr. 5) erlöschen. Falls am hinteren Ende des

Fahrzeugs zwei seitliche Kennzeichen vorhanden sind, müssen beide bei Dunkelheit beleuchtet werden.

Zu § 13. Die Vorschrift im § 13 schließt nicht aus, daß an Kraftfahrzeugen mit besonderem Verwendungszwecke (Droschken, Omnibussen, Postwagen, Geschäftswagen u. dgl.) außer dem polizeilichen Kennzeichen der Verwendungszweck dieser Fahrzeuge durch eine entsprechende Bezeichnung (Wagennummer, Firma usw.) ersichtlich gemacht wird. Unerläßliche Voraussetzung ist jedoch, daß Verwechselungen mit dem polizeilichen Kennzeichen ausgeschlossen bleiben.

Zu § 14. Bezüglich der amtsärztlichen Untersuchung der Kraftwagenführer (Ziff. I 2 der Anlage z. VO.) wird auf die MBek. vom 5. März 1921 (MABl. S. 37) verwiesen.

Zu § 15. Nach § 12 des Kraftfahrzeugsteuergesetzes vom 8. April 1922 hat der Führer des Kraftfahrzeugs auch die Steuerkarte oder die Bescheinigung über die Steuerfreiheit unterwegs stets bei sich zu führen. Er ist verpflichtet, sie auf Verlangen den sich durch ihre Dienstkleidung oder sonst ausweisenden Grenz- und Steueraufsichtsbeamten sowie den Aufsichtsbeamten der Polizeiverwaltung zum Nachweise der Erfüllung der Stempelpflicht vorzuzeigen und nötigenfalls die erforderliche Auskunft zu geben. Ein in der Fahrt begriffenes Fahrzeug darf indessen lediglich aus diesem Anlaß außer im Grenzbezirke nicht angehalten werden.

Zu § 17. Eine starke Belästigung des Publikums, insbesondere auch während der Nacht, wird dadurch verursacht, daß Führer von Kraftfahrzeugen auch beim Halten des Fahrzeugs den Motor weiterlaufen lassen. Namentlich tritt dieser Übelstand an den Halteplätzen von Automobildroschken und -Omnibussen in die Erscheinung. Der Abs. 2 („vermeidbare Entwickelung von Geräusch") bietet die Handhabe, diesem Mißbrauche wirksam entgegenzutreten.

Die Anbringung von Auspuffklappen, die nach Ziffer III Anl. B vom 3. Febr. 1910 verboten war, ist nunmehr gestattet, ihr Gebrauch aber innerhalb geschlossener Ortsteile verboten. Die Polizeibehörden haben für genaue Einhaltung dieses Verbots zu sorgen.

Die Bestimmungen des Reichsverkehrsministers darüber, welche Scheinwerfer als übermäßig stark wirkend und welche als stark wirkend gelten, bleiben noch vorbehalten. Auf die vorgeschriebene Abblendung der stark wirkenden Scheinwerfer ist jedoch bereits jetzt mit Nachdruck zu dringen.

Zu § 18. Die in Abs. 2 vorgesehenen Fahrgeschwindigkeiten sind der technischen Entwicklung des Kraftfahrwesens entsprechend erhöht worden. Auf deren Einhaltung werden die Polizeibehörden nunmehr besonderes Augenmerk richten und Überschreitungen unnachsichtlich zur Strafanzeige bringen.

Zu § 22. Zu der in Satz 2 vorgesehenen Genehmigung sind auch die Ortspolizeibehörden innerhalb ihrer Zuständigkeit ermächtigt.

Zu § 23. 1. Es ist davon auszugehen, daß der Verkehr mit Kraftfahrzeugen im allgemeinen auf allen denjenigen Wegen zuzulassen ist, welche für den übrigen Fuhrwerksverkehr freigegeben sind. Hauptverkehrsstraßen werden nur in Ausnahmefällen und nur dann zu sperren sein, wenn der Verkehr auf hinreichend benutzungsfähigen, nicht zu großen Umwegen umgeleitet werden kann.

Auch soll nicht die Durchfahrt durch ganze Orte unmöglich gemacht werden.

2. Voraussetzung eines Verbots oder einer Beschränkung ist, daß entweder

a) der Zustand der Wege oder die Eigenart des Verkehrs, insbesondere Rücksichten auf den Fußgängerverkehr, oder

b) sonstige besondere Verhältnisse das Verbot oder die Beschränkung erfordern.

Eine Wegesperrung wird zwar in der Regel nur dann anzuordnen sein, wenn hiefür in der gefährlichen Beschaffenheit des zu sperrenden Weges oder seiner Umgebung zwingende Gründe vorliegen, insbesondere, wenn es sich um schmale oder unübersichtliche Wege oder um Wege mit steilen Böschungen oder ungünstigen Steigungsverhältnissen handelt. Sie kann aber insbesondere auch, wie durch den ausdrücklichen Hinweis auf den Fußgängerverkehr klargestellt wird, aus Gründen der Volksgesundheit zum Schutze des Sonntagsausflugsverkehrs erfolgen.

Die Voraussetzungen müssen für jeden einzelnen Weg besonders geprüft werden; die Sperrung sämtlicher Wege eines Orts- oder Gemeindebezirks oder aller Wege einer bestimmten Klasse ist unzulässig.

3. Die Sperrung hat sich auf das Notwendige zu beschränken. Krafträder werden häufig dort zugelassen werden können, wo Kraftwagen auszuschließen sind.

Bei der Erlassung der polizeilichen Vorschriften oder Anordnungen ist darauf Rücksicht zu nehmen, daß jenen Besitzern von Kraftfahrzeugen, von denen eine ruhige und rücksichtsvolle Fahrweise erwartet werden darf, Ausnahmen widerruflich und unter besonderen Bedingungen gestattet werden können. Für solche Ausnahmen kommen vornehmlich Besitzer der an den gesperrten Straßenstrecken gelegenen Anwesen, sowie Personen in Betracht, die in dem Polizeibezirk oder seiner Umgebung wohnen und Kraftfahrzeuge in der Ausübung ihres Berufs oder Gewerbes benutzen (Ärzte, Sanitätskolonnen usw.).

4. Eine Beschränkung des Verkehrs mit Kraftfahrzeugen in der Weise, daß eine Höchstgeschwindigkeit von weniger als 30 km in der Stunde festgesetzt wird, ist in Zukunft nur mehr für Kraftfahrzeuge, deren Gesamtgewicht 5,5 Tonnen übersteigt, zulässig.

Ortspolizeiliche Vorschriften für den allgemeinen Fuhrwerksverkehr, die auch für Kraftfahrzeuge bis zu 5,5 Tonnen Gesamtgewicht eine Höchstgeschwindigkeit von weniger als 30 km vorschreiben, bedürfen, insoweit sie eine fortdauernd geltende Anordnung enthalten, der Zustimmung der Regierung, Kammer des Innern; im übrigen erteilt die Zustimmung die Bezirkspolizeibehörde.

5. Die Verbote und Beschränkungen erfolgen entweder durch allgemeine polizeiliche Vorschriften oder durch besondere für den einzelnen Fall getroffene Anordnungen.

Allgemeine polizeiliche Vorschriften ergehen in der Form ober-, bezirks- oder ortspolizeilicher Vorschriften; besondere Anordnungen können von dem Staatsministerium des Innern, den Regierungen, Kammern des Innern, den Bezirks- und Ortspolizeibehörden innerhalb ihres Wirkungskreises erlassen werden.

Verbote und Beschränkungen für Wegestrecken, die dem Durchgangsverkehr dienen, können nur vom Staatsministerium des Innern oder von den Regierungen, Kammern des Innern, erlassen werden. Allgemeine Normen dafür, was unter „Wegestrecken, die dem Durchgangsverkehre dienen", zu verstehen sei, lassen sich kaum aufstellen. Es wird vielmehr hierzu einer Entscheidung von Fall zu Fall bedürfen.

Ferner sind nur die Bezirkspolizeibehörden und die ihnen vorgesetzten Stellen zuständig zur Erlassung polizeilicher Vorschriften oder Anordnungen, durch die

a) die Fahrgeschwindigkeit für Kraftfahrzeuge beschränkt wird,

b) mit Rücksicht auf andere besondere Verhältnisse (s. o. Ziff. 2 b) der Verkehr mit Kraftfahrzeugen für bestimmte Örtlichkeiten verboten oder beschränkt wird.

6. Es empfiehlt sich, vor der Erlassung von Verkehrsbeschränkungen den amtlich anerkannten Sachverständigen (s. o. Abschn. I Ziff. 2) gutachtlich zu hören, sowie dem Bayerischen Automobilklub Gelegenheit zur Äußerung zu geben.

7. Jede gesperrte Wegestrecke usw. ist am Anfang und am Ende durch Tafeln zu kennzeichnen.

Zu diesem Zwecke sind von der Firma „Frankfurter Emaillierwerke, Otto Leroi in Neu-Isenburg bei Frankfurt a. M." Tafeln, lautend:

a) Verbot für Kraftwagen und Motorräder,

b) Verbot für Kraftwagen — offen für Motorräder,

c) Verbot für Kraftfahrzeuge (oder nur Kraftwagen) an Sonn- und Festtagen von ... bis ...

hergestellt worden, die für Bayern von dem Emaillierwerk Hans Fink, Pasing, Willibaldstr. 5, angefertigt werden. Die Tafeln sind 50 × 50 cm groß und in gelber Farbe gehalten.

Die weitere Tafel in blauer Farbe mit der Aufschrift „Kraftfahrzeuge 15 km" ist dort, wo sie aufgestellt ist, den neuen Fahrgeschwindigkeitsvorschriften entsprechend abzuändern.

Um die im Interesse des Verkehrs gebotene Gleichmäßigkeit in der Kennzeichnung der Wegestrecken, die für Kraftfahrzeuge gesperrt sind, und von solchen, die nur mit ermäßigter Geschwindigkeit befahren werden dürfen, herbeizuführen, sollen zufolge einer Vereinbarung der Landesregierungen diese Tafeln einheitlich verwendet werden.

8. Um eine rechtzeitige Veröffentlichung der Sperrungen und Beschränkungen in den Fachzeitschriften sicherzustellen, sind sie jeweils ungesäumt dem Bayer. Automobilklub München, Residenzstr. 27, und dem Allgem. Deutschen Automobilklub München, Neuturmstr. 5, mitzuteilen.

Das gleiche hat bei Aufhebung der Sperrungen und Beschränkungen zu geschehen.

9. Die polizeilichen Vorschriften, die Bestimmungen über die Fahrgeschwindigkeit der Kraftfahrzeuge enthalten, sind einer Prüfung zu unterstellen, ob sie mit § 18 Abs. 2 und § 23 Abs. 2 der VO. zu vereinbaren und auch für die Zukunft aufrechtzuerhalten sind.

Zu § 24. Wie aus dem Wortlaute der Vorschrift hervorgeht, ist zu unterscheiden zwischen Wettfahrten und Zuverlässigkeitsfahrten. Während jene das Ziel verfolgen, mit den an der Veranstaltung teilnehmenden Fahrzeugen die größtmöglichste Geschwindigkeit zu erzielen, dienen diese hauptsächlich dazu, die Dauerhaftigkeit der Wagen und die Betriebssicherheit der Maschine zu erproben.

Die größere Gefahr für den öffentlichen Verkehr ist hiernach mit den Wettfahrten verbunden. Sie sind daher im allgemeinen verboten; nur innerhalb des in Abs. 2 bestimmten, eng begrenzten Rahmens ist ihre Veranstaltung mit besonderer Genehmigung des Staatsministeriums des Innern zulässig.

Für die Zuverlässigkeitsfahrten, bei denen hauptsächlich die Anhäufung von Fahrzeugen zu Unzuträglichkeiten für den öffentlichen Verkehr führt, ist die Genehmigung der zuständigen Behörde vorgeschrieben; als solche kommt in der Regel — soferne sich nicht die Veranstaltung auf einen Verwaltungsbezirk beschränkt — die Regierung, Kammer des Innern, in Betracht. Auch hier wird zu prüfen sein, ob die Veranstaltung aus polizeilichen Gründen zu verbieten oder von besonderen Bedingungen abhängig zu machen sei. Die Genehmigung wird nur dann zu erteilen sein, wenn bestimmt angenommen werden kann, daß nach dem Umfange und der Art der Veranstaltung von ihr eine größere Störung des öffentlichen Verkehrs usw. nicht zu erwarten ist. Es empfiehlt sich, über etwaige Genehmigungsgesuche den Bayerischen Automobilklub gutachtlich einzuvernehmen.

Zu § 25. Zur Erteilung der in Abs. 4 vorgesehenen polizeilichen Erlaubnis sind die Bezirksverwaltungsbehörden zuständig.

Zu § 28. Die Vorschrift des § 28 gibt den Behörden eine Handhabe, um die durch den Gebrauch abgenützten und deshalb nicht mehr verkehrssicheren oder durch Entwicklung von Geräusch, Rauch und üblem Geruche besonders lästigen Fahrzeuge aus dem öffentlichen Verkehr auszumerzen.

Die Anordnung einer periodischen Prüfung aller Kraftfahrzeuge wird im Hinblick auf die verschiedenartige Benützung der Fahrzeuge nicht durchführbar sein; dagegen ist eine solche regelmäßige Nachuntersuchung für die im öffentlichen Fuhrverkehr verwendeten Fahrzeuge (Droschken, Omnibusse u. dgl.) geboten, da eine einmalige Prüfung vor der Ingebrauchnahme nicht genügende Gewähr für diejenige Verkehrssicherheit bietet, die von diesen Fahrzeugen auf die Dauer verlangt werden muß.

Mit Hilfe der Bestimmung im § 28 ist ferner durchzusetzen, daß die Eigentümer und Führer von Kraftfahrzeugen ihrer Verpflichtung, die polizeilichen Kennzeichen und die Beleuchtungsvorrichtung des hinteren Kennzeichens stets in ordnungsmäßigem Zustand zu erhalten, gerecht werden. Hiebei wird auch auf die Strafbestimmung im § 25 des Gesetzes über den Verkehr mit Kraftfahrzeugen vom 3. Mai 1909 und 23. Dez. 1922 verwiesen.

Zu § 29. Die Prüfungsordnung (Ziff. I 2 der Anlage zur VO.) enthält die wichtige Bestimmung, daß jeder, der zum Führer von Kraftfahrzeugen zugelassen werden will, seine körperliche Tauglichkeit nachzuweisen hat. Es wird zu erwägen sein, inwieweit die im gewerbsmäßigen Fuhrverkehre beschäftigten Führer von Kraftfahrzeugen einer periodischen Nachuntersuchung über ihre körperliche Tauglichkeit zu unterwerfen sind. Im übrigen werden die Polizeibehörden eine erneute ärztliche Prüfung in solchen Fällen anzuordnen haben, in denen zu einer solchen Maßnahme begründeter Anlaß vorliegt.

Zu § 30. Mit Bek. vom 22. Dez. 1915 (RGBl. S. 835) und 25. Febr. 1917 (RGBl. S. 182) wurden die höheren Verwaltungsbehörden mit Rücksicht auf den während des Krieges herrschenden Gummimangel ermächtigt, bei Lastkraftwagen und Anhängern die Erlaubnis zur Verwendung von nicht elastischer Bereifung zu erteilen. Zur Vermeidung von Härten wird auch nach Aufhebung der Bekanntmachung (Art. VI Abs. 1a der VO. über Änderungen der Regelung des Kraftfahrzeugverkehrs vom 15. März 1923) in besonderen Fällen diese Erlaubnis erteilt werden müssen; die Weisungen der ME. vom 20. Mai 1921 Nr. 2097 a 47 sind hiebei zu beachten. Dagegen kann eine nicht elastische Bereifung bei Personenkraftwagen nur mehr bis 30. Juni 1923 gestattet werden (Art. VI Abs. 2 der VO. über Änderungen der Regelung des Kraftfahrzeugverkehrs vom 15. März 1923).

Zu § 34. Überführungsfahrten werden den Probefahrten gleichgestellt. Für Überführungsfahrten ist eine Begriffsbestimmung gegeben.

Bei Zuteilung von Probefahrtkennzeichen haben die Bezirkspolizeibehörden den Antragsteller auf Abs. 3—7 hinzuweisen und ihn zur genauen Führung der vorgeschriebenen Listen unterschriftlich zu verpflichten. Der Verpflichtungsnachweis ist zu den Amtsakten zu nehmen.

Die von den Bezirkspolizeibehörden zu führenden Listen über ausgegebene Probefahrtkennzeichen müssen mit Rücksicht auf die Verschiedenheit der Steuersätze erkennen lassen, ob das einzelne Kennzeichen für Kraftfahrzeuge jeder Art oder nur für Krafträder gilt.

Dem zuständigen Finanzamt ist von der Zuteilung eines Probefahrtkennzeichens sowie darüber schriftliche Mitteilung zu machen, ob das Kennzeichen nur für Krafträder oder für Kraftfahrzeuge jeder Art gilt. Die polizeiliche Abstempelung oder Aushändigung des Kennzeichens darf erst erfolgen, nachdem der Nachweis der Steuerzahlung durch Vorlegung der Steuerkarte erbracht ist. Wird die Steuerkarte nicht rechtzeitig erneuert, so ist auf Antrag des Finanzamts nach § 6 Abs. 5 S. 4 der VO. vom 15. März 1923 zu verfahren. Von der Rückgabe des Probefahrtkennzeichens ist dem Finanzamte Mitteilung zu machen.

In Verlust geratene Probefahrtkennzeichen sind für 3 Jahre zu sperren, um eine mißbräuchliche Verwendung nach Möglichkeit zu verhindern.

III.

In Ziffer III der Anl. zur VO. vom 15. März 1923 ist die Klasseneinteilung der Führerscheine entsprechend der immer mehr zunehmenden Verwendung starker Motore abgeändert worden. Bei den auf Grund der bisherigen Vorschriften für die Klasse 3b ausgestellten Führerscheinen hat es sein Bewenden.

IV. Anweisung über die Prüfung von Kraftfahrzeugen (Anl. 1 der Bek. vom 15. März 1923).

1. In Ziffer VII ist erstmalig eine mit der Vorschrift des § 3 der Ausführungsbestimmungen zum Kraftfahrzeugsteuergesetze vom 8. April 1922 übereinstimmende Steuerformel für die Zweitaktverbrennungsmaschinen gegeben. Es ist zur Wahrung steuerlicher Belange erforderlich, die bisher für Kraftfahrzeuge mit Zweitaktverbrennungsmaschinen ausgestellten Typenbescheinigungen und Zulassungsbescheinigungen hinsichtlich der darin angegebenen nach der Steuerformel berechneten

Leistung an den Triebrädern (Nutzleistung des Fahrzeugs) nachzuprüfen. Typenbescheinigungen für Kraftfahrzeuge mit Zweitaktverbrennungsmaschinen, in denen die Leistung an den Triebrädern nicht nach der neuen Formel berechnet ist, sind entweder zu widerrufen oder unter Mitwirkung des amtlich anerkannten Sachverständigen abzuändern; bereits gefertigte beglaubigte Abschriften der früheren Fassung sind einzuziehen. An Hand der Liste über die zugelassenen Kraftfahrzeuge ist festzustellen, ob Kraftfahrzeuge mit Zweitaktverbrennungsmaschinen im Verkehre sind, deren Nutzleistung nicht nach der neuen Steuerformel berechnet ist; die Zulassungsbescheinigungen solcher Fahrzeuge sind unter Mitwirkung des amtlich anerkannten Sachverständigen abzuändern, die zuständigen Finanzämter sind von den vorgenommenen Änderungen zu benachrichtigen.

Zur Erleichterung der Nachprüfung werden nachfolgend Firmen, die Kraftfahrzeuge mit Zweitaktmotoren herstellen, aufgeführt; die Aufstellung erhebt keinen Anspruch auf Vollständigkeit:

Kraftwagen mit Zweitaktmotoren: Grade-Werk, Bork; „Erco“, Roßinek, Berlin;

Krafträder inländischer Herstellung: „D. K. W.“, Zschopauer Motorenwerke; Zündapp, Nürnberg; Triumph-Werke, Nürnberg; Ardie-Werke, Nürnberg; Cockerell, München; „Dringos“, Dr. O. Steinitz, Berlin; „Eceka“, A.-G. Eisenhammer, Thalheim; „Lomos“, Eichler & Co., Berlin; „K. C.“, Kirchheim & Co., Magdeburg; „Keni“, Kampff & Nimps, Charlottenburg; „Kurier“, Brand & Sohn, Dortmund und K. Hanfland, Berlin; Ordawerke A.-G., Nauendorf; Orion A.-G., Berlin; „Perkeo“, Feilchenfeld, Berlin; „Perplex“, Autohaus Petto, Berlin; „Sar“, Automobilwerke, Charlottenburg; „Wegro“, „Vis“, Gesellschaft für Kleinfahrzeuge, Berlin; „G. S.“, G. Schulze, Burg; „Flink“, Bayerische Flugzeugwerke;

Krafträder ausländischer Herstellung: „Excelsior“, Bayliß Thomas & Co., Birmingham; „Sun“, Sun Cykle & Fittings Co., Birmingham; „Triumph“, Triumph Cykle Co., Coventry; „Viktoria“, Viktoria Works, Glasgow.

2. Mit Rücksicht auf die erhöhte Bedeutung, die die Feststellung des Eigengewichts wegen der Besteuerung der Kraftomnibusse, Lastkraftwagen und Zugmaschinen ohne Güterladeraum nach dem Eigengewichte hat, ist in Ziffer VIII eine Vorschrift darüber, welches Gewicht als Eigengewicht zu gelten hat, gegeben.

V. Schlußbestimmung.

Die MinEntschl. vom 15. Febr. 1921 Nr. 2097 a 11 und 17. Febr. 1922 Nr. 2507 a 137 (MABl. S. 63) treten sofort, die MinEntschl. vom 22. Sept. 1920 Nr. 2097 a 168 Ziff. 3, vom 28. Dez. 1920 Nr. 2097 b 21 und vom 18. Aug. 1921 Nr. 2097 b 16 treten am 30. Juni 1923 (vgl. Art. II der VO. über Änderungen der Regelung des Verkehrs mit Kraftfahrzeugen vom 15. März 1923) außer Kraft.

VI.

Anlage 5.

Bekanntmachung, der K. Bayer. Staatsministerien des Innern und der Finanzen, den Vollzug der Verordnung über den internationalen Verkehr mit Kraftfahrzeugen betr.

vom 28. April 1910

(MinABl. Nr. 18 S. 334.)

Zum Vollzuge der Verordnung über den internationalen Verkehr mit Kraftfahrzeugen vom 21. April 1910 (RGBl. S. 640) wird Nachstehendes bekanntgegeben:

Zu § 3. Die von den höheren Verwaltungsbehörden, d. h. — gemäß Abschnitt I Ziff. 1 der Bekanntmachung vom 17. v. Mts. (MABl. S. 195) — von den Distriktsverwaltungsbehörden auszustellenden internationalen Fahrausweise für den zeitlich beschränkten Verkehr im

Ausland werden in der Reichsdruckerei hergestellt und sind durch Vermittlung der K. Polizeidirektion München zu beziehen. Es empfiehlt sich, zunächst nur den Jahresbedarf zu decken, da die Fahrausweise infolge Hinzutritts weiterer Staaten zu dem Internationalen Abkommen voraussichtlich bereits im Jahre 1911 geändert und erweitert werden müssen.

Der Antrag auf Ausstellung eines internationalen Fahrausweises kann mündlich oder schriftlich angebracht werden. Zulassungsbescheinigung und Führerschein sind, um den Antragsteller in der Benutzung seines Fahrzeugs nicht zu behindern, sofort zurückzugeben.

Zu den erforderlichen handschriftlichen Angaben über das Fahrzeug sowie über den oder die Führer sind nur die auf dem letzten Blatte des Fahrausweises vorgesehenen Reihen zu benutzen. Bei der Eintragung dieser Angaben ist das letzte Blatt aus der Falte zu ziehen, damit die Eintragungen sich an den entsprechenden Vordruck auf der ersten Seite der Einlageblätter anschließen.

Zu § 4. Das deutsche Nationalitätszeichen hat sich der Eigentümer des Kraftfahrzeugs selbst zu beschaffen. Eine amtliche Abstempelung des Nationalitätszeichens ist nicht erforderlich.

Zu § 6. Behufs Erledigung der ihnen nach § 6 zufallenden Aufgaben werden die Beamten der Grenzzollverwaltung zunächst die Vorlegung des internationalen Fahrausweises verlangen. Alsdann werden sie feststellen, ob der Fahrausweis noch gültig ist, ob er sich auf das vorgeführte Kraftfahrzeug und seinen oder seine Führer bezieht, sowie ob das im Fahrausweis angegebene Kennzeichen nebst dem zugehörigen Nationalitätszeichen ordnungsmäßig am Kraftfahrzeug angebracht ist. Ferner werden sie sich davon zu überzeugen haben, ob das Kraftfahrzeug mit der vorgeschriebenen Hupe sowie mit den erforderlichen Beleuchtungsvorrichtungen ausgestattet ist (Art. 5 und 6 des Internationalen Abkommens).

Von der Eintragung eines Vermerkes über den Eintritt und den Austritt des Kraftfahrzeugs, wie solcher in dem Fahrtausweis auf der Rückseite des Einlegeblatts für das Deutsche Reich vorgesehen ist, ist bis auf weiteres Abstand zu nehmen.

Zu § 8. Ist die Anerkennung des internationalen Fahrausweises versagt und die Ausschließung des Fahrzeugs vom Verkehr auf öffentlichen Wegen und Plätzen verfügt worden, so hat die höhere Verwaltungsbehörde (Distriktsverwaltungsbehörde) den Fahrausweis einzuziehen und seine Rücksendung auf diplomatischem Wege an die Stelle, die ihn ausgestellt oder gegengezeichnet hat, zu veranlassen. Dabei werden die Gründe, die zur Versagung geführt haben, kurz mitzuteilen sein.

Zu § 10. Das Verfahren bleibt hinsichtlich derjenigen außerdeutschen Kraftfahrzeuge und Führer, für welche ein internationaler Fahrausweis nicht vorgelegt werden kann, im allgemeinen das gleiche wie bisher. Die Ausstellung einer Bescheinigung nach Muster 6 findet jedoch nur noch bei denjenigen Kraftfahrzeugen statt, für welche eine Steuerkarte nicht zu lösen ist. Die für diese Fahrzeuge auszustellende Bescheinigung zeigt gegen früher einige Änderungen: auf der Vorderseite (bisher Rückseite) fehlt der Vermerk über die Nummer der Liste, die Eintragungen auf der Rückseite (bisher Vorderseite) ergeben sich aus der für das Fahrzeug nach der Vorschrift unter Abs. 1a vorzulegenden ausländischen Bescheinigung. Die Führung der bisherigen besonderen Liste über die eingegangenen außerdeutschen Kraftfahrzeuge fällt fort. Nach wie vor werden aber die Beamten der Grenzzollverwaltung die vorschriftsmäßige und sichere Anbringung des länglichrunden Kennzeichens sorgsam zu überwachen haben.

Zu § 13. Im § 13 handelt es sich um außerdeutsche Kraftfahrzeuge, die aus dem Ausland in das Inland zum dauernden Verbleib geführt werden. Auf diese Fahrzeuge finden die Vorschriften für den vorübergehenden Aufenthalt im Deutschen Reiche nur in zeitlich beschränktem Maße Anwendung. Die Fahrzeuge sind, gleichgültig ob ihr Eintritt in das Reichsgebiet auf Grund eines internationalen Fahrausweises oder gemäß den Bestimmungen unter § 10 der Verordnung erfolgt, innerhalb der im § 13 bestimmten Frist bei der für den Wohnort des Eigentümers zuständigen höheren Verwaltungsbehörde (Distriktsverwaltungsbehörde) zwecks endgültiger Zulassung anzumelden.

Zu § 14. Der § 14 schafft im Interesse des deutschen Handels dem Ausländer, der in Deutschland ein zum Verkehre noch nicht zugelassenes Kraftfahrzeug erworben hat, die Möglichkeit, dieses mit eigener Triebkraft ins Ausland zu verbringen. Als zuständig für die Behandlung des Antrags auf Ausstellung eines internationalen Fahrausweises wird die höhere Verwaltungsbehörde (Distriktsverwaltungsbehörde) anzusehen sein, in deren Bezirk das Kraftfahrzeug in Betrieb gesetzt werden soll. Bei der Erledigung des Antrags wird diese Behörde mit der zuständigen Zoll- oder Steuerbehörde in Benehmen zu treten haben. Da der internationale Fahrausweis nach einem Jahre seine Gültigkeit verliert, wird nach Ablauf dieser Zeit das länglichrunde Kennzeichen erneut ausgegeben werden können.

VII.

Verfügung der Preuß. Ministerien für Handel und Gewerbe und des Innern vom 4. Juni 1923 — Va 6256 bzw. II N 577, betr. Kraftfahrzeugverkehr.

Zur Ausführung der VO. vom 15. März 1923 (RGBl. I S. 175) über Kraftfahrzeugverkehr wird unter Aufhebung der bisherigen Anweisung vom 25. Febr. 1910 — MdöA. III B 12, 105 D, MdJ. II d 555 (MBliV. S. 62) — die nachstehende Anweisung erlassen:

Zu § 2 Abs. 3. Da die vorhandenen Straßen für einen umfangreichen Verkehr schwerer Kraftwagen nicht gebaut sind, und in dem jetzigen schlechten Zustande einem solchen noch weniger gewachsen sind, so muß von der Zulassung von Kraftwagen mit einem betriebsfertigen

Gewicht in beladenem oder unbeladenem Zustande von mehr als 9 Tonnen tunlichst abgesehen werden. Nur bei solchen Fahrzeugen, die unter 9 Tonnen kaum hergestellt werden können, kann Zulassung außerhalb dieser Verordnung erfolgen nach vorheriger Anhörung der Wegeunterhaltungspflichtigen. Die Polizeiverordnungen über Dampfpflüge und Straßenlokomotiven (Zugmaschinen) bleiben einstweilen bestehen.

Zugmaschinen bis zu 9 Tonnen Gewicht unterliegen der Verordnung.

Da die Kleinkrafträder nicht mehr der Verordnung unterliegen, so sind sie unter Fortfall der diesbezüglichen Erlasse bis auf weiteres ebenso zu behandeln wie Treträder.

Unter Kleinkrafträdern bis zu 1 PS mit einem Außendurchmesser der Radreifen bis zu 40 cm sind die Kraftroller zu verstehen.

Zu § 3 Abs. 2. Gleitschutzvorrichtungen üblicher Bauart sind wie bisher zugelassen.

Zu § 4 Abs. 1 Nr. 4. Huppen, welche einen schrillen oder schnarrenden Ton erzeugen und dadurch ein belästigendes Geräusch hervorrufen — wie z. B. manche als Klaxon bezeichneten Huppen und ähnliche — können als vorschriftsmäßig nicht angesehen werden.

Zu § 8 Abs. 4. Es ist angängig, die gleichen Nummern einerseits für Kraftzweiräder und andererseits für die übrigen Arten von Kraftfahrzeugen auszugeben.

Zu § 9. Zuständig für die Abstempelung des Kennzeichens ist die Ortspolizeibehörde, die die Vorführung des Kraftfahrzeuges anzuordnen hat.

Es empfiehlt sich, den Dienststempel der Polizeibehörden entweder mit einem Gummistempel oder mit Schablone und Ölfarbe auf dem Kennzeichen anzubringen, um seine Dauerhaftigkeit zu sichern.

Zu § 10. Um die Erkennbarkeit des hinteren Kennzeichens zu sichern, ist dafür Sorge zu tragen, daß dasselbe möglichst hoch über dem Erdboden angebracht wird.

Zu § 19 Abs. 3. Die Fanfarentrompete ist nicht mehr zulässig.

Zu § 23. Für Kraftfahrzeuge bis zu 5,5 Tonnen Gesamtgewicht darf die Höchstgeschwindigkeit, abgesehen von Brücken- und Eisenbahnübergängen, nur dann auf weniger als 30 km festgesetzt werden, wenn dieselbe auch für andere Fuhrwerke gilt. Hierzu ist die Zustimmung der höheren Verwaltungsbehörde erforderlich.

Für die Warnungstafeln bleiben die Muster der bisherigen Ausführungsanweisung (zu § 23) bestehen mit der Änderung der Zahl 15 in 30 und der Ergänzung für Sperrungen an Sonn- und Feiertagen gemäß unserem Erlaß vom 24. April 1923 — V a 3022 bzw. II N 390 (MBliV. S. 485). Tafeln mit veralteter Aufschrift sind entsprechend zu ändern.

Zu § 25. Bezüglich des Erfordernisses der Gummibereifung ist die Anhängeachse ebenso zu behandeln wie die Anhängewagen (vgl. § 30).

Zu § 30. Eisenbereifung ist für Ausnahmefälle auch weiterhin zulässig. Der Erlaß vom 31. März 1921 — MdöA. II B 12. 149 C, MdJ. II D 1078/1643 (nicht veröffentlicht) — wird inhaltlich aufrecht erhalten, stützt sich jedoch nicht mehr auf die Bekanntmachung vom 22. Dezember 1915, welche nunmehr aufgehoben ist, sondern auf § 30 der VO. vom 15. März 1923.

Zu § 35 Abs. 1. Wegen der etwaigen einheitlichen Einführung von Signalinstrumenten, die neben den im § 19 Abs. 3 genannten durch die Kraftfahrzeuge der staatlichen Polizei zu führen sind, bleiben weitere Vorschriften vorbehalten. Für die Außerdienststellung von Kraftfahrzeugen der staatlichen Polizei, die den Anforderungen der Verordnung vom 15. März 1923 nicht mehr entsprechen, ergehen vom Minister des Innern besondere Weisungen.

Zu § 38 Abs. 1. Höhere Verwaltungsbehörden im Sinne der Verordnung sind — zugleich auch für die Kraftfahrzeuge der staatlichen Polizei — die Regierungspräsidenten, für den Landespolizeibezirk Berlin der Polizeipräsident in Berlin.

Polizeibehörden im Sinne des § 23 sind die Wege-(Straßen-)Polizeibehörden, im übrigen die Ortspolizeibehörden.

Die in der bisherigen Verordnung enthaltenen Muster und die dazu gehörige als Anlage A bezeichnete Anweisung über die Prüfung von Kraftfahrzeugen sind nunmehr in der Bekanntmachung des Reichsverkehrsministers vom 15. März 1923 (Reichsmin.-Bl. S. 229) enthalten.

Die in der bisherigen Anlage B enthaltene Anweisung über die Prüfung der Führer von Kraftfahrzeugen erscheint nunmehr als alleinige Anlage zur Verordnung. In derselben ist unter III die Klasseneinteilung geändert, was auch für die Ausbildungsvorschriften, namentlich für die Motorstärke der Lehrfahrzeuge von Bedeutung ist.

(Nr. 6665). VIII

Verordnung, betreffend Kraftfahrzeuglinien.

Vom 24. Januar 1919.*)

(RGBl. 1919/97.)

Die Reichsregierung verordnet mit Gesetzeskraft was folgt:

§ 1. Wer über die Grenzen eines Gemeindebezirkes hinaus die Beförderung von Personen oder Sachen mit Kraftfahrzeugen auf bestimmten Strecken gegen Entgelt betreiben will (Unternehmer von Kraftfahrzeuglinien), bedarf der Genehmigung der von der Landeszentralbehörde bestimmten Behörde.

---

*) Vgl. die BayMinBek. vom 28. April 1920 GVBl. S. 269 und die PrMinBek. vom 18. März 1919 MinBl. für innere Verwaltung S. 173, PA. S. 534 über Übertragung der Befugnis zur Erteilung der Genehmigung

Soll sich das Unternehmen auf das Gebiet mehrerer Bundesstaaten erstrecken, so sind zur Genehmigung die Zentralbehörden dieser Bundesstaaten gemeinsam zuständig.

§ 2. Die Genehmigung darf nur erteilt werden, wenn nach der Persönlichkeit des Unternehmers und nach der Beschaffenheit des Unternehmers Gewähr für die Sicherheit und Leistungsfähigkeit des Betriebs geboten ist und das Unternehmen den öffentlichen Interessen nicht zuwiderläuft.

§ 3. Für die Ausrüstung und den Betrieb der Kraftfahrzeuglinien können die Landeszentralbehörden allgemeine Anordnungen erlassen.

§ 4. Die Genehmigung kann zurückgenommen werden, wenn gegen die bei der Genehmigung festgesetzten Bedingungen oder gegen die auf Grund des § 3 getroffenen allgemeinen Anordnungen oder gegen die auf Grund des § 3 getroffenen allgemeinen Anordnungen oder gegen die auf Grund des § 6 des Reichsgesetzes über den Verkehr mit Kraftfahrzeugen vom 3. Mai 1909 (RGBl. S. 437) erlassenen Vorschriften des Bundesrats in wesentlicher Beziehung verstoßen wird. Ist die Genehmigung nicht von der Landeszentralbehörde erteilt, so darf sie nur mit deren Zustimmung zurückgenommen werden.

§ 5. Die Landeszentralbehörden können die Vorschriften der §§ 1 bis 4 auf gegenwärtig vorhandene Kraftfahrzeuglinien für anwendbar erklären.

§ 6. Durch die Bestimmungen der §§ 1 bis 5 werden die Rechte der Postverwaltungen des Reichs und der Bundesstaaten aus den Artikeln 48 bis 50 und Artikel 52 der Reichsverfassung nicht berührt.

---

von KFZLinien an die Landespolizeibehörde, und vom 10. Dezember 1921 MinBl. für Handel und Gewerbe S. 268, Preuß. Archiv S. 2123 enthaltend Ausführungsanweisungen zur Verordnung betr. KFZLinien vom 24. Januar 1919.

§ 7. Mit Geldstrafe bis zum Betrage von tausend Mark oder mit Haft wird bestraft, wer als Unternehmer oder als Angestellter einer Kraftfahrzeuglinie vorsätzlich oder fahrlässig den in der Genehmigung festgesetzten Bedingungen oder den auf Grund des § 3 erlassenen allgemeinen Anordnungen zuwiderhandelt.

§ 8. Mit Geldstrafe bis zum Betrage von fünftausend Mark oder mit Gefängnisstrafe bis zur Dauer von zwei Monaten wird bestraft, wer den Betrieb einer Kraftfahrzeuglinie ohne Genehmigung unternimmt oder ihn fortsetzt, nachdem die Genehmigung zurückgenommen oder der Weiterbetrieb untersagt worden ist.

Berlin, den 24. Januar 1919.

Die Reichsregierung.

Ebert. Scheidemann.

Der Staatssekretär des Innern.

Dr. Preuß.

IX.

Gesetz zur Abänderung des Gesetzes über den Verkehr mit Kraftfahrzeugen.

Vom 21. Juli 1923.

(RGBl. S. 743).*)

Der Reichstag hat das folgende Gesetz beschlossen, das mit Zustimmung des Reichsrats hiermit verkündet wird:

Das Gesetz über den Verkehr mit Kraftfahrzeugen vom 3. Mai 1909 (Reichsgesetzbl. S. 437) wird in folgenden Punkten geändert:

---

*) Die erst während des Druckes dieser Ausgabe erschienene Novelle vom 21. Juli 1923 konnte bei der Erläuterung der durch sie geänderten Vorschriften noch nicht berücksichtigt werden. Die Materialien sind enthalten in Drucks. des Reichstags Nr. 3638 (Entwurf), 5738, 6050 (Kommissionsbericht) und Stenogr. Berichte, 376. Sitzung Seite 11633 B.

Artikel I

§ 1 erhält folgende Fassung:

Kraftfahrzeuge, die auf öffentlichen Wegen oder Plätzen in Betrieb gesetzt werden sollen, müssen von der zuständigen Behörde zum Verkehre zugelassen sein; Ausnahmen bestimmt der Reichsverkehrsminister mit Zustimmung des Reichsrats.

Als Kraftfahrzeuge im Sinne dieses Gesetzes gelten Landfahrzeuge, die durch Maschinenkraft bewegt werden, ohne an Bahngleise gebunden zu sein.[1])

Artikel II

§ 2 Abs. 1 Satz 1 erhält folgende Fassung:

Wer auf öffentlichen Wegen oder Plätzen ein Kraftfahrzeug führen will, bedarf der Erlaubnis der zuständigen Behörde; Ausnahmen bestimmt der Reichsverkehrsminister mit Zustimmung des Reichsrats.

Artikel III

§ 3 Abs. 1 wird wie folgt ergänzt:

Ausnahmen bestimmt der Reichsverkehrsminister mit Zustimmung des Reichsrats.

Im § 3 Abs. 2 wird das Wort „Probefahrten" ersetzt durch „Prüfungsfahrten".

Artikel IV

§ 5 Abs. 1 Satz 2 zweiter Halbsatz erhält folgende Fassung:

der Rekurs hat aufschiebende Wirkung, sofern dies nicht ausdrücklich bei der ersten Entscheidung ausgeschlossen wird.

Artikel V

Als § 5a wird folgende Bestimmung eingefügt:

§ 5a. Gefährliche Stellen an Wegestrecken, die dem Durchgangsverkehre dienen, sind von den Landesbehörden durch Warnungstafeln zu kennzeichnen.

---

[1]) Die neue Bestimmung des Begriffs „Kraftfahrzeuge" umfaßt auch die seit dem Kriege in der Landwirtschaft eingeführten Raupenkraftfahrzeuge. Wegen der Kleinkrafträder siehe den neuen § 27.

Artikel VI[2])

Im § 6 Abs. 1 am Anfang werden die Worte „Der Bundesrat erläßt" durch die Worte „Die Reichsregierung erläßt mit Zustimmung des Reichsrats", in Nr. 1 die Worte „§§ 1 bis 5" durch die Worte „§§ 1 bis 5a" ersetzt; der Nr. 2 werden unter Wegfall des Punktes am Ende folgende Worte „sowie über den allgemeinen Fahrverkehr, soweit dies in Rücksicht auf den Kraftfahrzeugverkehr erforderlich ist;" hinzugefügt. Ferner werden folgende Nrn 3 und 4 hinzugefügt:

3. Vorschriften über Gebühren für behördliche Maßnahmen im Kraftfahrzeugverkehre bei Durchführung der auf Grund dieses Gesetzes erlassenen Verordnungen. Die Gebühren sind nach den tatsächlichen Aufwendungen zu bemessen;
4. ferner mit Zustimmung eines Ausschusses des Reichstags Vorschriften über die Bildung eines zur Mitwirkung in Angelegenheiten des Kraftfahrwesens berufenen Beirats.

   Der Beirat ist vor Erlassung der in Nr. 1, 2 und 3 erwähnten Vorschriften zu hören. Auch die Landesregierungen können sich durch Vermittlung der Reichsregierung der Beirats bedienen.

Artikel VII

Im § 6 Abs. 2 werden die Worte „des Bundesrats die Militär- und Postverwaltung" ersetzt durch die Worte „nach Abs. 1 die Militär- und Postverwaltung sowie eine staatliche Polizei".

Im § 6 Abs. 3 werden die Worte „der Bundesrat Anordnungen gemäß Abs. 1 nicht erlassen hat" ersetzt durch „Anordnungen nach Abs 1 Nr. 1 bis 3 nicht erlassen sind".

§ 6 Abs. 4 fällt fort.

---

[2]) Art. VI erstreckt die Zuständigkeit des Reiches auf die Erlassung von Vorschriften über den allgemeinen Fahrverkehr, soweit dies in Rücksicht auf den Kraftfahrzeugverkehr erforderlich ist. Bisher war z B. das Rechtsfahren der Pferdefuhrwerke auf den Landstraßen nicht in allen Einzelstaaten eingeführt; ebenso bestehen in den Einzelstaaten sehr verschiedene Beleuchtungsvorschriften für Pferdefuhrwerke.

Artikel VIII[3])

Der § 7 Abs. 3 erhält folgende Fassung:

Benutzt jemand das Fahrzeug ohne Wissen und Willen des Fahrzeughalters, so ist er an Stelle des Halters zum Ersatz des Schadens verpflichtet Daneben bleibt der Halter zum Ersatze des Schadens verpflichtet, wenn die Benutzung des Fahrzeugs durch sein Verschulden ermöglicht worden ist.

Artikel IX[4])

Im § 8 Ziffer 2 werden die Worte „nur zur Beförderung von Lasten dienen und" gestrichen.

Artikel X[5])

Im § 15 Satz 2 wird das Wort „Schaden" durch „Unfall" ersetzt.

Artikel XI

Die Überschrift „III. Strafvorschriften" wird ersetzt durch „III. Straf- und Schlußvorschriften".

Artikel XII

Es wird folgender Teil IV hinzugefügt:

IV. Kleinkrafträder

§ 27. Die Vorschriften im Teil I, II und III gelten nicht für Kleinkrafträder.[6])

Die Reichsregierung erläßt mit Zustimmung des Reichsrats Anordnungen über den Verkehr mit Kleinkrafträdern.

---

[3]) Art. VIII mildert die Haftung des Halters in den Anm. 16 zu § 7 bezeichneten Fällen gegenüber der bisherigen Rechtsprechung, besonders RG 95, 185.

[4]) Bisher waren von der strengen Erfolgshaftung des KFZG. Fahrzeuge mit dieser begrenzten Geschwindigkeit nur ausgeschlossen, wenn sie bloß zur Beförderung von Lasten dienten. Art IX hebt diese Einschränkung auf.

[5]) Art. X stellt das Anm. 10 zu § 15 erwähnte Redaktionsversehen richtig.

[6]) Begriffsbestimmung siehe oben S. 92.

X.

Österreichisches Automobilhaftpflichtgesetz.

Gesetz über die Haftung für Schaden aus dem Betriebe von Kraftfahrzeugen

vom 9. August 1908.

(RGBl. Nr. 162.)

Mit Zustimmung beider Häuser des Reichsrates finde Ich anzuordnen, wie folgt:

§ 1. Wird durch den Betrieb eines durch elementare Kraft auf öffentlichen Straßen und Wegen nicht auf Schienen bewegten Straßenfahrzeuges (Kraftfahrzeuges) jemand verletzt oder getötet oder aber Schaden an Sachen verursacht, so haften der Lenker und der Eigentümer oder jeder Miteigentümer für den Ersatz des verursachten Schadens, und zwar bei Sachschäden für Schadloshaltung nach § 1323 ABGB., bei Körperverletzung nach den §§ 1325 und 1326 ABGB., bei Tötung nach § 1327 ABGB.

Von der Haftpflicht als Lenker sind befreit Militärpersonen, wenn sie das Kraftfahrzeug in Ausübung ihres Dienstes geführt haben.

War zur Zeit des schädigenden Ereignisses das Kraftfahrzeug jemandem zum Betriebe für eigene Rechnung und Gefahr überlassen (Betriebsunternehmer), so haftet dieser an Stelle des Eigentümers.

War das Kraftfahrzeug zur Zeit des schädigenden Ereignisses zufolge rechtswidrigen Vorganges der Verfügung des Eigentümers oder Betriebsunternehmers entzogen, so haftet an seiner Stelle jener, der diese Verfügung ausübt.

Wer auf Grund einer der vorstehenden Bestimmungen die Haftpflicht ablehnt, hat die Tatsachen zu beweisen, auf die sich seine Befreiung gründet.

Mehrere Ersatzpflichtige haften zur ungeteilten Hand.

§ 2. Wer nach § 1 für den Schaden haftet, wird von der Pflicht zur Ersatzleistung nur dann befreit, wenn er beweist, daß das schädigende Ereignis durch Verschulden eines Dritten oder des Beschädigten selbst verursacht wurde oder daß es trotz der vorschrifts- und sachgemäßen Vorsichten in Führung und Behandlung des Kraftfahrzeuges nicht abgewendet werden konnte und auch nicht auf die Beschaffenheit des Kraftfahrzeuges oder auf die Eigenart, das Versagen oder die Mängel seiner Funktion zurückzuführen ist.

Dies gilt insbesondere auch für den Fall, daß der Schaden aus dem Scheuen von Tieren herrührt oder in der Beschädigung von auf öffentlichem Wege ohne Aufsicht umherlaufenden Tieren besteht.

Die Berufung auf das Verschulden eines Dritten ist ausgeschlossen, wenn sich ein Haftpflichtiger seiner beim Betriebe des Kraftfahrzeuges bedient hat.

Rührt jedoch der Schaden oder sein Umfang nur zum Teile aus dem Verschulden des Verletzten oder des Dritten her, so soll unter Würdigung aller Umstände auf einen Teil der im § 1 bezeichneten Ansprüche erkannt werden.

§ 3. Die Bestimmungen der §§ 1 und 2 dieses Gesetzes finden keine Anwendung auf die gegenseitigen Ersatzansprüche aus der Beschädigung von Haftpflichtigen oder ihrer Sachen, die sich aus einem und demselben schadenbringenden Ereignisse ergeben.

Dabei macht es keinen Unterschied, ob dieses Ereignis aus dem Betriebe eines Kraftfahrzeuges allein oder im Zusammentreffen der Betriebe von Kraftfahrzeugen miteinander oder mit Betrieben von Unternehmungen entstand, die der Haftpflicht nach dem Gesetze vom 5. März 1869, RGBl. Nr. 27, oder vom 12. Juli 1902, RGBl. Nr. 147, unterliegen.

Die Ersatzansprüche regeln sich in allen diesen Fällen nach dem allgemeinen bürgerlichen Rechte.

Dritte Personen jedoch, welche Schäden aus Ereignissen erleiden, die im Zusammentreffen mehrerer haftpflichtiger Betriebe entstanden, können ihre Ersatzansprüche gegen jeden Haftpflichtigen auf Grund desjenigen Gesetzes erheben, das nach der Beschaffenheit des Betriebes des Belangten für dessen Haftpflicht maßgebend ist. Insoweit derselbe Ersatzanspruch gegen mehrere Personen begründet ist, haften sie zur ungeteilten Hand.

§ 4. Die Bestimmungen der §§ 1 und 2 dieses Gesetzes finden keine Anwendung auf die Ersatzansprüche aus der Beschädigung von Personen oder Sachen, die mit dem Kraftfahrzeug befördert werden, es sei denn, daß diese Benützung gegen Entgelt oder im gewerbemäßigen Personen- oder Sachentransporte oder in Diensten oder Aufträgen einer der haftpflichtigen Personen geschah.

Wenn eine Militärperson in Ausübung ihres Dienstes durch den Betrieb eines im Dienste der Kriegsverwaltung verwendeten Kraftfahrzeuges beschädigt wird, so sind die Ersatzansprüche des Beschädigten oder seiner Angehörigen gegen das Ärar ausschließlich nach den Militärversorgungsgesetzen zu beurteilen.

§ 5. Die Bestimmungen der §§ 1, 2 und 3, Schlußabsatz, dieses Gesetzes finden keine Anwendung auf Kraftfahrzeuge, die gemäß einer auf denselben angebrachten amtlichen Bescheinigung derart eingerichtet oder mit solchen Vorkehrungen versehen sind, daß sie bei der zum Betriebe und Führung unentbehrlichen Belastung auf guter und ebener Straße die Höchstgeschwindigkeit von 25 Kilometern, auf die Stunde bezogen, nicht überschreiten können.

Das Vorhandensein dieser Voraussetzungen hat zu beweisen, wer auf deren Grund die Ersatzpflicht ablehnt.

Die Ersatzansprüche für Schäden aus dem Betriebe solcher Kraftfahrzeuge regeln sich nach dem allgemeinen bürgerlichen Rechte.

§ 6. Das Recht, auf Grund der §§ 1, 2 und 3, letzter Absatz, dieses Gesetzes Schadenersatzansprüche zu erheben, verjährt:

a) in sechs Monaten von dem Tage, an dem der Beschädigte von dem Schaden und der Person des Ersatzpflichtigen Kenntnis erhielt;

b) auch ohne Rücksicht auf die Kenntnis in drei Jahren von dem Tage des schädigenden Ereignisses.

Der Schadenersatzanspruch erlischt auch vor Ablauf der Verjährungsfrist, wenn der Ersatzberechtigte aus

Verschulden unterlassen hat, innerhalb vier Wochen nach dem Tage, an dem er von der Person des Ersatzpflichtigen Kenntnis erhalten hat, ihm von dem Unfalle Mitteilung zu machen, es wäre denn, daß er beweisen kann, daß der Ersatzpflichtige innerhalb jener Frist von vier Wochen auf anderem Wege von dem Unfalle Kenntnis erlangt habe.

§ 7. Durch die Bestimmungen dieses Gesetzes sind weitergehende Haftungen, die sich aus dem allgemeinen bürgerlichen Gesetzbuche oder aus anderen Gesetzen ergeben, nicht ausgeschlossen.

§ 8. Auch dort, wo die Ersatzansprüche für einen durch den Betrieb eines Kraftfahrzeuges verursachten Schaden nach dem bürgerlichen Rechte zu beurteilen sind, haftet der Eigentümer des Kraftfahrzeuges oder wer nach § 1 an seine Stelle tritt, für das Verschulden der Personen, deren er sich beim Betriebe bedient, insoweit es sich um ihre Dienstleistung beim Betriebe des Kraftfahrzeuges handelt.

Mehrere Miteigentümer oder an die Stelle des Eigentümers tretende Personen haften zur ungeteilten Hand.

§ 9. Klagen auf Ersatz von Schäden, die durch den Betrieb eines Kraftfahrzeuges verursacht sind, können auch beim sachlich zuständigen Gerichte angebracht werden, in dessen Sprengel das schädigende Ereignis stattfand.

§ 10. Der durch den Betrieb eines Kraftfahrzeuges Beschädigte hat für seine Forderung auf Schadenersatz ein gesetzliches, früher begründeten Pfandrechten vorausgehendes Pfandrecht an der Forderung des haftpflichtigen Versicherungsnehmers gegen den Versicherer aus seiner Haftpflichtversicherung.

§ 11. Personen, die beim Betriebe von Kraftfahrzeugen in Ausübung ihres vertragsmäßigen Dienstes verwendet werden, sind, soweit auf sie nicht bereits die Gesetze vom 28. Dezember 1887, RGBl. Nr. 1 von 1888, und vom 20. Juli 1894, RGBl. Nr. 168, Anwendung haben, nach

Maßgabe der Bestimmungen des ersteren Gesetzes versichert.

Bedienstete, bei denen die Voraussetzungen des § 4 des Gesetzes vom 28. Dezember 1887, RGBl. Nr. 1 von 1888, zutreffen, sind von der Versicherungspflicht ausgenommen.

Als Unfälle beim Betriebe im Sinne des Unfallversicherungsgesetzes gelten solche Unfälle nicht, die sich bei Wettrennen oder bei den Vorbereitungen zu Wettrennen (Training) ereignen.

Mit Rücksicht auf die Versicherung gilt stets der Eigentümer des Kraftfahrzeuges als Unternehmer des versicherungspflichtigen Betriebes.

Die Frist, in der die bereits bestehenden Betriebe von Kraftfahrzeugen, die hiemit in die Versicherung neu eintreten, die Anzeige im Sinne des § 18 des Unfallversicherungsgesetzes zu erstatten haben, und der Zeitpunkt, mit dem für sie die Wirksamkeit der Versicherung beginnt, wird durch Verordnung des Ministeriums des Innern bestimmt.

In Privatversicherungsverträge im Sinne des § 61, Absatz 2, des Unfallversicherungsgesetzes hat die Unfallversicherungsanstalt nach Maßgabe des § 61, Absatz 2 und 3, dieses Gesetzes, einzutreten, wenn sie vor dem 1. Dezember 1907 abgeschlossen sind.

§ 12. In Ansehung der Haftpflichtversicherung für Schäden aus dem Betriebe von Kraftfahrzeugen kann im Verordnungswege bestimmt werden:

1. daß der Versicherte einen im Verhältnis zum Ganzen bestimmten Teil des Schadens, jedenfalls aber Schäden unter einem gewissen Betrage ohne Anspruch auf Ersatz durch den Versicherer selbst zu tragen hat;

2. daß der Versicherer nicht haftet, wenn der Schaden innerhalb einer Frist weder dem Versicherer angemeldet wurde noch den Gegenstand einer Klage oder Anzeige bei den Gerichten, der Staatsanwaltschaft, den Polizei-, Gemeinde- oder politischen Behörden oder bei der Gendarmerie bildete noch durch eine dieser

Behörden und Organe von Amts wegen zum Gegenstande von Ermittlungen gemacht wurde.

§ 13. Vereinbarungen, wodurch die Vorschriften dieses Gesetzes zum Nachteile des Beschädigten im vorhinein ausgeschlossen oder eingeschränkt werden sollen, sind nichtig.

§ 14. Dieses Gesetz tritt mit Beginn des auf seine Kundmachung folgenden dritten Kalendermonats in Wirksamkeit.

Auf Schäden aus früher eingetretenen Ereignissen hat es keine Anwendung.

§ 15. Mit dem Vollzuge des Gesetzes sind Mein Minister des Innern und Mein Justizminister beauftragt.

Sachregister.

Die Zahlen bedeuten die Seiten.

G.

H.

T.

U.

V.

W.

Z.

FSC
www.fsc.org
MIX
Papier | Fördert gute Waldnutzung
FSC® C083411

Kolibri 360 GmbH
Ferdinand-Jühlke-Straße 7
99095 Erfurt, Deutschland
produktsicherheit@kolibri360.de